中国教育法制评论

Chinese Educational
Law Review (Volume 18)

（第18辑）

劳凯声　余雅风　陈鹏　主编

教育科学出版社
·北京·

出版人 李　东
责任编辑 王晶晶
版式设计 郝晓红
责任校对 贾静芳
责任印制 叶小峰

图书在版编目（CIP）数据

中国教育法制评论. 第 18 辑 / 劳凯声，余雅风，陈
鹏主编 . —北京：教育科学出版社，2020.12
　ISBN 978-7-5191-2411-3

　Ⅰ.①中…　Ⅱ.①劳…　②余…　③陈…　Ⅲ.①教育法
—研究—中国　Ⅳ.① D922.164

中国版本图书馆 CIP 数据核字（2020）第 248697 号

中国教育法制评论　第 18 辑
ZHONGGUO JIAOYU FAZHI PINGLUN

出版发行	教育科学出版社			
社　　址	北京·朝阳区安慧北里安园甲 9 号	邮　　编	100101
总编室电话	010-64981290	编辑部电话	010-64989363
出版部电话	010-64989487	市场部电话	010-64989009
传　　真	010-64891796	网　　址	http://www.esph.com.cn
经　　销	各地新华书店		
制　　作	高碑店市格律图文设计有限公司		
印　　刷	北京玺诚印务有限公司		
开　　本	720 毫米 × 1020 毫米　1/16	版　　次	2020 年 12 月第 1 版
印　　张	15.25	印　　次	2020 年 12 月第 1 次印刷
字　　数	245 千	定　　价	45.00 元

图书出现印装质量问题，本社负责调换。

目　录

学校法治

热点透析

学术动态

Contents

School Law Issue

Hotspots Analysis

Academic Trends

□劳凯声

如何落实高等学校的自主办学地位

【摘　要】自主办学是中国高等学校改革孜孜以求的目标，是大学自治的中国化表述方式。20世纪90年代，公立学校的法人化改革使政府与学校之间的分权具有了一种合法的依据，并使"办学自主权"这一界定较为笼统的政策概念具有了一种确定的法律性质。然而法律在赋予高等学校自主办学资格的同时并未对其行为能力和行为方式做出明确的规约，因此高等学校有可能做过去不能做的许多事情，给寻求发展的高等学校带来了一种获利的实际可能性。高等学校的自主办学在理念上主张基于普遍的公众参与和协商民主；在主体行为假定上，主张通过适当的机制设计和制度安排来促成高等学校实现兼容并包；在价值取向上，主张在公平基础上追求效率的最大化；在利益导向上，主张协调公益和私益，兼顾利益相关者的合法权益；在治理对象上，主张包括公共关系覆盖的整个高等学校领域。高等学校章程是国家立法体系之外，由高等学校自主制定的书面文件，是利益相关者意思表示一致的结果。为确保高等学校自主办学的有序进行，必须改造现行的高等学校与国家公权关系，建立完善的章程运作体系。

【关键词】高等学校　办学体制变革　办学自主权　学校法人制度　高等学校章程

一、高等学校的体制变革及其问题

20 世纪 80 年代以来，我国政治、经济、社会发展变化的节奏越来越快，随着社会的不断发展变化，国家管理中也出现了一系列问题，如国家管理能力无法适应社会结构的转型和公域管理的复杂化，导致公共关系矛盾日益突出，管理难度不断提高、管理效果不佳成为不得不面对的问题。与此同时，公众对国家管理过程中的公共秩序和公民自由，以及国家管理的透明性、开放性要求越来越高，公众参与的需求也越来越强烈，由此，国家管理的正当性开始受到质疑，国家管理的效率越来越不能令人满意。我国高等学校的体制变革就是在这样一个大背景下发生的。

从我国高等学校体制变革的动力看，实际存在着两种不同的类型，即自上而下的强制性体制变革和自下而上的自发性体制变革。前一种变革以政府的命令和法律为依据并由政府组织实施，是在对现有利益进行再分配时发生的；后一种变革则由某些学校或个人自发倡导、组织和实施，是由在原有制度安排下无法得到的获利机会引起的。20 世纪 90 年代，中国高等学校的体制变革开始出现若干与之前的变革截然不同的重要特点，相当多的办学权由政府转移给了高等学校，政府与高等学校的关系开始出现深刻的、在某些方面甚至是根本性的分化与改组。在经济利益的驱动下，高等学校体制变革的目标发生偏移，变革的路径开始转向，变革具有了自发性倾向，变革的动因不再是自上而下的政府决策意志，而是制度不均衡所产生的获利机会。

高等学校体制变革中的自发性倾向所带来的影响不仅有物质方面的，而且波及价值领域。与之前的由政府垄断，通过公共财政来维持的公共服务体系不同，高等学校中的自发性体制变革试图建立一种不同于以往的教育运行机制，经过一种私法自治，使个人与社会、权利与义务求得平衡。调整这一领域运行的是建立在等价交换、公平竞争基础上的市场经济规则，而不是超经济的政治力量。自发性体制变革使高等学校有可能面对和利用过去未曾有过的许多机会，有可能做过去不能做的许多事情，给寻求发展的高等学校带来了一种获利的实际可能性。市场机制开始渗透到高等学校领域，一批新的办学模式出现，把高等学校与市场不同程度地联系在了一起。

一种多元化的高等学校办学形式大致就出现于这一时期，最典型的就是 20 世纪 90 年代出现的公办高等学校举办分校的热潮。所举办的分校后被统称为独立学院，是指实施本科以上学历教育的普通高等学校与其他机构、组织或者个人合作，利用非国家财政性经费举办的实施本科学历教育的高等学校。独立学院一般为高等学校与社会组织、个人合作举办，也有地方政府参与合作举办，在性质上被界定为民办高等学校。独立学院一出现就获得了飞速的发展，到 2003 年，全国独立学院达到了 300 多所，本科在校生达 40 多万人。独立学院短时间内蜂拥而起的主要原因在于经济上有明显的高收益，而高等学校自发性体制变革又极大地增强了高等学校在办学方面的权利能力和行为能力。

与此同时，高等教育领域消费欲望的迅速增长导致一种新型的教育关系——教育的自由交易关系开始出现。在这一关系中，高等教育被看成一种服务业，所提供的教育产品是一种可以交易的服务产品，而接受教育则被看成一种有偿消费行为。为了获得更多的发展机会和更好的职业前途，越来越多的人愿意为自己或自己的孩子投资教育，愿意花钱购买教育服务，这反映了在教育领域，市场的自由交易关系已逐步形成。这类教育关系完全不同于传统的、非市场的教育关系，每个学习者都是自由交易关系中的消费者，因而有权选择和获得满意的教育服务，这就在学校、教师与学生之间形成了一种全新的权利义务关系：作为消费者一方，学习者有权根据自己的需要和满意度来选择某类学校、某类课程甚至选择某位教师；与之相对，学校和教师作为教育服务的提供者，在获得利润的同时有义务按照国家的教育标准和自己对学习者的承诺，来提供合格的教育服务。教育的自由交易关系使教与学蜕变为一种交换过程，并逐步植根于消费文化之中。课程和学历以社会需求为前提逐渐统一起来，通过一种类似于批量生产的方式，向社会中有相关需求的人提供。高等学校的这种课程和学历的消费化，最典型的莫过于工商管理硕士（MBA）和公共管理硕士（MPA）学位。社会有这种需求，学校有这种资源，经过一种专业的包装之后即可通过市场向学习者提供。这种做法尽管非常有效地提高了教育的生产效率，却使学校更多地专注于那些具有商业价值和市场效应的教育产品，如学业成绩、学历证书、热门专业等，而忽视教育中极其重要的方面，即对个人和社会发展所具有的基本价值。其结果是把教育这一复杂的社会活动简单化为一种"投入－产出""成本－效益"的过程。

综上所述，公办高等学校在自发性体制变革时期，创造出了一批市场化的办学形式，不同程度地把高等学校与市场联系在了一起。这些新改革举措一般都是由高等学校中的某些个人或群体自发倡导、组织和实施，其中一些改革举措已超出了1993年《中国教育改革和发展纲要》规定的政策框架。由于这些新的办学形式能给高等学校带来明显的经济收益，在短时间内这种自发性的体制变革就在许多高等学校中迅速铺开，高等学校的社会功能由此发生转换，高等教育产品开始部分地具有了商品的可分性和竞争性特征。

二、法人化改革并未解决高等学校自主办学问题

通过政府向学校的放权，赋予政府举办的高等学校以法人资格，使高等学校真正具有自主办学的实体地位，这是最高决策层对高等学校进行体制改革的重要思路，但是这一改革的实施过程并非一帆风顺。

1995年以前，高等学校从公共财政的角度一直被界定为"国家全额拨款事业单位"，这是一类与党政机关同为由公共财政供养的"国家单位"，因此高等学校作为事业单位实际上具有一种类似行政机关内设机构的性质，从宏观的学校发展规模、速度、质量、效益一直到微观的学校举办经营、经费投入、教师编制、招生分配等，国家都必须通过计划加以控制。当然，在"国家单位"中高等学校一直处于一个较低的、权利与义务关系不清的层级，只是国家行政机关的附属物而已。政府功能的强化给高等学校带来的体制性问题主要包括：一是办学权力过分集中于政府，而本应作为一种自主力量存在的高等学校的功能却趋于萎缩，成了政府的附属物；二是高等学校成为一个封闭的、与市场无涉的社会领域，在某些历史时期甚至被看成意识形态领域的一个要素和社会控制的重要手段。1995年是中国高等学校体制变革的标志年，因为这一年通过的《中华人民共和国教育法》正式确立了公办学校的法人地位："学校及其他教育机构具备法人条件的，自批准设立或者登记注册之日起取得法人资格"。但新的学校法人制度并未明确规定学校法人的法律性质，因此在实践中普遍是以《中华人民共和国民法通则》这一20世

纪 80 年代所颁布的法律所确定的法人分类为参照建立的，这一分类反映的是计划经济体制下的社会关系状况，很难准确地表征 20 世纪 90 年代以来的社会转型状况和高等学校法人的应有特征。高等学校法人资格的获得使政府与高等学校间原先相当大的一部分具有行政性质的法律关系由于权力的转移而发生性质上的变化，并进而导致二者在主体地位及权责配置方面产生了一系列不确定的因素。新建立的高等学校法人制度只以一般民事法人为参照，要求"学校及其他教育机构兴办的校办产业独立承担民事责任"，而未对高等学校所取得的法人地位及其权力从公法角度做出必要的规限，因此其所获得的办学权力不仅边界模糊，且缺乏必要的监督，在实践中产生了许多问题。总之，高等学校法人的这种定位上的不确定性使其能不受限制地利用市场机制对传统的计划体制进行改造，以此为依据改变对学校办学事务的调节方式，造成了一定程度的办学秩序混乱。

学校法人制度作为一种影响高等学校办学行为方式的制度，其独特的社会功能具有明显区别于传统政府管理的性质。如何理解学校法人的社会属性，如何规定其与公域（政府）、私域（市场）之间的关系，以及如何建立基于法人制度的高等学校运行机制等问题是进行高等学校法人化改革必须面对的问题。高等学校法人制度的建立给高等学校带来了某些实质性的变化，因此它所带来的影响是多方面的。就其正面影响而言，高等学校法人资格的获得使高等学校管理和办学的局面发生了或大或小的改变，政府与高等学校之间的分权获得了一种合法的依据，由此"学校办学自主权"这一界定较为笼统、性质较为模糊的政策概念获得了一种确定的法律性质。而就其负面影响而言，高等学校法人资格的获得使政府和高等学校间原先相当大的一部分具有行政性质的法律关系由于权力转移而发生性质上的变化，并进而导致二者在主体地位及权责配置方面产生一系列不确定的因素。在组织形态上，法律法规授权高等学校从事公共服务，履行公权力，高等学校事实上已经成为一类特殊的行政主体，但其行为却没有从公法的角度受到必要的规约，因此极有可能出现行为失范的现象。权力在政府与高等学校之间的转换不仅没能有效地遏制高等学校中自发性体制变革带来的市场的负面影响，反而使之获得了非同一般的快速发展，并导致了高等学校的公益性出现问题，因此可以说这种负面影响是对这一时期高等学校自发性体制变革的最好注解。

　　为了准确地理解中国高等学校的办学地位问题，了解一下大陆法系国家对高等学校的相关规定是有益的。中国的高等学校制度最初引自日本，而日本明治维新所谓的向西方学习主要是学德国，因此其高等学校制度具有欧洲大陆国家的典型特征。德国等大陆法系国家，一般把国立、公立学校称作公营造物。我国行政法学界也有人使用这一概念，称公办学校为公营造物。所谓公营造物就是"掌握于行政主体手中，由人与物作为手段之存在体，持续性地为特定公共目的而服务"的一类机构（马怀德，2002）[33]，这类机构的性质决定了其必须接受行政主体的领导和监督，以确保公营造物之利用者的合法权益。公营造物作为 19 世纪行政法上一类特有的组织形态曾普遍存在于欧洲大陆国家。德国的州立高等学校就曾被定位为典型的公营造物，这一法律定位直至 1976 年颁发《高等教育总法》才开始发生变化，该法第 58 条第 1 款规定"高等学校既是公法社团又是国家机构"，从而规定了高等学校的双重法律地位。按照这一规定，德国的高等学校既是负担特定目的、提供专门服务的行政机构，同时又是具有部分权利能力的公法团体，区别于企业法人或单一的民事主体。1998 年该法又进行了第四次修改，在原先的"高等学校既是公法社团又是国家机构"的基础上，增加了"也可以以其他法律形式设立"的规定，这是对德国自 1810 年柏林大学创建以来形成的高等学校组织形式的一次重要变革，意味着德国的高等学校既可以以原有身份存在，也可以以符合法律规定的其他身份存在。法律价值取向的这一转变推动了德国高等学校的法律地位开始向多元化的方向发展，一些高等学校据此转成独立的公法基金大学或者组织上不依赖于国家和州的公法人高等学校；还有一些高等学校则采取了另一类组织形式，在不改变原先法律地位的同时，强化高等学校作为公法团体的作用，州政府教育主管部门向学校下放部分办学权，高等学校则通过新的组织法来实现自主管理，在人事和财政方面享有更多自由（杜卫华，2015）。

　　由以上介绍可见，赋予高等学校独立自主的办学地位是大陆法系国家近年来教育改革的一个共同趋势，并且这种改革是以对高等学校进行法人化改革为主要改革思路的。我国高等学校法人制度的建构过程与大陆法系的德国、日本经历的改革有某种相似之处，即通过建立法人制度，赋予高等学校必要的自主办学权，改变原先的政府过度集权、政校不分的状态。但与德国不同，由于我国至今尚无确定的公法人制度，学术界对高等学校法人的性质及其行为方式还有许多争议，因此高等学校在获得法人地位后如何定位，就是一个需要精心设计的事情。

其一，从中国现代大学的发展史看，中国的现代大学制度是清末由政府主导从外国引进的，中国的第一所大学京师大学堂就是由政府建立的。因此与西方的大学不同，中国的现代大学与政府一直存在着一种过于密切的联系，甚至就是政府的附属物。20世纪末中国高等学校得以从政府系统中分离出来，其根本原因是国家主动放弃，而不是由高等学校固有的法律地位所决定。因此高等学校与政府之间的关系还存在着许多不确定的因素，办学权力的收放仍会受多种因素的影响，高等学校的法律地位还有可能出现大的反复。

其二，中国社会的转型尽管已经出现了第三部门的萌芽，但并未最终形成成熟的第三部门，因此分化出来的高等学校在现有的社会结构中应当如何定位，还是一个未决的问题。与政府分离后的高等学校在运行机制方面或借鉴市场体制，或沿袭计划体制，还未找到能够体现高等学校定位的学校办学机制。

其三，政府的简政放权使高等学校的权力得到了极大扩张，但这些权力的法律性质并没有得到明确界定，因此有可能被高等学校用来推进其市场化，并进而导致高等学校这一公共组织的变质。

其四，有关高等学校的办学自主权问题，学界一直都是以学术自由为重要的基准来进行论证的，这其实是一种西方式的学术眼光。西方的大学产生于10—12世纪，其最初的形式"先生大学"和"学生大学"本身就具有一种学术自治、自主和自由的内涵，20世纪后半叶许多国家又纷纷通过宪法的形式把高等学校的学术权力确定下来。而在中国，高等学校办学自主权的获得是政府放权的结果，这种放权更多地是出于经济利益和责任的考量，高等学校的学术权力不可能从政府的放权中获得。高等学校作为学术机构所具有的学术地位应当通过立法来确定。

其五，高等学校虽已获得法人地位，但现行的法人制度在组织形态上并没有公、私法的明确区分，因此对高等学校法人未能从法律的角度做出必要的和有效的规约。由于高等学校从事的是公共服务，通过法律法规授权已成为事实上的行政主体，在这种情况下，极有可能在行使公权力的过程中出现权力失控的现象。

总之，高等学校作为一种非政府、非企业的组织，应当是一种独立的，以培养人才、发展学术为功能，为不特定多数人服务的公益机构。但在高等学校的法人化变革中并未对这类机构做出明确的社会定位，所以中国的高等学校处于一个非常独特的状况之中。在现实中，市场机制和计划机制两种调节机制在高等学校中并存，如专业招生仍然沿袭计划机制，而教育收费、经费筹措、教师聘任、后勤管理等方面的改革则不同程度地利用了市场机制的做法。游移于两种机制之间的高等学校难以做出准确的定位，难以体现作为公共机构的应有性质，因而带来了一系列的问题。

三、如何落实高等学校的自主办学地位

高等学校是以学科以及建立在学科基础上的学术团队为基础而组织起来的，所有的学者只有在不同的学科以及由此构成的研究平台上才能做出有价值的学术工作。高等学校的这一组织特性决定了高等学校的外部行政管理以及内部运行管理制度都应服务于高等学校的学术目的，坚持以自主办学为其制度基础。自主办学不仅承载着高等学校的历史，而且引领高等学校的未来。为了推进现代大学制度建设，就必须从理念和制度上真正落实高等学校的自主办学权，非此则不可能推动高等学校的发展。

（一）高等学校的自主与自治之辨

在有关高等学校的文献中，自主和自治是两个常见并可互换的概念。二者都来自英文的"autonomy"，其基本含义确实存在着一定的相似性。作为理念，二者都指意思与意志的自主和自由，同时作为普遍的学校制度，二者又都指向高等学校对内部办学事务进行自主决定和管理的办事规程或行动准则。然而在我国法律中，"自治"一词指向的主要是行政区域自治制度和村民、社区居民自治制度，高等学校管理改革中体现出来的许多做法，如简政放权、放管服、去行政化、学术事务的自我管理、教师和学生的民主参与等，虽具自治的内涵，却无自治的名称，而是采用了"自主"一词来表述，同时"自治"一词在学术文献中则专用于西方的大学。由此，在我国学术界，"自主"和"自治"两个词被赋予了不同的文化内涵，具有了不同的学术意义。

根据高等学校的理论和实践，"自主"和"自治"二词就其共同性而言，主要体现在如下几个方面。

第一，二者都要求基于学校内部成员的共同意思而行动，强调以自己的名义处理学校的办学事务，主张在自主或自治的框架下，高等学校的权力结构应保证高等学校具有独立的主体资格与权利，按照自己的意志来管理学校，并能够自行设定目标和确定运作机制，实现自我管理、自我服务。为保证高等学校的自治或自主，国外的大学主要通过董事会或理事会来实现学校的共意；我国以立法的形式建立了学校法人制度，保证学校以自己的名义独立行使自主办学权，学校成为具有独立管理机构的组织体。

第二，二者都重视保障和增进学术自由，增强高等学校的学术创新功能，强调大学是一个知识共同体、一个共同的精神家园，为实现其学术创新之使命，必须尊重学术自由。国外的高等学校作为一种最重要的学术共同体，强调其自治的特殊性是以学术自由来表征的，因此学术自由就是大学自治的表现形式。我国高等学校则依据《中华人民共和国高等教育法》第10条规定的"国家依法保障高等学校中的科学研究、文学艺术创作和其他文化活动的自由"，依法保障高等学校的学术活动，而非通过学术以外的力量强制推行某种学说或观点，禁止另一种学说或观点，最终影响高等学校学术功能的发挥。

第三，二者都强调和指向高等学校的独立办学地位，使之免受不应有的外部干预和限制。高等学校的独立办学地位是指高等学校为维护自身的学术功能，保证高等学校人才培养和学术研究活动的创造性而必须具有的一种法律地位。国外的做法是通过教授会等学术共同体形成一个学术自由、学术秩序、学术成果的良性自治、自律机制，加强大学自治的功能。我国主要通过自主办学权的法律化、学术机构的制度化等路径，落实和保障高等学校在办学上的自主地位。

综上所述，我们可以把自主办学看成一个中国化的学术概念，看成大学自治的另一种表达方式。然而二者在文化和价值方面又存在着明显的差异性，因而并非一种简单的互换关系。这种差异性表现在如下几个方面。

首先是二者产生的权源不同。我国高等学校的自主办学权源于 20 世纪
80 年代开始的教育改革运动，是政府为放松对高等学校的规制，通过简政
放权改革，而使高等学校获得的一种自主办学资格和能力，因此这种自主权
源自国家，其中相当一部分权力经授权后虽已成为学校的自主办学权，但仍
具有明显的公权性质，体现的是国家意志。而西方的大学自治权则是在教育
国家化进程中，在向政府让渡了自身权利后保留下来的那部分办学权。这种
办学权以当时的国王或教皇给大学颁发的特许状或章程而获得保障。

其次是二者的价值取向不同。在不同国家、不同学校，由于人们认可
并遵守的文化范式、价值体系、治理逻辑与行为规则等方面的差异，学校的
自我管理各不相同，并无固定的模式，但在管理的价值取向上还是存在不同
类别的。在我国，高等学校自主办学权有着鲜明的中国特色，体现为党的领
导、国家举办为主。设置高等学校自主办学权的目的在于重构政府与高等学
校的关系，激发高等学校的办学活力，而并非要造成高等学校与国家公权之
间的分离与对立，并且这一自主化的进程完全是由政府主导和推动的，政府
并未最终退出对学校事务的影响，而只是追求在教育权的分配上保持适度。
因此高等学校的自主办学权并非一种绝对自由，而是一种有限自由。而西方
大学自治的功能主要在于防止和对抗来自外部的力量，特别是国家公权对大
学的挤压与侵蚀，因此排斥政府的行政干预就是大学自治的主要目的。二者
的伦理正当性显然有着较大的差异。

最后是自主权与自治权的行使主体存在着根本差异。《中华人民共和国
高等教育法》明确规定国家举办的高等学校实行"中国共产党高等学校基层
委员会领导下的校长负责制"，这意味着高等学校中行使自主办学权的主体
包括中国共产党高等学校基层委员会、校长及其办事机构、学术管理机构以
及作为大学重要构成人员的教师和学生。就是在民办高等学校，中国共产党
的基层组织也开始建立和完善，并逐步开始发挥作用。在其他国家如德国，
大学自治权的行使主体主要是教授，形成了教授治校的大学自治模式。美国又
与欧洲大陆国家不同，形成的是董事会领导下的大学自治模式（伊鑫，2011）。

（二）高等学校的自主办学与自主办学权

人们一般认为，高等学校的功能主要是生产、保存和传播知识，由于这

些知识都属于高深的学问，具有专业性，因此必须由专业人员才能保存、传播和创新，这就决定了高等学校必须由学者自我管理学术事务，而不受外界尤其是行政部门的过度干预。自主办学是指学校根据法律和社会需要，独立地举办学校、进行决策和开展各项工作，特别是独立决定办学目标、人员聘任、资金使用和课程设置的行为。高等学校的自主办学在理念上主张基于普遍的公众参与和协商民主；在主体行为假定上，主张通过适当的机制设计和制度安排来促成高等学校实现学术自由、兼容并包；在价值取向上，主张在公平基础上追求效率的最大化；在利益导向上，主张协调公益和私益，兼顾利益相关者的合法权益；在治理对象上，主张包括公共关系覆盖的整个高等学校领域。为了保障高等学校的自主办学地位，必须以上述自主办学的基本内涵为依据，改造现行的高等学校与国家公权关系，建立完善的自主办学运作体系。

当然，完全不受政府控制的自主办学在现代社会中并不存在，尤其对于公办学校而言，总是要与其主办者——政府发生或多或少的联系。但在我国，在 20 世纪 80 年代以前，高等学校的社会地位不高、自主程度不足，主要听命于其所隶属的政府部门，并不具备自主办学的可能性，这已成为高等教育改革中不能不面对的一个重要问题。高等学校的自主办学权是在我国改革开放的进程中，从我国高等学校的办学实践出发，借鉴西方现代大学自治的理论与经验而提出的改革诉求，是为建立新型的政府与高等学校关系，明确教育管理职责和权限而设置的一项以高等学校为主体的权利（湛中乐 等，2018）。

在我国，公办高等学校被归类为事业单位，民办高等学校也曾在一段时间内被相应称作民办事业单位，后统一称作民办非企业单位。无论是公办高等学校还是民办高等学校，由于其活动目的和服务对象具有不同于政府和企业的特殊性，而必须以独立自主处理内部事务为前提，因此，高等学校自主办学权需要解决的问题就是如何划分和保障高等学校自主管理事务的范围与界限，更好地落实高等学校的办学主体地位，明确高等学校的自主办学权利，形成政府履行必要的公共管理职能、学校依法自主办学、社会广泛参与支持的办学格局。

我国法律已确立了高等学校"依法自主办学"的原则，这一原则既有

《中华人民共和国宪法》第 47 条作为根本保障，也有《中华人民共和国教育法》《中华人民共和国高等教育法》《中华人民共和国民办教育促进法》等具体法律作为直接依据，辅以大量行政法规、部门规章和其他规范性文件作为现实指南。其中《中华人民共和国高等教育法》明确规定的高等学校的自主办学权既强调了国家主导的体制特征，同时又给予高等学校以一定的自主办学权，因此具有鲜明的中国特色。根据《中华人民共和国高等教育法》第32 条至第 38 条的规定，高等学校自主办学权主要包括以下七方面的内容。

（1）根据社会需求、办学条件和国家核定的办学规模，制定招生方案，自主调节系科招生比例（第 32 条）。包括自主调整优化同一层次研究生类型结构、加快发展专业学位研究生教育、健全应届本科毕业生推荐免试录取制度、完善以导师团队为主导的复试选拔机制、建立博士研究生选拔"申请 –考核"机制等。

（2）依法自主设置和调整学科、专业（第 33 条）。包括自主设置普通高等学校本科专业目录和高职高专教育指导性专业目录内所有专业（国家控制布点专业除外），在博士、硕士一级学科授权内自主设置二级学科，在不增加授权学科总量、保证研究生培养质量的前提下，对博士、硕士学位授权点进行动态调整等方面的自主权。

（3）自主制订教学计划、选编教材、组织实施教学活动（第 34 条）。包括自主开展人才培养模式改革，推进全面学分制等教学管理制度改革，自主确定大学英语和计算机基础课学分学时，自主开展与其他高等学校之间的教育教学资源开放共享、教师互聘、学生互换、课程互选、学分互认，促进合作育人、协同创新、共同发展等。

（4）自主开展科学研究、技术开发和社会服务（第 35 条）。包括自主开展科学研究、技术开发和社会服务，自主决定经费预算的调整方案，获得经常性科研业务经费的投入和非竞争性科研经费，教师开展学术研究，自由探索，自主改进科研项目预算编制方法和预算评估评审的沟通反馈机制，完善和落实促进科研人员成果转化的收益分配政策等方面的自主权。

（5）自主开展与境外高等学校之间的科学技术文化交流与合作（第 36条）。包括扩大国际交流合作，提高高等教育国际化水平，自主开展与外国高等学校之间的教师互派、学生互换、学分互认和学位互授联授，自主确定举办中外合作办学项目，自主引导优势学科面向世界和引进国外优质教育资源，开展国际合作，参与和设立国际学术合作组织、国际科学计划，与境外高水平教育、科研机构建立联合研发基地，自主开展海外办学和跨境教育服务，等等。

（6）根据实际需要和精简、效能的原则，自主确定教学、科学研究、行政职能部门等内部机构的设置和人员配备；按照国家有关规定，评聘教师和其他专业技术人员的职务，调整津贴及工资分配（第37条）。包括自主确定高等学校内部的教学、科学研究、行政职能部门等组织机构的设置和人员配备，自主选聘教职工，根据国家法律法规和宏观政策自主确定内部收入分配，自主管理和使用人才，依法依规自主公开招聘教育教学、科学研究和行政管理等各类人员，自主评审教授、副教授等。

（7）依法自主管理和使用由举办者提供的财产、国家财政性资助、受捐赠财产（第38条）。包括自主管理使用学校财产经费、完善高校生均拨款制度、自主使用和管理专项经费、统筹安排使用捐赠收入及财政配比资金、完善成本分担机制等。

随着政府改革的深入进行，落实和扩大高等学校办学自主权已成为教育改革的重要内容。特别是近年来，政府通过简政放权改革，精简、取消、整合、统筹了一批行政管理事务，出台了政府依法实施行政管理、高等学校依法自主办学的负面清单，在这一前提下，高等学校的自主办学权应该能得到进一步的明确和落实。

四、让章程真正成为高等学校自主办学的保障

高等学校一经设立，即能以自己的名义独立行使权力，承担相应法律责任，是具有独立管理机构的组织体，而不是行政机关的内部单位和下设机构，也不是行政机关委托的组织。高等学校的自主办学权是一种复合型权利，其中既有通过政府的公务分权获得的公权力，也有作为独立法人的法人权利。然而，高等学校因其特定目的的公益性和服务对象的不特定性特征而享有确定的自主办学权，与以私益为归宿的企业法人或单一的民事主体又有着根本性的区别，这些根本性的区别必须体现在高等学校制定的章程中。

　　高等学校章程是国家法律体系之外，为保证高等学校独立地位，根据国家或地方政府教育法律法规，按照一定程序制定的具有一定法律效力的治校总纲领。章程由高等学校的权力机关制定，涉及政府与学校、学术与行政、管理者与被管理者、组织与个体等一系列自主办学关系，涵盖高等学校的改革与发展、地位与职责、师生权利与义务、内部纠纷的调处与解决等问题，是高等学校行使自主办学权的依据。依照我国现行法律的规定，高等学校的设立程序须以订立章程开始，以批准、登记结束，章程一经有关部门批准并经登记机关核准，即产生确定的法律效力。高等学校所做的符合章程的行为受国家法律保护，若其做出违反章程的行为，有关机关有权对其进行干预和处罚。

　　高等学校章程就其性质而言并不是法律，而是国家法律体系之外的学校内部制度规则，因此其效力仅及于学校内部及其相关当事人，而不具有普遍的约束力。章程在调节方式、调节范围与调节程度等方面，都必须由法律、法规明确规定，即使是高等学校内部成员的共同意愿也不能超越法律、法规的规定。但高等学校章程作为准行政立法权的产物，是独立于国家法之外的类法律规范，因此对于学校自主办学的特殊作用在于上承国家法律、法规，下启学校规章制度，在高等学校组织内部中起着"宪法""最高法"的作用。

　　高等学校需不需要章程、需要怎样的章程，以及应当由谁来制定章程，都取决于高等学校的法律地位，取决于高等学校与政府的关系。我国现行法律把章程作为举办高等学校的必要条件规定下来，具有重要的意义，因为章程是有关自主办学的总括性文件，借此才能确保高等学校自主办学的权利。《中华人民共和国高等教育法》虽是高等学校自主办学的法律依据，但表达的是国家意志，规定的是高等学校的普遍性问题。而高等学校章程则由高等学校自主制定，是利益相关者意思表示一致的结果，因此可以充分考虑学校自主办学的特殊性。

　　在我国，由于历史因素，高等学校长期以来并没有自己的章程，这是因为在计划经济时代，高等学校主要由政府设立，在管理上听命于政府，在性质上属于政府的下设机构或附属机构，其自身的自主办学权极其有限，并不需要通过章程来调节。然而经过近几十年的简政放权改革，高等学校的办学环境有了明显改善，学校内部的民主化管理得到进一步加强，这一发展趋势使国家与教育、政府与学校的关系发生了深刻变化，高等学校开始具有了一种非政府和非企业的组织特征，并逐步获得了自主办学的主体地位。在这种情况下通过章程维护高等学校自主办学的改革成果，体现大学组织的历史文化积淀，承续浸润于自身发展脉络中的大学理念和精神就是当前教育改革与发展中的一个重要问题。

《中华人民共和国高等教育法》第28条规定了高等学校章程的内容，包括学校名称、校址、办学宗旨、办学规模、学科门类的设置、教育形式、内部管理体制、经费来源、财产和财务制度、举办者与学校之间的权利义务、章程修改程序以及其他必须由章程规定的事项。从2012年开始，根据《国家中长期教育改革和发展规划纲要（2010—2020年）》的部署，教育部启动了高等学校的章程制定工作，要求按照决策权、执行权、监督权既相互制约又相互协调的原则，健全和规范高等学校内部治理结构和权力运行规则。同年施行的《高等学校章程制定暂行办法》全面规范了高等学校章程制定的原则、内容、程序以及章程的核准与监督执行机制，是高等学校开展章程建设、实施依法治校、实现科学发展的行动指南和实践纲领。2015年，我国高等学校基本完成了章程的制定工作，同时制定、梳理和完善了教学、科研、人事、财务、学生管理、后勤等方面自主管理的制度规范，建立健全了各种办事程序、内部机构组织规则、议事规则，基本实现了自主权运行和监督的有章可循、有据可依。

然而从实践的角度看，大学章程既有可能成为保障高等学校自主办学的有力手段，也有可能成为一种摆设，甚至成为行政干预的工具。高等学校的性质决定了其所具有的自主办学权是在政府调控范围内的一种自主办学权，因此不能脱离政府的支持与引导，同时由于自主办学所具有的分权性质，政府又不应过度干预高等学校的自主办学活动。兼顾二者意味着高等学校自主办学权的行使必须通过改造传统的高等学校与国家公权的关系，建立完善的章程运作体系才能真正实现。高等学校章程应当表明，高等学校在行使自主办学权时，首先应当保证公权力得到公正的行使，高等学校作为法人依法享有的民事权利不应当损害高等学校的公益性质，为此必须依据高等学校的功能对其法人权利做出必要的限制。为强化章程的效力，确保高等学校自主办学的有序进行，首先应当通过法律划定国家对高等学校自主办学的干预和监督范围，并在内部构建完善的权力运行机制，既最大限度地保障高等学校内部的自治权，又切实保证政府对高等学校的必要监督。其次，应改变高等学校自主办学规范地位不高、自主程度不足、自主办学指导原则不明的现状，高等学校应组织开展好章程建设，认真清理和修改校内的各种规章制度，完善内部决策及监督机制，推动学校整体改革和依法治校工作。

参考文献

杜卫华，2015. 德国高校管理的法人化改革初探 [J]. 世界教育信息（13）：10-13，18.

马怀德，2002. 公务法人问题研究 [M] // 劳凯声. 中国教育法制评论：第 1 辑. 北京：教育科学出版社.

伊鑫，2011. 论大学自治与学术自由之关系 [J]. 当代教育科学（13）：42-44.

湛中乐，尹婷，2018. 论大学自治：兼析《高等教育法》中的"自主办学"[J]. 陕西师范大学学报（哲学社会科学版）（1）：145-153.

On the Implementation of Autonomous Running Status of Higher Education Institutions

Lao Kaisheng

Abstract: Autonomous running is the goal that China's higher education institutions reform has assiduously pursued, and it is the Chinese expression of university self-governance. In the 1990s, the corporative reform of public schools made the decentralization between government and school have a legitimate basis, and made the definition of "autonomous running" which was a general concept of policy have a certain legal nature. However, the law does not make a clear stipulation on the behavioral ability and method when giving higher education institutions the qualification of autonomy, which means that the higher education institutions who are searching for development may have the actual possibility of profit to do many things that they could not do in the past. On the idea, the autonomous running of higher education institutions advocates a common public participation and deliberative democracy. On the assumption of subject behavior, it holds the view of an appropriate mechanism designation and institutional arrangements to promote higher education institutions become compatible. On the value orientation, it suggests to pursue the maximization of efficiency based on fairness. On the interest orientation, it stands for coordination of public welfare and private interests and takes into account the legitimate rights and interests of stakeholders. On the object of governance, it asserts the entire higher education field that public relations cover. The university constitution is a written document which is independently formulated by the higher education institutions outside the context of national legislative system and is the agreement of the interests of the stakeholders. In order to ensure the autonomous running, it is necessary to transform the existing relationship between higher education institutions and state power and establish a sound operation system of the university constitution.

Key words: higher education institutions school-running system reform autonomy in school running school legal person system university constitution

作者简介

劳凯声，首都师范大学教育学院教授，研究方向为教育法学、教育政策学、教育基本理论。

□湛中乐 康 骁

"行政行为"与"权利"背后的理论立场

——评"许山河案"①

【摘 要】许山河因海南省社科联的决定而丧失参评正高三级的资格，但却被行政诉讼拒之门外。法院的这种做法虽然符合行政诉讼的一贯做法，但却有悖于行政行为和权利这两个概念背后的理论预设。一方面，行政行为的深层支撑是权威式支配，但基于利害的支配也会向这种支配过渡，条件是支配者在特定的领域获得独占性的地位。海南省社科联的独占性地位意味着其决定属于行政行为的范畴。另一方面，在法律理论与实践中，应当坚持一种形而上学的权利立场，而非一种实证主义的权利立场，即权利先于法律与国家。这意味着未被法律规定为实证法意义上的权利（主观权利）也具有获得法律保护的可能性。因此，法院应当受理"许山河案"。

【关键词】行政行为 权利 "许山河案"

本文意图通过评析"许山河案"，澄清行政行为和权利背后的理论预设。

"许山河案"案件事实：许山河系海南师范大学教师。2006年，中共海南省委办公厅、海南省人民政府办公厅联

---

① 本文系教育部人文社会科学重点研究基地重大项目"公法争议与公法救济研究"（16JJD820001）的阶段性研究成果。

合发布《海南省社会科学优秀成果评奖办法》，其中规定设立"海南省社会科学优秀成果奖"，每年评选一次。该奖由海南省社会科学界联合会（以下简称海南省社科联）组建的评奖委员会负责评选。获奖通知书将记入获奖者档案，作为考核、晋升、评定专业技术职称和享受有关待遇的依据。评奖活动的经费列入海南省社科联的年度预算，由海南省财政厅审核后安排。2009年，海南省社科联根据上述办法颁布琼社科函〔2009〕8号文件，认可许山河为获奖作品《中国古代文学作品选》的总主编。《海南师范大学关于专业技术二至十三级岗位首次聘用条件的规定》（海师办〔2009〕30号）表3第10栏第2列规定，获得"省级其他哲学、人文社科研究优秀奖一等奖个人排名前2名，二等奖个人排名第1名"者有资格受聘正高三级岗位。据此，许山河具有参评正高三级的资格，即具有被评定为正高三级的可能性。但海南省社科联于2013年又颁布琼社科函〔2013〕3号文件（3号复函），不认可许山河为前述获奖作品的总主编。许山河的工作单位海南师范大学认为，3号复函不认可许山河为获奖作品《中国古代文学作品选》的总主编，因此许山河不符合参评正高三级的条件。总之，许山河不再被认定为获奖作品《中国古代文学作品选》的总主编，导致他丧失了获评正高三级的资格。

最高人民法院认为本案的焦点在于海南省社科联开展的评奖活动及其日常工作是否属于行政行为。对此，最高人民法院的观点是，海南省社科联开展的评奖活动不属于行政行为。法院的论证逻辑如下：组织法意义上的行政机关做出的行为，一般都属于行政行为，而非组织法意义上的行政机关做出的行为只有符合行政法上的委托制度或授权制度的规定才能构成行政行为。海南省社科联不属于组织法意义上的行政机关，因此只有存在授权或委托，评奖活动才构成行政行为。海南省社科联开展评奖活动的依据，即中共海南省委办公厅、海南省人民政府办公厅联合发布的《海南省社会科学优秀成果评奖办法》既非法律、法规或规章，也不是海南省政府将行政职能委托给社会组织行使的文件。因此，海南省社科联开展的评奖活动并不属于行政行为。

从表面上看，最高人民法院的判决合乎实在法与法理，实则不然，其与法治是背道而驰的。法院的判决存在两个问题：第一，将海南省社科联的评奖活动排除在行政行为的范围之外，实际上忽视了行政行为最本质的特征，即海南省社科联的评奖活动是一种权威式支配，属于公法的调整范围；第二，对本案不予受理，违反了"无救济就无权利"的法治原理。

一、海南省社科联的评奖活动构成行政行为

我国行政诉讼发展了数十年，行政行为的概念和理论体系虽然有了很大的发展，但目前的理论仍然没有完全突破王名扬先生在《法国行政法》一书中设定的理论框架。王名扬先生在《法国行政法》一书中论述行政行为的意义时提到，"行政行为是学术上所使用的名词，主要用于说明行政机关进行行政活动的法律手段"（王名扬，1988）[134]。这里的行政机关是指组织法意义上的行政机关。这似乎表明，行政行为的做出者必须是组织法意义上的行政机关。但是，王名扬先生在书中又指出："行政行为可以包括行政机关以外的某些行为。近代国家除由行政机关实施公务以外，有时由法律直接规定由其他团体和私人实施公务，有时由行政机关根据法律的规定授权其他团体和私人实施公务。其他团体和私人在实施公务时如果采取私法以外的手段，这种行为在法国也是行政行为。"（王名扬，1988）[137]所谓"法律直接规定由其他团体和私人实施公务"，相当于《中华人民共和国行政诉讼法》第 2 条第 2 款规定的"法律、法规、规章授权的组织作出的行政行为"。所谓"行政机关根据法律的规定授权其他团体和私人实施公务"，就是我国行政法中的行政委托制度。至于"其他团体和私人在实施公务时采取私法以外的手段"，在我国目前的行政诉讼中一般不被视作行政行为。由此可见，我国的行政行为仍然没有突破王名扬先生的《法国行政法》一书给定的基本框架。

如果我们承认其他团体和私人以私法以外的手段实施的公务活动也可以构成行政行为，那么海南省社科联的评奖活动就有可能被认定为行政行为。那么，为何其他团体和私人以私法以外的手段实施的公务活动在我国会被排除在行政行为的范围之外呢？这种现象有可能是"国家垄断行政（权力）"的观念的产物，也有可能是将其他团体和私人实施公务的活动一概纳入行政行为，会给法院带来识别行政行为的困难，而依据行政主体资格和行政委托制度来识别行政行为则较为方便，没那么大的争议。当然，这种现象可能是多种因素综合影响的结果，这里不做太多的探讨。本文要处理的问题是，能

不能将其他团体和私人以私法以外的手段实施的公务活动纳入行政行为的范围，从而使得许山河这种情况能够进入行政诉讼的渠道。

在既有的理论框架内，许山河这种情况肯定是被排除在行政诉讼的范围之外的。类似问题很早就被我国行政法学者注意到。[①] 我国行政法学者曾提出用社会行政或社会公权力来解决上述问题。[②] 这种观点认为，公共行政由国家行政和社会行政组成，两者都属于行政诉讼的审查范围。遗憾的是，司法层面的态度较为保守，仍然恪守授权主体和行政委托这两套制度，即行政机关以外的社会组织根据法律法规章授权或根据行政机关委托做出的行为才属于行政诉讼的审查范围。社会行政这个概念对上述问题的解决做了有益的探索，但是社会行政的范围仍然需要进一步的界定。本文将尝试回答这个问题，从而为把许山河这种情况纳入行政诉讼的审查范围提供进一步的理论支撑。

从一般意义上来讲，权力现象就是一种支配现象，意味着一方对另一方的控制或影响力。权力或支配的实现对共同体行动的实现具有重要的影响。可以说，如果一个共同体内的权力或支配无法实现，那么该共同体将名存实亡。权力概念就像物理学上的"能"这个概念一样，具有许多种表现形态，例如财富、武装力量、民政当局以及影响舆论的势力。"在这些形态当中，没有一种能被认为是从属于其他任何一种的，也没有一种形态是派生所有其他形态的根源。"（罗素，2012）[4] 不同的权力形态或支配形态之间确实未必存在主从关系。但是，这并未否定不同的权力形态或支配形态之间可能存在一个相互交叉的地带，这个相互交叉的地带是一种权力或支配向另一种权力或支配过渡的地带。韦伯将支配分成三种，分别是：基于利益的支配，对应市场领域；基于习惯的支配，对应私人关系领域；基于权威的支配，对应政治领域（韦伯，2010）[1-7]。这三种支配并非绝对分离的，基于利益的支配和基于习惯的支配完全可能演变成一种权威式支配。所谓"权威式支配"，是指一方具有命令权，另一方具有服从义务，不服从就意味着会遭到制裁或惩罚，被支配者没有自由选择的空间。在基于利益的支配和基于习惯的支配

---

① 姜明安教授和罗豪才教授较早注意到这个问题，参见：姜明安，1999.行政法与行政诉讼法［M］.北京：北京大学出版社：2; 罗豪才，2000.行政法学与依法行政［J］.国家行政学院学报（1）：53-59.

② 罗豪才、姜明安、沈岿、石佑启、黎军、张永伟、徐靖等学者都研究过这个问题，并发表过相关研究成果，本文不一一列举。

中，被支配者具有自由选择的空间，即他们是可以拒绝这种支配的。被支配者拒绝这种支配可能导致他们无法从支配者那里获得利益，但他们实现了自己的自由。当然，在基于权威的支配中，被支配者也可以不服从或不配合，但是他们要为这种不服从或不配合付出代价，这种代价不是损失可得利益，而是既有利益的减损。韦伯认为，支配者在特定的领域获得一种独占性地位时，这种支配和基于权威的支配就没有多大差别了。支配者获得独占性地位意味着被支配者将丧失拒绝权，被支配者自由选择的空间将被压缩为零。

公法的基本问题就是要解决规则对政治权力的限制或约束问题。这里的政治权力在韦伯的理论体系中就是"权威式支配"。任何一种支配一旦接近"权威式支配"，公法就要对这种支配进行干预和控制，不论这种支配存在于何种领域。行政行为是一种最典型的"权威式支配"。对行政行为的范围的界定，要从"权威式支配"的角度着手。从主体的视角界定行政行为的范围便于司法实践中对行政行为的认定，但是难免将一些"权威式支配"排除在行政行为的范围之外。如果"权威式支配"能够获得私法的干预，被支配者能够通过民事诉讼获得一次公平的说理机会，那么将这样的"权威式支配"排除在行政行为之外，并不会妨碍"无救济就无权利"的法治原理。垄断企业对其承销代理人的支配虽然比较接近一种"权威式支配"，但二者的关系受合同法和经济法的调整，相关纠纷也可以进入民事诉讼的渠道。因此，将垄断企业对其承销代理人的支配排除在行政诉讼的审查范围之外并不会违背法治精神。但是，仍然有不少"权威式支配"既不受私法的调整，也不受公法的调整。海南省社科联的评奖活动就是这样一种"权威式支配"。

从海南省社科联评奖活动的依据和实际情况来看，许山河在海南省社科联做出的决定面前没有任何自由选择的空间，除了服从没有任何其他可能。也许可以这样辩解，许山河要是对海南省社科联组织的评奖活动不服气，可以不参与评奖。然而，海南省人事劳动保障厅和海南师范大学将获得海南省社会科学优秀成果奖规定为四级教授参评正高三级的条件之一。也许还可以这样辩解，海南省社科联组织的评奖活动就如同高校教师职称评定一样，是社会组织的内部自治权，不属于行政权。[①] 之所以能够将社会组织的内部自

---

① 在我国的司法实践中，高校自治权经常成为法院拒绝受理高校内部纠纷案件的理由。高校自治权应对法院审查的强度构成限制，但不应限制受案范围。

治排除在行政诉讼的审查范围之外，是因为社会组织的成员可以"用脚投票"。就职称评审纠纷而言，如果能为教师提供一个公平的说理机会，自然最好。即便无法获得这种机会，教师还有"用脚投票"的权利，可以跳槽到其他高校。可是，在"许山河案"中，如果许山河"用脚投票"，他就必须跳槽到海南省以外的高校。因为海南省社科联在海南省社会科学界具有独占性地位，海南省社科联的决定在整个海南省社会科学界都具有效力。在高校职称评审纠纷中，以"用脚投票"作为排除司法审查的理由已经较为牵强。如在"许山河案"中仍用这种理由辩护，则令人难以接受。海南省社科联对海南省社会科学领域的控制和影响无限接近"权威式支配"，许山河自由选择的空间被压缩为零。既然海南省社科联具有一种权威式的支配地位，那么许山河能否通过民事诉讼获得一次公平的说理机会？显然是不可能的。因为许山河与海南省社科联之间不存在民事法律关系。在这种情况下，如果行政诉讼再将其拒之门外，许山河将无法获得任何公平的说理机会。因此，行政诉讼应当为许山河提供一次对簿公堂的机会。况且，海南省社科联的权威式支配地位表明公法具有调整其日常活动的正当性。

　　有学者也主张，将行业自治纠纷和基层自治纠纷列入行政诉讼的范围，其主要理由有二：第一，自治组织和公民个体之间存在一定的从属关系；第二，这类关系无法适用私法规范调整。[1]这种观点注意到了行业自治与基层自治中存在支配关系，但是没有将权威式的支配与基于利害的支配区分开来。并非任何存在从属性的社会关系都可以纳入行政诉讼的受案范围。例如，劳动者和用人单位的纠纷，大部分社会组织与其成员的纠纷，都不应纳入行政诉讼的审查范围。社会组织与其成员的纠纷能否进入行政诉讼的关键在于，该社会组织对其成员的支配是否具有一种独占性的地位，主要看社会组织的成员是否具有自由选择的空间，是否具有"用脚投票"的可能性。

　　总之，海南省社科联的权威式支配地位使得其组织的评奖活动可以构成一项行政行为。而这样的行为引发的纠纷无法通过民事诉讼来解决，那么公法和行政诉讼便应当对这样一种行为保持开放性，从而使得利益受到影响的

---

　　① 2019年3月31日下午，中国法学会行政法学研究会、中国政法大学法治政府研究院、法律出版社《中国法律评论》联合举办了"推动中国法治进程十大行政诉讼典型案例发布会暨纪念《行政诉讼法》颁布三十周年研讨会"，最高人民法院副院长江必新在会上阐述了这一观点。

被支配方获得一次公平的说理机会。当然，这种观点的成立离不开另一个条件，即许山河参评正高三级的资格构成一项权利。如果不构成一项权利，那么公法和行政诉讼也没必要对评奖活动进行干预。这正是我们批评法院判决的第二个理由，即违反"无救济就无权利"的法治原理。

二、"权利"概念的两种基本立场

我们批评判决的第二个理由便是违反"无救济就无权利"的法治原理，因此必须证明获得职称的可能性属于一项"权利"。那么，获得职称的可能性或者是参评正高三级的资格是否属于"权利"？

近两年，我国行政诉讼实践用"主观权利"这个概念来界定权利的范围。从目前公开的裁判文书来看，最高人民法院行政审判庭在2016年引入主观权利这个概念，法院认为"在原告不具备主观权利的情况下，即使行政机关的不作为有可能侵害公共利益，个体也未必具有提起行政诉讼的权利"①。这里讲的主观权利是公法上的主观权利，法院有时也使用"主观公权利"一词。行政诉讼中的主观权利是指，行政机关做出行政行为时的行政实体法规范保护的权利和利益。②最高人民法院行政审判庭将主观权利分解为两个要素：第一，起诉方具有个人利益，即一种与普通公众不同的独特利益；第二，该利益受行政实体法保护。③从这两个要素来看，参评正高三级的资格可能不构成行政法上的主观权利。《中华人民共和国教育法》《中华人民共和国高等教育法》《中华人民共和国教师法》都未将参加职称评审规定为高校教师的主观权利。《中华人民共和国教师法》第7条规定了教师的权利，但

---

① 见李国秀诉山东省人民政府不履行法定职责案再审行政裁定书［（2016）最高法行申2864号］。相关判决还有不少，这里不予列举。

② "以行政机关做出行政行为时所依据的行政实体法和所适用的行政实体法律规范体系，是否要求行政机关考虑、尊重和保护原告诉请保护的权利或法律上的利益（以下统称权益），作为判断是否存在公法上利害关系的重要标准。"见刘广明诉张家港市人民政府行政复议案再审行政裁定书［（2017）最高法行申169号］。

③ "在原告主体资格上……，仍然坚持原告本人需要提供证据证明其存在与普通公众不同的独特的权益，且该种权益受行政实体法律规范所保护，并存在为被诉行政行为侵害的可能性；法律明确规定其属于可以直接提起公益诉讼的主体除外。"见刘广明诉张家港市人民政府行政复议案再审行政裁定书［（2017）最高法行申169号］。

该条并未将参加职称评审规定为教师的权利。高校教师职称主要由《中华人民共和国高等教育法》第 47 条和第 48 条规定。根据第 47 条的规定，高等学校实行教师职务制度，教师职务设助教、讲师、副教授、教授，高等学校教师职务的具体任职条件由国务院规定。第 48 条规定，教师经评定具备任职条件的，由高等学校按照教师职务的职责、条件和任期聘任。结合《中华人民共和国高等教育法》第 47 条和第 48 条的规定，职称评审和职务聘任属于高校自主管理的事务。可能正是因为职称评审属于高校自主管理的事务，《中华人民共和国高等教育法》也没有明确将参加职称评审规定为教师的权利，所以法院才在司法实践中以高校自治权将有关职称评审的纠纷排除在行政诉讼的范围之外。

　　根据以上论述可知，参评正高三级的资格在目前的司法实践中很难被认定为一项权利。而本文的目的就是要证明参评正高三级的资格构成一项权利。由于从法律规定的表面用语无法推出参评正高三级的资格构成一项权利，有必要进行一些更为深入的讨论。

　　首先要对"权利"这个概念做更为深入的分析。"权利"是一个内涵不断流变的概念，有关"权利"的定义非常丰富，但这些不同的观点和学说大体可以分成两类。第一类，将权利看作先于国家和法律的事物，权利源于人类理性。这是自然法学的观点，是一种形而上学的立场。第二类，将权利看作晚于国家和法律的事物，至少是与国家和法律同时产生。这是法律实证主义的观点，是一种实证主义的立场。持何种立场取决于如何看待法律与权利的关系。自然法学坚持一种二元的观点，将法律与权利区分开来。英文区分"right"和"law"，德语区分"主观意义的 Recht"和"客观意义的 Recht"，法院区分"主观意义的 droit"和"客观意义的 droit"，就是这种二元观念的体现（凯尔森，2013）[131]。法律实证主义则坚持一种一元论的观念，即不对法律与权利做区分。从 18 世纪到 20 世纪，法律与权利的关系的发展变化可以分成三个阶段。① 在第一个阶段，法律的基础是权利，法律制度就是有关权利的制度，而权利的基础则是人类理性。在第二个阶段，权利与理性的关系被斩断，权利仅仅是法律所保护的利益，权利从法律的基础变成了以法律

---

① 有关法律与权利关系的三个阶段的论述，见 TORRE M L, 1990. "Rechtsstaat" and legal science: the rise and fall of the concept of subjective right [J]. Archiv für Rechts-und Sozialphilosophie（76）：60-63.

为基础。在这个阶段，权利与法律二分的观念借助于利益这个概念仍然存在，但天平已经向法律那一端倾斜。在第三个阶段，权利被法律教义学的概念体系所抛弃。权利不再是一种不同于法律的外部事物，权利被视为法律所保护的利益这种观念也被否定。如凯尔森所言，权利仅仅是将一般规范和个别规范联系起来的一种技术手段。①权利仅仅意味着诉讼的可能性，是规范有效的一个标志，仅此而已。

之所以讨论权利与法律的关系，是因为不同的理论立场意味着结论的不同。就法律实证主义立场而言，个人参评正高三级的资格是否构成一项权利关键看实在法是否赋予其起诉的可能性。法律实证主义的立场实际上将权利与起诉的可能性等同起来，没有起诉的可能性便意味着没有某项权利。如果坚持自然法学的立场，则不能以是否具有起诉的可能性来判断参评正高三级的资格是否构成一项"权利"，而应反过来，要根据参评正高三级的资格是否构成一项"权利"来决定是否具有起诉的可能性。那么，我们国家的法律理论和法律实践到底支持何种立场？

在分析我国的立场以前，我们先分析这两种立场在西方法律史中的演变及其原因。在法律科学兴起以前，自然法学占据主导地位，权利先于国家和法律是当时的流行观念。权利先于国家和法律的观念可以追溯到17世纪的英格兰②，甚至日耳曼的原始森林。本文不做这种历史考据，只强调一点，这种观念的实证化归功于1789年的《人权与公民权利宣言》和英国的法治原则（rule of law）（Torre, 1990）。1789年《人权与公民权利宣言》第16条规定，凡权利无保障和分权未确立的社会，就没有宪法。戴雪（A. V. Dicey）提出，法治的第三层含义是指，宪法并非法院所界定和执行的个人权利的源头，恰恰相反，宪法是法院所界定和执行的个人权利的结果（Dicey, 1915）[121]。这意味着，在确定权利的内容这个问题上，法院拥有高于立法的地位，其结果就是权利先于国家和法律。

---

① 主观权利赋予了个人将一般规范和个别规范联系起来的可能性，但是一般规范与个别规范的联系并非都要依赖个人。换言之，即便没有主观权利这种技术，国家或公共机构也可以将一般规范与个别规范联系起来。民法通常依赖主观权利这种技术，而刑法则一般不依赖主观权利这种技术。参见：凯尔森，2013. 法与国家的一般理论［M］. 沈宗灵，译. 北京：商务印书馆：138-140.

② 个人权利优于国家的观念在17世纪英格兰的整个历史环境中找到了自己的支撑，参见：耶里内克，2013.《人权与公民权利宣言》：现代宪法史论［M］. 李锦辉，译. 北京：商务印书馆.

　　既然权利先于国家和法律的观念在法律史上长期占据主导地位，那这种观念为何会被法律实证主义的主张所取代？或者说，法律实证主义为何要否定这种观念？理解一种理论要回到理论家所面临的时代处境中。法律实证主义者生活的时代，有两个历史性的变化，一是现代国家的建立与发展，二是科学与技术的飞速发展。现代国家与实证主义是我们理解法律实证主义的钥匙。在英国，法律实证主义主要是实证主义向法学渗透的结果。实证主义的基本立场是"是"与"应当"分离，即事实与价值分离。韦伯认为，社会科学是关于"是"（事实）的知识，而关于"应当"（价值）的知识根本不存在。因此，法律要成为一门科学就必须研究作为"是"的法律，而不是研究作为"应当"的法律。这就是所谓的法律的科学化。在德国，法律的科学化表现为法律科学的提出。法律科学化的第一步是构建一个有关"法律"的事实领域，并将这个领域与应然领域和其他社会科学的研究领域区分开来。第二步则是法律的体系化。所谓法律的体系化是指将法律制度和从法律规则中演绎出来的概念组合成一个系统，从而使得法官正确解释实在规范成为可能。（Torre, 1990）在19世纪末的德国，法律的体系化主要是指公法的体系化，即将公法建成一个像私法那样完美的体系。公法的体系化耗费了众多德国法学家的毕生精力，而同一时期的英美却没有出现类似的公法体系化运动。这和法律（主要是公法）科学化和体系化的政治目的有关。德国发展为现代化国家并未经历资产阶级的自由民主革命，因此19世纪下半叶的德国仍然是一个君主专制色彩浓厚的国家。德国的法学家希望通过法律的科学化和体系化将君主的至高地位降到法律之下，从而推进德国的自由民主进程。这是德国公法科学化和体系化所承载的政治意义。而同时期的英、美、法则完成了自由民主革命，从绝对主义国家发展为自由主义国家。[①] 所以，英、美、法的公法没有承载德国公法那样的政治目的，这导致它们在公法的科学化和体系化上动力不足。

　　法律实证主义（法律科学）是否实现了科学化目标与政治目的？从科学化的角度来看，法律实证主义（法律科学）实现了科学化的目标。无论是公法还是私法都有了一个相对完善的学科体系，法学已经成为大学的常设专

---

① 从绝对主义国家到自由主义国家最典型的代表是法国。美国没有经历过绝对主义国家阶段。英国虽然也有过君主专制和克伦威尔专制，但英国不能算是典型的绝对主义国家，因为王在法下。

业，人们也不会否认法学是人类知识的一个组成部分。从政治目的的角度来看，法律科学使得德国更靠近法律科学的政治目的，这个说法成立，但我们很难说法律科学完全实现了它的政治目的。法律科学将国家秩序和法律秩序等同起来，从而实现法律对国家的控制，但也可能发生颠倒过来的风险，德国的政治实践已经证明了这一点。第二次世界大战后，权利概念的复兴在某种程度上可以看作对法律科学的风险的防范。

三、我国法律理论与实践中权利概念的立场

回到我国的问题，我国的法律理论和实践到底持一种什么样的权利概念立场？最高人民法院行政审判庭在最近的一些行政判决中表达了一种实证主义的立场。最高人民法院行政审判庭引入主观权利概念分析原告资格。从目前公开的裁判文书来看，最高人民法院行政审判庭在 2016 年引入主观权利这个概念，法院认为“在原告不具备主观权利的情况下，即使行政机关的不作为有可能侵害公共利益，个体也未必具有提起行政诉讼的权利”[1]。最高人民法院行政审判庭还将《中华人民共和国行政诉讼法》第 25 条第 1 款规定的“利害关系”解释为主观权利。[2]“本条[3]在原告资格方面所确立的‘利害关系’标准，通常要考虑以下三个要素：是否存在一项权利；该权利是否属于原告的主观权利；该权利是否可能受到了被诉行政行为的侵害。”[4]这里讲的主观权利是公法上的主观权利，法院有时也使用“主观公权利”一词。行政诉讼中的主观权利是指，行政机关做出行政行为时的行政实体法规范保护的权利和利益。

最高人民法院行政审判庭将主观权利分解为两个要素：第一，起诉方具有个人利益，即一种与普通公众不同的独特利益；第二，该利益受行政实体

---

[1] 见李国秀诉山东省人民政府不履行法定职责案再审行政裁定书［（2016）最高法行申 2864 号］。相关判决还有不少，这里不予列举。

[2]《中华人民共和国行政诉讼法》第 25 条第 1 款规定：行政行为的相对人以及其他与行政行为有利害关系的公民、法人或者其他组织，有权提起诉讼。

[3] 指《中华人民共和国行政诉讼法》第 25 条。——笔者注

[4] 见熊怡萍与洛阳市人民政府再审行政裁定书［（2017）最高法行申 1168 号］。相关判决还有不少，这里不予列举。

法保护。这种观点与德国的保护规范理论一脉相承。根据保护规范理论，只有在行政法规范同时保护公共利益和特定个人或人群的私人利益时，才存在一项主观权利（赵宏，2018）。保护规范理论将主观权利的判断标准明确为法律规范是否保护特定个人利益，这意味着法律之外无权利，这与德国法律科学的立场基本一致。但是，在凯尔森的理论体系中，保护规范理论只能算是一种不彻底的实证主义立场，其将权利界定为"法律所保护的利益"，实际上混淆了立法者推定的个人利益与实际的个人利益。凯尔森认为，即便不存在实际的个人利益，但只要立法者推定存在，主体就享有相应的权利。①

最高人民法院行政审判庭的立场和凯尔森的立场只存在细微差别。在凯尔森那里，主观权利仅具有启动诉讼的可能性，即法律之外无权利。只要当事人在行政法规范中找不到请求权依据，就没有原告资格。而最高人民法院行政审判庭将主观权利界定为行政实体法规范保护的权利和利益，这为法院保护法律无明确规定但又具有正当性的权益留下了一定的空间。最高人民法院行政审判庭在"刘广明案"中指出："将行政实体规范未明确需要保护但又的确值得保护且需要保护的权益，扩张解释为法律上保护的权益，仍应限定为通过语义解释法、体系解释法、历史解释法、立法意图解释法和法理解释法等法律解释方法能够扩张的范围为宜。"②这种观点实际上承认法律规范之外的利益可以通过扩张解释成为主观权利，从而获得法律的保护。这种细微差别使得法院可以在个案中摇摆于实证主义立场和形而上学立场。

为何最高人民法院行政审判庭会坚持一种不彻底的实证主义立场？这是它的一贯立场吗？从目前公布的裁判文书来看，最高人民法院行政审判庭将主观权利引入行政诉讼始于 2016 年 9 月的"李国秀案"。由此可推测，这样一种不彻底的实证主义立场可能不是最高人民法院行政审判庭的一贯立场。这一点已经被何海波教授的研究所证实。在 2016 年 3 月出版的《行政诉讼法》（第二版）一书中，作者何海波教授讨论了"法律上的利害关系"，但并未用到主观权利的概念。作者考察行政诉讼的实践后认为，"到底什么样

---

① 立法者推定人们在某些条件下有某些利益，而他想保护其中某些利益。但是一项权利，即使在——与立法者的推定相反——不存在实际利益的情况下，也还存在着。所以，权利一定不在于假设有利益，而在于法律保护。

② 见刘广明诉张家港市人民政府行政复议案再审行政裁定书［（2017）最高法行申 169 号］。

的影响才算是法律上的‘利害关系’？这个问题也许没有一个完全确定的答案。归根结底，它包含着对所涉及利害的权衡：一方面，应当考虑通过诉讼保护当事人权利的需要；另一方面，也要考虑行政秩序的安定性、持续性不被过分打扰。随着社会发展、观念变化和司法机关对自身职能的认识，它的具体范围总体上在不断扩充"（何海波，2016）[195]。这种观点承认法院可以将法律未明确规定的"利害"纳入法律的保护范围，实际上承认权利先于法律，这是一种形而上学的立场。曾任最高人民法院行政审判庭庭长的江必新阐释"法律上的利害关系"这个概念的必要性时，认为只要个人或者组织受到行政行为的实际不利影响，且无法获得民事救济，那就应考虑通过行政诉讼来救济（江必新，2001）[33]。

最高人民法院最近的判决和何海波教授的研究表明，最高人民法院最近开始偏向实证主义立场。那么，实证主义立场在以前的司法实践中是否存在？立法对实证主义是一种什么样的立场？何海波教授对原告资格立法史的梳理可以回答上述问题。法律对原告资格标准的规定涉及三个概念：权利、合法权益和法律上利害关系。权利概念在实践中很容易退化为"制定法所保护的利益"，"合法权益"概念由此兴起，但"合法权益"仍然有可能被理解成"制定法所保护的利益"，"法律上利害关系"由此应运而生（何海波，2016）[193]。从权利到合法权益再到法律上利害关系的变化，表明立法者有意否定实践中长期存在的实证主义立场倾向，以尽可能实现对权利的保障。何海波教授认为，"对立法史的梳理表明，立法者不愿意看到对原告资格作过分的限制。作为起诉条件的‘利害关系’，不限于法律、法规规定的利益，也不限于在法律、法规条文中能够牵强附会找到依据的利益"（何海波，2016）[194]。

立法者对实证主义立场的否定可以从立法者不断扩大行政诉讼受案范围的做法中得到印证。1989 年制定《中华人民共和国行政诉讼法》时，立法者指出"这些规定①比人民法院现行的受案范围有所扩大，对进一步保障公民、法人和其他组织的合法权益是必要的"②。立法者也承认行政诉讼的受案范围还比较窄，应逐步扩大。在 2014 年的修正中，立法者指出，为了扭转"信访不信法"的局面，要保障当事人的诉权，扩大受案范围。这次修改

---

① 指《中华人民共和国行政诉讼法（草案）》的规定。——笔者注
② 《关于〈中华人民共和国行政诉讼法（草案）〉的说明》（1989 年 3 月 28 日）。

将行政机关侵犯公民、法人或者其他组织依法享有的土地、矿藏、水流、森林、山岭、草地、荒地、滩涂、海域等自然资源的所有权或者使用权，行政机关侵犯农村土地承包经营权，行政机关违法集资、征收征用财产、摊派费用，行政机关没有依法支付最低生活保障待遇或者社会保险待遇等纳入受案范围。①

从以上论述可知，我国的法律理论与实践中始终存在一种实证主义的立场。这种实证主义立场不利于权利保障，也可能导致"信访不信法"的局面。因此，立法者在《中华人民共和国行政诉讼法》的制定和修改过程中否定了这种实证主义立场，允许法院在实践中逐渐扩大行政诉讼的受案范围，即权利保障范围。最高人民法院一度坚持这种立场。但是，从2016年开始，最高人民法院开始向一种实证主义立场倾斜，即主体只有具有受到行政实体法保护的权利和利益才具有原告资格。德国法中的主观权利概念由此进入我国的行政诉讼。这样一种转变可能是由于《中华人民共和国行政诉讼法》修改以后，案件数量增多，法院不堪重负而被迫运用主观权利概念减少案件数量。

四、我国公法应坚持何种权利概念立场

行政诉讼实践逐渐转向实证主义立场有其现实逻辑，但是这样一种转向符合应然逻辑吗？或者说，我国公法到底应当坚持何种权利概念立场？形而上学立场与实证主义立场在理论上属于两个极端，不能相容，但是实践并非一定要按照理论的逻辑来展开，实践有其自己的逻辑。或者说，这两种立场在理论上的相互排斥并不意味着它们不可能同时在实践中存在。本文认为，我国公法的权利概念立场应当区分为两个层面。在立法层面，立法者应当坚持一种形而上学的立场，即立法上要否定实证主义立场。在司法层面，就我国的法治发展状况而言，法院总体上可以偏向实证主义立场，但不宜完全否定形而上学的立场，同时一定要防止以《中华人民共和国行政诉讼法》为基础的实证主义立场，即行政诉讼保障的权利以《中华人民共和国行政诉讼法》列举的权利为限。

---

① 《关于〈中华人民共和国行政诉讼法修正案（草案）〉的说明》（2013年12月23日）。

为何立法者要持一种形而上学的立场，而非实证主义立场？实证主义立场意味着，权利由法律设定，而法律又被实证主义者认为是主权者的意志。这样，主权者就获得了一个自由创设权利义务的空间，这个绝对自由空间和国家的权利范围是一致的。主权者在民族国家的范围内，可以做任何事，这实际上是一种绝对主义。这种理论主张推到极致，就是主权者支配个人的人身、财产和思想。个人在主权者面前什么都不是。这种理论主张在实践中的极端表现是法国大革命和纳粹，大革命以前的法国是绝对主义的典型代表。19世纪的德国也可以算作绝对主义。正如狄骥的批评："从康德到耶林和耶利内克的19世纪德国公法学说充其量是在为使用暴力作辩护；它们打着法律理论的幌子，而实际上是在试图重新确立集权主义的国家观，特别是确立在对内和对外代表的国家的君主的专制。"（狄骥，1999）[217]

对绝对主义的防范，依赖于天赋人权这项原则。天赋人权观念与洛克式的自由和社会契约概念一致，与卢梭式的自由和社会契约概念则相悖。天赋人权原则意味着个人在国家面前保留了一个绝对不容侵犯的神圣空间，只要国家触碰这个领域，人民就有权揭竿而起推翻暴政。尽管这个绝对不容侵犯的个人空间在不同的国家大小不同，但这样一个领域的存在使得掌权者始终心存敬畏，也赋予了人民对抗国家权力的道德力量。人权理念因此与主权概念一起成为19世纪公法的两个原则。在权利与法律的关系上，天赋人权观念属于一种形而上学的立场。

我国宪法背后的国家学说也反对上述可能导致集权与暴政的理论主张。《中共中央关于废除国民党六法全书和确定解放区的司法原则的指示》就阐释了一种与形而上学立场存在一定程度吻合的理论主张。根据该指示，法律是保护统治阶级的利益的工具，而新中国的统治阶级是全体人民，法律因此是保护全体人民利益的工具。这种理论主张实际上把人民的利益置于法律之上，是人民的利益决定了法律的内容，而非法律决定人民享有何种利益，法律仅仅是保护人民利益的工具。立法者没有规定在法律中的利益并非绝对不值得法律保护，没有人敢保证立法者在立法过程中会照顾到人民利益的方方面面，立法机关也不可能将所有的人民利益都规定在法律里面。《中华人民共和国宪法》和《中华人民共和国立法法》赋予国务院及其组成部门、地方权力机关及地方政府立法权，赋予法院解释法律的权力，在一定程度上可以算作解决前述问题的方案。人权保障条款入宪便是对形而上学的权利概念立场的承认。

　　既然立法者应奉行形而上学的权利概念立场，为何法院要向实证主义的权利概念立场倾斜呢？这是由法院的宪法地位所决定的。在分权原则中，法院可以坚持形而上学的立场，那是因为三权分立中的法院与立法机关都是主权意志的一部分，法院与立法机关是一种平等的地位，法院可以向议会立法以外的高级法寻求裁判资源。这种高级法主要是指宪法。我国不是三权分立的体制，法院由权力机关产生并对权力机关负责。法院的职权是依法审判，法院并不具有审查法律是否合宪的权力。基于依法审判原则，法院的立场必须向实证主义立场倾斜，即法院对权利的保障必须具有实体法的依据。这种立场导致实体法没有规定的权利很难获得法院的保护。

　　那么，我国宪法是否规定，法院只保护实体法（不包括宪法）规定的权利？事实上，并非只有从三权分立中才能推出法院可以坚持一种形而上学的权利概念立场。从保障权利的必要性和立法者的局限性也可以推出法院可以持有形而上学的权利概念立场。如果法院完全倒向实证主义的立场，这将导致宪法上的人权条款的虚化。法院坚持实证主义立场意味着，凡是实证法没有规定的权利就被法院拒之门外。立法者不是神，因此司法实践中遇到法律漏洞是无法避免的。由于立法具有复杂的程序，所以立法者不可能及时对法律漏洞做出弥补。如果法院拒绝法律续造，那么将导致纠纷被法院拒之门外或权利得不到救济。权利和纠纷在法院得不到救济和解决，主体自然就会诉诸信访渠道，导致"信访不信法"。在实践中，我国法院也经常以司法解释的名义进行法律续造。要注意的是，我国的合宪性审查制度明确反对由法院进行合宪性审查，这与我国宪法的精神也是一致的。事实上，法院坚持形而上学的权利概念立场并不是说法院可以对法律进行合宪性审查，仅仅表明法院可以用宪法作为法院论证的理由，从而通过宪法上的基本权利条款将法律未明确规定的权利纳入行政诉讼的保护范围。尽管如此，我们还是要承认，随着法律体系的逐步完善，法院的立场总体上会接近于实证主义立场。当然，还是要重申如下观点，对于个案中采纳何种权利概念立场，法院有一个相对自由的判断空间。

　　虽然法院在个案中有一个相对自由的判断空间，但是法院应当以一种负责任的态度对待这个自由空间。如果将国家看作一个公共人格，那么权力不仅仅是国家的权利，也是国家的义务。权力既是权利也是义务，在今天已经成为普遍观念。何种态度才算是负责任的态度？这可能难以明说。可以肯定的一点是，倒向彻底的实证主义立场或者一种更狭窄的立场——以《中华人民共和国行政诉讼法》为标准的立场，这肯定是不负责任的。彻底的实证主义立场是指，法院在行政诉讼中只保护法律明文规定的权利。以《中华人民共和国行政诉讼法》为标准的立场是指，法院在行政诉讼中只受理《中华人民共和国行政诉讼法》明确列举的行政争议，对于《中华人民共和国行政诉讼法》未明确列举的行政争议，无论其中是否存在权利，都一概将其排除在行政诉讼的受案范围之外。

从尽可能保障权利和避免法律与政治的败坏的角度来说，立法者应当奉行一种形而上学的权利概念立场，而法院可以在坚持承认形而上学立场的前提下，有限度地承认实证主义立场，但一定要防止实证主义立场的僵化，尤其是要防止实证主义转化为"法律明文规定"或"行政诉讼法的明文规定"。这种立场在行政诉讼中的体现就是，法院在考察个人利益是否构成一项权利时，不能只看行政实体法是否将其明确规定为一项权利，更不能只看行政诉讼法有关受案范围的条款规定是否保护此项权利。

五、参评正高三级的资格构成一项权利

上文已经检视了权利概念中的立场问题，并且得出结论，立法者和法院都不应否定形而上学的权利概念立场。在此前提下，我们回到最初的问题，参评正高三级的资格是否构成一项权利。

上文已经批评了主观权利概念，否定以法律作为界定权利的标准。然而，本文实际上并没有提出一种新的界定权利的标准，本文也不试图提出新的权利概念。西方理论家对权利概念有很多讨论，本文不予展开。权利概念在中国语境中的含义，也是一个非常复杂的问题。已经有学者对这个问题进行了讨论（金观涛 等，2009）[103]，本文不赘述。本文暂时支持权利是个人的正当利益这种观点。凡是个人的正当利益，无论法律是否明确规定，国家和法律都应为这种利益提供救济的渠道。当然，救济的渠道并非仅限于诉讼，可以是多元的。在这样一种理论预设下，我们再来讨论参评正高三级的资格是否构成一项权利。

海南省人事劳动保障厅、教育厅制定的"海南省高等学校教师技术资格条件表 3"第 10 条第 2 款规定，正高三级的条件是"省级其他哲学、人文社科研究优秀奖一等奖个人排名前 2 名，二等奖个人排名第 1 名"。2009年，海南省社科联颁布琼社科函〔2009〕8 号文件，认可许山河为获奖作品《中国古代文学作品选》的总主编。据此，许山河具有参评正高三级的资格，即具有被评定为正高三级的可能性。但是，海南省社科联于 2013 年颁布琼社科函〔2013〕3 号文件（3 号复函），不认可许山河为前述获奖作品的总主编。许山河的工作单位海南师范大学认为，3 号复函不认可许山河为获奖作品《中国古代文学作品选》的总主编，因此许山河不符合参评正高三级的条件。总之，许山河不再被认定为获奖作品《中国古代文学作品选》的总主编，导致他丧失了获评正高三级的资格。那么，许山河丧失获评正高三级资格对他意味着什么呢？

在我国目前的人事制度体系下，职称级别对物质待遇具有影响。并且，对学者群体来说，职称也具有一定的荣誉性质，是人格利益的体现。从物质利益和人格利益的角度来看，获评正高三级资格的丧失导致许山河直接丧失了获得一定的物质利益和人格利益的可能性。作为一个普通人，我们也会认为参评正高三级资格的丧失对许山河的正当利益构成影响。因此，参评正高三级的资格构成一项权利。

六、结　　论

许山河的遭遇表明，行政法的两个基础概念——行政行为与权利（主观权利）背后的立场在实践中有待澄清。就行政行为而言，它作为权威式支配的表现形式而存在，实践中经常忽视基于利益的支配可以在特定的条件下转变为基于权威的支配。就权利而言，应坚持一种形而上学的理论立场，即权利在逻辑上优先于国家和法律，但是这样一种立场在实践中经常演变成实证主义的立场，即法律之外无权利。行政行为与权利背后的立场不明，这是许山河无法获得行政诉讼的保护的原因。本文的主张是，公法应当澄清行政行为和权利这两个概念背后的立场，从而将"许山河案"纳入行政诉讼的审查范围。

参考文献

狄骥，1999. 公法的变迁·法律与国家 [M]. 郑戈，冷静，译. 沈阳：辽海出版社.

何海波，2016. 行政诉讼法 [M]. 2 版. 北京：法律出版社.

江必新，2001. 中国行政诉讼制度之发展：行政诉讼司法解释解读 [M]. 北京：金城出版社.

金观涛，刘青峰，2009. 观念史研究：中国现代重要政治术语的形成 [M]. 北京：法律出版社.

凯尔森，2013. 法与国家的一般理论 [M]. 沈宗灵，译. 北京：商务印书馆.

罗素，2012. 权力论：新社会分析 [M]. 吴友三，译. 北京：商务印书馆.

王名扬，1988. 法国行政法 [M]. 北京：中国政法大学出版社.

韦伯，2010. 支配社会学 [M]. 康乐，简惠美，译. 桂林：广西师范大学出版社.

赵宏，2018. 保护规范理论在举报投诉人原告资格中的适用 [J]. 北京航空航天大学学报（社会科学版）(5)：9-17.

DICEY A V, 1915. Introduction to the study of the Law of the Constitution [M]. London: Macmillan.

TORRE M L, 1990. "Rechtsstaat" and legal science: the rise and fall of the concept of subjective right [J]. Archiv für Rechts-und Sozialphilosophie (76): 60-63.

The Theoretical Stands Behind "Administrative Action" and "Right": On "Xu Shanhe Case"

Zhan Zhongle   Kang Xiao

Abstract: Xu Shanhe was disqualified as a professor at the third level due to the decision of the Hainan Federation of Humanities and Social Sciences Circles (HFHSSC), and was turned away by administrative litigation. Although this approach of the court is consistent with the usual practice of administrative litigation, it runs counter to the theoretical presupposition behind the two concepts of administrative action and right. On the one hand, the deep support of administrative action is authoritative control, but interest-based control will also transition to such control, provided that the governor obtains an exclusive status in a specific field. The exclusive status of HFHSSC means that its decision belongs to the scope of administrative action. On the other hand, in legal theory and practice, a metaphysical right stand should be adhered to, instead of a positivist right stand, that right precede law and the state. This means that right（subjective right）that are not prescribed by law as positive law also have the possibility of obtaining legal protection. Therefore, the court should accept the "Xu Shanhe case".

Key words: administrative action　right　"Xu Shanhe case"

作者简介

　　湛中乐，北京大学法学院教授、博导，研究方向为行政法、行政诉讼法、教育法、环境法、警察法。

　　康骁，北京大学法学院宪法学与行政法学 2017 级博士生，研究方向为宪法与行政法。

□ 陈　鹏

残疾人受教育权的保障：国际法律规范与中国实践①

【摘　要】第二次世界大战后，残疾人受教育权成为国际法关注的重要领域，国际社会对与残疾人相关的问题逐步达成共识，形成了以《残疾人权利公约》为基础的国际残疾人权利保护的基本法律框架。本文从一般法和专门法两方面对国际法中的残疾人受教育权相关内容进行系统梳理，归纳出国际法中残疾人受教育权保护的宗旨与原则，并对近年来我国残疾人受教育权保护的实践进行阐述与分析，以期对残疾人教育事业的发展有所裨益。

【关键词】残疾人　受教育权　国际法

残疾人受教育权问题，不仅是特定国家的国内法问题，也是国际社会普遍关注的国际法议题。第二次世界大战（以下简称"二战"）结束以来，特别是联合国成立后，国际社会对与残疾人相关的问题达成了共识，形成了以《残疾人权利公约》为基础的国际残疾人权利保护的基本法律框架。一系列的国际法律文件加速了各国努力完善国内法律制度、积极探索改善残疾人待遇的进程。

① 本文系全国教育科学"十二五"规划 2015 年度国家一般课题"中小学法治教育的针对性与实效性研究"（BBA150014）阶段性研究成果，在笔者指导的硕士研究生赵江晶的硕士学位论文《国际法视野下残疾人受教育权的保护》的基础上修改完成。

　　我国作为联合国安理会常任理事国，是国际残疾人权利保护事业的倡导者和积极推动者，参与了《残疾人权利公约》谈判的全过程，在《残疾人权利公约》文本的拟定、协调和促成各方达成一致意见等方面发挥了建设性的作用。《残疾人权利公约》通过后，中国是率先签署和批准《残疾人权利公约》，且没有做出任何保留的国家之一（丁相顺，2017）。我国作为三大人权公约缔约国，有义务通过完善残疾人受教育权的保障制度，推动世界人权保障机制不断完善，构建人类命运共同体。基于此，本文从一般法和专门法两方面对国际法中的残疾人受教育权相关内容进行系统梳理，归纳国际法中残疾人受教育权保护的宗旨与原则，总结近年来我国残疾人受教育权保护的进展、问题并提出建议，以期对残疾人教育事业的发展有所裨益。

一、国际法中残疾人受教育权的内涵界定

　　概念术语的准确界定对开展学术研究起着巨大的作用。因为"没有概念，我们便无法将我们对法律的思考转变为语言，也无法以一种可理解的方式把这些思考传达给他人。如果我们试图完全否弃概念，那么整个法律大厦将化为灰烬"（博登海默，1999）[486]。

　　本文是国际法视角下的残疾人受教育权研究，因此需要厘清本文所指的国际法的内涵。国际法又被称为国际公法，是指适用于主权国家之间以及其他具有国际人格的实体之间的法律规则的总称。《国际法院规约》第38条将国际法归结为条约、国际习惯法和被各国承认的一般法律原则。本文梳理的有关残疾人的国际法是指，国际组织在一定原则下制定的，出于一定的目的，经过一致同意的，具有法律约束力的国际条约、国际习惯或被各国承认的一般法律原则。它包括关于人权的公约、有关残疾人权利的公约和有关受教育权的公约。

　　人类社会的早期，"残疾人"被描述为无能者、无用者或是废人，因此常常被称为"残废人"。自国际社会颁布有关残疾人的法律之后，"残疾人"一词成为国际用语。但是，"残疾"是一个不断发展的概念，西方文化中的"残疾"概念存在多种模式，包括医疗模式、慈善模式、道德模式、压迫模式、多元主义模式、社会建构模式等。这些模式大致可以归纳为个体

模式、社会模式和整合模式（林淑玟，2007）。其中整合模式是修正社会模式，力图兼容个体模式和社会模式，它是对残疾概念的最新理解，已经得到国际社会的认可。整合模式重新界定了伤残、残障、障碍的标准，它从身体功能与结构、活动和参与两大类状况来描述，并从环境因素和个人因素两个角度来界定此概念，认为残疾是一个对身体功能和活动受限程度的表述，既有对个体残疾的判断又包含环境的障碍。现今，整合模式是国际社会的主流观念，它被《残疾人权利公约》采纳。《残疾人权利公约》确认"残疾是一个演变中的概念，残疾是伤残者和阻碍他们在与其他人平等的基础上充分和切实地参与社会的各种态度和环境障碍相互作用所产生的结果"。在此基础上，残疾人包括肢体、精神、智力或感官有长期损伤的人，这些损伤与各种障碍相互作用，可能阻碍残疾人在与他人平等的基础上充分和切实地参与社会。[①] 随着人类文明的进步、社会经济的发展和科技的发展，社会各界对残疾人的能力及价值进行重新认识。国际社会曾先后出现过用"健康可能有局限的人""活动可能有局限的人""有特殊教育需要的人""残障人""身心障碍者"等术语代替"残疾人"称谓的呼声（纳扎洛娃，2011）[9]。但依据《中华人民共和国残疾人保障法》，笔者仍使用"残疾人"的称谓，它是指在心理、生理、人体结构上，某些组织、功能丧失或者不正常，全部或者部分丧失以正常方式从事某种活动能力的人。这个概念具有医学和社会学双重属性。从医学角度看，是指在心理、生理、人体结构上，某种组织、功能丧失或者不正常；从社会学角度看，是指全部或部分丧失以正常方式从事某种活动的能力。而且医学属性和社会学属性相互作用，缺一不可。

残疾人受教育权的保障程度影响和制约着国家教育公平的实现程度。获得教育是每个人寻求发展的一项基本权利，也是残疾人学习生存技能，发挥个人潜能，融入社会，创造价值以及自尊自立生活的必要路径。受教育权是每个人都享有的一项人权。残疾人享有的诸多权利中，受教育权更为基础，更显重要。因为残疾人接受教育的程度直接或间接地决定着他们获得的就业机会的质量，也影响着他们的生活质量。确保残疾人受教育的权利，是保障残疾人更好地获得就业权、生存权、发展权的前提和基础。关于受教育权的概念，国际和国内都有不同的认识。《中华人民共和国宪法》第 46 条规定的

---

① 参见《残疾人权利公约》第 1 条。

受教育权是指公民有从国家获得接受教育的机会、接受教育所需的物质帮助的权利。在此意义上的受教育权是一种社会权。而根据《世界人权宣言》第26条和《经济、社会及文化权利国际公约》第13条的规定，受教育权是一揽子权利，它包括接受教育的权利、教的权利及教育选择的自由（申素平，2009）[38]。这个含义包括了作为社会权的受教育权和作为自由权的受教育权。因此，本文探讨的受教育权是指公民有从国家获得接受教育的机会、接受教育所需的物质帮助的权利以及依法选择接受什么样的教育的自由。

二、残疾人受教育权保护的国际法体系与内容

"二战"以后，《世界人权宣言》《经济、社会及文化权利国际公约》等重要的国际人权公约都规定受教育权是每个人应当享有的权利，是世界人权不可分割的组成部分。为了保护残疾人的权利，联合国通过了《残疾人权利公约》等若干人权公约，但是，纵观整个国际人权法体系，残疾人受教育权的法律框架不仅包括《残疾人权利公约》之类的专门法律文书，也包括那些既适用于残疾人，又适用于非残疾人的一般性国际人权法；既包括涉及残疾人受教育权的全球性、一般性的人权公约，还包括欧洲、美洲和非洲等区域性的文件性公约。它们共同构成了残疾人受教育权保障的国际人权法律框架，并确立了残疾人受教育权的国际标准。

（一）一般性公约

一般性公约主要是指联合国及其有关组织通过的决议和公约。从效力上来说，这些公约对缔约国具有直接的法律效力，对缔约国制定的国内法律起着引领和指导的作用。所以说，一般性公约对残疾人受教育权保障制度的建构具有重要的指导意义。

1945年通过的《联合国宪章》作为一个多边条约，是确立联合国组织结构和指导原则的国际条约。《联合国宪章》充分肯定了接受教育对世界和平与发展的重要作用，它把接受教育作为公民的一项福利，要求各缔约国积极促进并发展教育。虽然《联合国宪章》并未明确规定受教育权，但它为受

教育权在其他公约和习惯法中的确立和发展奠定了坚实的基础。《世界人权宣言》、《经济、社会及文化权利国际公约》和《公民权利及政治权利国际公约》这三个公约一起被称为"国际人权宪章"。在《联合国宪章》的理念下，"国际人权宪章"对残疾人权益保护起到了至关重要的作用。

作为"国际人权宪章"之一的《世界人权宣言》首次对受教育权进行了直接、具体的表述。它认为受教育权是一项基本人权，受教育权具有普遍性和平等性。它规定了教育的目的，即要充分发展人的个性并加强对人权和基本自由的尊重，教育应促进各国、各种族或各宗教集团间的了解、容忍和友谊，并应促进联合国维护和平的各项活动。它规定了父母对其子女所应受教育的种类有优先选择的权利。这些内容对受教育权内涵的确定起到了重要的作用。《世界人权宣言》还明确了国家和社会对公民受教育权有保护义务，它规定国家有为人们接受教育提供相应条件的义务，有建立并完善制度保障公民受教育权实现的义务。《世界人权宣言》虽然没有明确对残疾人的受教育权予以规定，但是它确立的受教育权的平等观，为残疾人受教育权的保护奠定了坚实的理论基础。

1966 年的《经济、社会及文化权利国际公约》以《世界人权宣言》为基础，遵循了受教育权是公民的基本人权和基本自由的理念，专门对公民的受教育权做了详细具体的规定。它要求缔约国必须承认人人有受教育的权利，规定了旨在充分促进受教育权实现的具体措施。它不仅强调了受教育权是不可被剥夺的权利，还详细规定了受教育权的内容，并规定了各国促进和发展教育事业，实现平等受教育权的具体措施。

《公民权利及政治权利国际公约》和《经济、社会及文化权利国际公约》这两个核心人权条约并没有关于残疾人受教育权的明确规定，但是它们的主旨都是强调人人平等自由，人人享有同等的权利，这对残疾人受教育权的保护起到了积极作用。

1960 年通过的《取缔教育歧视公约》是一个专门保护教育平等权的国际文件。它对"教育"与"歧视"做出具体规定。它从教育的平等权出发，规定任何人都不应因出身或其他因素被剥夺受教育权；各级各类教育都应秉持平等原则，都应对社会中的每个公民开放；公民有选择接受什么样的教育的自由，应尊重个人选择接受教育的种类和级别的权利，不得剥夺任何人接受高层次教育的机会。

国际社会中有关残疾人受教育权的其他补充条约还有 1989 年的《儿童权利公约》，1990 年的《世界全民教育宣言》及《满足基本学习需要的行动纲领》，1994 年的《萨拉曼卡宣言》和《特殊需要教育行动纲领》，联合国第四次妇女大会上通过的《北京宣言》和《行动纲领》，2000 年的《达喀尔纲领——全民教育：实现我们的集体承诺》，联合国大会通过的有关受教育权的公约、宣言、决议，国际会议和国际组织大会通过的宣言和行动纲领，以及三大人权公约确立的关于受教育权的重申或说明，这些文件使受教育权的内容更具体、更明确。例如，《儿童权利公约》明确规定了专门保护残疾儿童权利的条款：在第 2 条中明确禁止对残疾儿童的歧视；第 23 条确认残疾儿童有权得到特别照顾、教育和培训，国家有义务维护其尊严，使其获得最大程度的自立，并尽可能地帮助儿童参与社会生活，帮助他们过上充实而适当的生活。这些规定促进了残疾人受教育权保障制度的进一步发展。

（二）专门性公约和区域性公约

虽然国际社会并没有关于残疾人受教育权的专门性公约，但是对残疾人受教育权保护的倡导从未停止过。"二战"后，一系列有关残疾人受教育权的纲领性文件出台。这些文件对正确认识残疾人受教育权，规范残疾人受教育权的内容和国家的相应义务，起到了不可替代的作用。

为了保障残疾人的权利，1969 年，联合国颁布了《禁止一切无视残疾人的社会条件的决议》，1970 年颁布了《弱智人权利宣言》。1971 年的《智力迟钝者权利宣言》对智力迟钝者享有的权利做出了具体规定：智力迟钝者有权尽其所能享受最大限度的教育，智力迟钝者有权接受与其自身相匹配的、合适的教育和训练。该宣言还明确了保障智力迟钝者权利实现的途径。

1975 年的《残疾人权利宣言》对人权和基本自由加以肯定，对人的尊严和价值、社会公平等各项原则予以回顾和继承，并在此基础上规定了残疾人应该享有的权利。该宣言明确了残疾人的定义，对此后国际社会全面认识残疾人概念的内涵，科学划分残疾人的种类起到了积极的作用。虽然《残疾人权利宣言》没有对残疾人受教育权进行详细规定，但它明确了残疾人有权获得社会医疗、教育、职业培训等方面的帮助和指导，以及其他对残疾人提供的专门服务；残疾人可以通过接受教育，平等地参与社会生活。

1977 年的《聋盲者权利宣言》规定聋盲者有权享有经济保障，获得满意的生活水平，并有权取得与其才能相称的工作，或从事其他有意义的工作，为此，他们应得到所需的教育和训练。这一规定明确了聋盲者有权为了享受社会资源、提高自己的生活水平而接受教育，有权通过受教育从事有意义的工作。该宣言还对残疾人受教育权的实现方式进行了规定，如聋盲者应有权以他们所能接受的媒介和方式获得新闻、资料、读物和教育材料。对残疾人受教育权的实现方式进行具体规定，促进了残疾人受教育权的落实。

1982 年，《关于残疾人的世界行动纲领》在联合国大会上正式获得通过。它强调国家在发展残疾人教育事业上的义务，规定了保护残疾人受教育权实现的具体行为和措施，提出不仅要保障每个残疾人都能享有平等的教育资源和机会，还要求国家对残疾人的特殊需要予以重视，要保障残疾人教育符合一定的标准，并对残疾人教育的标准进行了详细的规定。它规定不但要保障残疾儿童的义务教育，还要尽量将其纳入普通学校系统。这就是之后国际社会提出的"融合教育"理念的雏形。该文件的另一重要贡献是在提出残疾人享有平等权利的同时，也确认了残疾人应当承担的义务。从这个方面来说，它不再把残疾人当作只能接受外界帮助的弱势群体，认为他们和社会上健全的人一样，是社会的一分子，享有权利并承担义务。

1989 年 8 月召开的残疾人领域人力资源问题国际会议认为，1982 年《关于残疾人的世界行动纲领》颁布之后，人们日益感到有必要对开发残疾人的人力资源问题给予更高的优先地位，特别是在教育、培训、就业和科技方面。它认为残疾人属于人力资源开发的一部分，因此要发展残疾人教育。它以平等观念认识残疾人，加快了残疾人受教育权实现的进程。

1991 年的《保护精神病患者和改善精神保健的原则》虽然没有对残疾人受教育权进行直接规定，但是对精神病院的设施做了明确规定，提出精神病院要为精神病患者提供活动和教育设施，这一规定保护了残疾人的权益，包括受教育权。

1993 年的《联合国残疾人机会均等标准规则》要求各国确保残疾人教育成为教育系统的一个组成部分，残疾人教育应成为国家教育规划、课程设计和学校安排的一个组成部分。它提出无障碍包括物质环境的无障碍和信息与交流的无障碍，要在教育方面为残疾人参与社会事务提供有利的条件。它认为各国应保障各个年龄段的残疾人在普通教育中享有平等的受教育机会。为了弥补普通教育系统在残疾人教育上的不足，它规定国家可以实行特殊教育，还在教学和社区辅助方面做了具体可行的规定。总体来说，《联合国残疾人机会均等标准规则》对残疾人保护的各个方面做了比较全面的规定，为各国的残疾人权利保护，尤其是残疾人受教育权保护提供了一定的标准和准则，具有重大历史意义。

为了在国际社会形成一个更具权威性、更有法律约束力的国际文件，2006 年联合国通过了《残疾人权利公约》。《残疾人权利公约》是现今有关残疾人权利的一部最全面、最详尽、法律约束力最强的国际公约。它规定了各缔约国应采取适当措施保障和促进残疾人获得教育、健康、康复、就业、社会保障、参与文化体育生活等权利，对残疾人受教育权做了明确和详尽的规定，要求缔约国确认残疾人享有受教育权，并规定缔约国应当确保在各级教育中实行包容性教育制度和终身学习，以更好地体现人权，给所有残疾人切实参与社会事务的权利。该公约要求缔约国通过一定的措施和行为来确保残疾人享有受教育权，在最有利于发展学习和社交能力的环境中接受教育，各缔约国应当向残疾人提供合理便利，确保残疾人能够在不受歧视和与其他人平等的基础上，"获得普通高等教育、职业培训、成人教育和终生学习"。残疾人可以在自己生活的社区内，在与其他人平等的基础上，获得包容性的优质免费初等教育和中等教育。为残疾人提供包容性教育是把残疾人视为权利主体的具体表现，公约对此做出规定体现了国际社会对残疾人人权的重视。

从法律层面对残疾人权利进行的保护，不仅有全球性的国际人权公约，还有区域性的人权公约。例如，1950 年的《欧洲人权公约》是世界上第一个区域性人权公约，它与一般性的国际人权公约具有相同的精神，规定了"任何人的受教育权都不得被拒绝"。1988 年的《美洲人权公约补充议定书》规定：基于身心缺陷而致能力受到影响的所有人都有权获得特别关注，以帮助其实现自身人格最大可能之发展。该议定书列举了对残疾人的特别计划和培训，并要求在城市发展规划中将残疾人纳入考虑范围。1999 年，美洲国家组织通过了第一个专门针对残疾人权利保护的区域性人权公约，即《美洲消除对残疾人一切形式歧视的公约》。此后，欧洲、非洲相继跟进，《欧洲联盟基本权利宪章》第26条、《非洲人权和民族权宪章》第18条也分别规定残疾人有获得"特别措施"的权利。

三、残疾人受教育权保护的国际法宗旨与原则

（一）保护宗旨

国际法律规范中对残疾人受教育权的具体规定，充分体现了国际社会保障残疾人受教育权的核心思想和精神宗旨，主要包括保护人的尊严和平等发展、维护社会公平与正义、对残疾人的特别保护三个方面。

1. 保护人的尊严和平等发展

人的尊严是跨越时空、跨越知识领域、跨越文化与制度的共识性概念，人类发展史就是发现、确认与保障人的尊严的过程（韩大元，2019）。"人格尊严的思想发端于古希腊和罗马。当时，尊严概念并非人先天的本质，而是基于社会的声望，从而与名誉和荣誉挂钩。对于人格尊严的确切承认，是随着'二战'以后在世界范围内普遍尊重人格、尊重人权的世界潮流发展起来的。人格尊严，是基于尊严既非一种自带的价值，也非一种可提供的功绩，而是主体在社会交往中通过对社会尊重请求权的积极评价来获得的。人的尊严不是本性，更多是不可侵犯，即人与人之间交往所形成的相互承认，在人的平等交往中产生的意义。"（杨立新，2018）

人的尊严在法治框架下既表现为抽象的理性概念，同时也体现在国际公约之中。无论是一般的全球性公约还是区域性公约，都倡导所有残疾人能够充分、平等地享有一切人权和基本自由，即"全人类"的人权、基本自由。例如，《联合国宪章》《世界人权宣言》及其他相关人权文书确认：残疾人和非残疾人平等、自由地拥有公民、政治与经济、社会及文化权利。再如，1989年的《关于残疾人人力资源开发的塔林行动纲要》认为残疾人属于人力资源开发的一部分，这提高了残疾人的社会地位。1993年的《联合国残疾人机会均等标准规则》要求各缔约国都要提高社会对残疾人及其权利、需

要、潜能和贡献的认识。各缔约国必须按照这些标准制定有关人权的国内法律和制度并履行国际义务。为了保证各缔约国能够履行国际义务，切实保障残疾人的权利，国际社会还设立了国际监督机构，规定国际监督程序，建立国际人权条约的准司法监督机制。这些都是为了更好地保障人的尊严和平等，保障包括残疾人在内的所有人都平等地、不受歧视地享有社会的一切权利。

2.维护社会公平与正义

正义对社会的稳定和发展有重要意义。罗尔斯认为，正义是一种"作为公平的正义"，"所有的社会基本价值（或者说基本善）——自由和机会，收入和财富、自尊的基础——都要平等地分配，除非对其中一种或所有价值的一种不平等分配合乎每一个人的利益"。（罗尔斯，1988）[7]公平是正义的基础和核心，只有社会中的一切机会、人格、自由、权利等都是公平正义的，整个社会才是正义的；而自由平等原则、差别原则与机会公正原则是体现公平正义的基本原则；对残疾人差别对待是实现社会公平正义，遵循起点公正、过程公正和结果公正三大价值理念的集中体现。

正义是法治社会的题中之义，保护弱势群体的权利是正义的核心内容之一。对残疾人进行教育，保障残疾人受教育权，是阻断残疾人因残致贫，防止贫困代际传递的根本手段和重要方式。国际公约对残疾人受教育权进行专门的规定，为残疾人受教育权保护确立国际规则，深刻体现了公平正义的理念，这种规定也反过来促进了世界的公平正义。

3.对残疾人的特别保护

平等分为形式的平等与实质的平等。形式的平等是指国家在各方面平等对待每一位公民。国家平等合理地分配社会财富，通过福利措施照顾公民，解决公民生活中的问题，例如国家对公民教育、就业、医疗、社会服务等权利予以基本的保障。平等还包含实质的平等，国家对社会弱势群体给予合理的、有差别的帮助就是实质的平等的体现。教育是一种社会公共产品，影响并制约个人参与社会平等竞争的机会。教育资源并非无限丰富的，它的有限性、短缺性决定了国家必须按照一定的规则进行分配，国家只有通过合理的制度合理地分配教育资源，才能实现教育领域的公平。

从国际公约中规定的残疾人受教育条款来看，其共性是都强调残疾人与其他社会成员共同享有平等的权利，同时由于残疾人的弱势地位，国际公约也对其给予了法律上的特别保护。很多公约都对国家履行残疾人受教育权保护义务予以特别规定，详细列举了国家应当履行的具体义务。例如，《残疾人权利公约》规定了国家对残疾人提供无障碍教育环境的义务，提供利于他们适应和接受知识的教育媒介，对残疾人教育特别规定了合理便利原则。在师资保障制度方面，专门规定了特殊教育教师的培养培训、在普通教育体系国家开展融合教育等措施。

（二）保护原则

残疾人受教育权的保护宗旨通过法律规范转化为相关的保护原则，这些原则同其他规范一样，是具有约束力的。依据经济、社会、文化权利委员会确立的受教育权保护的四个标准，即教育的充分性、无障碍、可接受性和适应性，并参考《残疾人权利公约》规定的残疾人权利保护的八个一般性原则①，笔者认为国际法对残疾人受教育权保护的原则包括禁止歧视原则、融合教育原则、合理便利原则。

1.禁止歧视原则

在现代国家，平等地保障公民权利是社会发展的基本要求。"歧视"就是违反平等原则的一种态度或行为，"歧视"就是不合理的差别对待。国际社会在法治层面对残疾人受教育权的特别保护，就是对残疾人所经历的"长期的、历史性的"社会歧视的有效应对（谷盛开，2017）。从一般的国际法人权公约到专门针对残疾人的国际公约，无一不强调残疾人平等地享有一切权利。在有关残疾人权利保护的国际性文件中，"禁止歧视"被反复提及。例如，《残疾人权利公约》明确规定了"不歧视"的原则。《取缔教育歧视公约》规定："'歧视'是指基于种族、肤色、性别、语言、宗教、政治或其他见解、国籍或社会出身、经济条件或出生的任何区别、排斥、限制或特惠，其目的或效果为取消或损害教育上的待遇平等。"该公约明确规定了几种教

---

① 《残疾人权利公约》规定的残疾人权利保护的八个一般性原则分别是：尊重固有尊严和个人自主，包括自由做出自己的选择，以及个人的自立；不歧视；充分和切实地参与和融入社会；尊重差异，接受残疾人是人的多样性的一部分和人类的一分子；机会均等；无障碍；男女平等；尊重残疾儿童逐渐发展的能力并尊重残疾儿童保持其身份特性的权利。

育歧视的情况：禁止任何人或任何一群人接受任何种类或任何级别的教育；限制任何人或任何一群人只能接受低标准的教育；对某些人或某群体设立或维持分开的教育制度或学校（但不以歧视为目的的不在此列）；对任何人或任何一群人加以违反人类尊严的条件。经济、社会、文化权利委员会在其有关条约中对歧视进行了分类，认为在实际生活中，根据所受到的待遇不同分为两种情况：一种是直接出于一定的理由和原因致使在同样的情况下，不同的人所受到的待遇不同，是有差别的直接歧视；另一种是虽然没有直接的规定，并且在有关的规定中，表面上看起来是中性的、平等的、无歧视的，但是在实际的操作中，这样的做法对一些人行使权利有不适当的影响。所以，我们在残疾人受教育权保护过程中，要禁止现实社会中、执法过程中对残疾人权利的侵犯或者不作为行为，确保残疾人的受教育权和其他权利能够真正得到保护。

2. 融合教育原则

联合国受教育权问题特别报告员穆尼奥斯曾指出，"将残疾学生分开教育的做法会导致其在社会上受到进一步排斥"，从而"使歧视更加根深蒂固"，并且最终会妨碍残疾学生切实参与自由社会。（廖艳，2013）所以国际社会建立了融合教育制度保障残疾人受教育权的实现。融合教育原则就是在坚持"包容、接纳、自由、多样化以及平等"的价值理念基础之上形成的一种教育原则，它是国际人权法公认的残疾人教育原则。融合教育并非简单地将残疾人与非残疾人置于相同的物理空间，它的目标不仅是保证残疾人可以进入普通学校，还要求教育者坚持平等对待的原则，根据个体的特点、兴趣、能力和学习需要，保证教育体系的设计和教育方案的实施充分考虑到残疾人与非残疾人的差异，保障教育活动能够满足残疾人的需要，使残疾人在教育活动中不受歧视，与他人一样能够成为教育活动的中心。《联合国残疾人机会均等标准规则》中规定了各国应确认残疾儿童、青年和成年人应能在混合班环境中享有平等的初级、中级和高级教育机会的原则；1994 年，经济、社会、文化权利委员会发布的"第 5 号一般性意见"强调，当今许多国家的教学大纲都确认，残疾人能在全纳教育体系中接受最好的教育。儿童权利委员会不仅认为包容型教育应当成为残疾儿童教育的目标，还鼓励尚未开始实行包容教育方案的缔约国采取措施，实现这一目标（廖艳，2013）。《残疾人权利公约》第 24 条明确规定，"缔约国应当确保在各级教育实行包容性教育制度和终生学习"。在国际公约和一系列决议中，联合国要求其会员国通过各种扶持措施实现残疾人的融合教育。例如，要求缔约国对残疾人采取特别的扶助措施，在学校的硬件措施和教学媒体、教学方法上，在残疾人的日常生活等方面给予特殊的照顾，要求缔约国积极采取各项措施保护残疾人的特别需求，在外部条件上尽量缩小残疾人与非残疾人的差距，保障残疾人受教育权真正实现。

3.合理便利原则

无论是在国内法还是在国际法中，合理便利原则的出现都较晚。在国内法中，合理便利原则产生于 20 世纪六七十年代美国反就业歧视的法律实践，后来这个原则被扩展到教育、医疗、公共交通等其他领域，逐渐在其他一些国家的反歧视法律实践中得到承认。20 世纪 60 年代美国在修改《民权法》时，增加了雇主在职场中包容雇员或潜在雇员基于宗教信仰的特殊需求，并在不造成过度负担的前提下为其宗教活动提供"合理便利"的要求，这是"合理便利"首次在法律中获得明确规定。在联合国系统内，1994 年经济、社会、文化权利委员会通过了专门针对身心障碍人的一般性意见。虽然该一般性意见没有明确使用"合理便利"概念，但是从其多处表述都可以解读出"提供合理便利"的含义。① 该一般性意见肯定了缔约国酌情采取措施为残疾人提供特殊待遇的积极义务，并举出了"灵活的和可替代性的工作安排"这样的示例，体现了合理便利的精神。它后来被视为《残疾人权利公约》"合理便利"条款的直接来源（曲相霏，2015）。在国际法中，2006 年通过的《残疾人权利公约》是最早的也是目前唯一的将"合理便利"纳入其中的联合国核心人权公约。它对"合理便利"做了如下定义："合理便利"是指根据具体需要，在不造成过度或不当负担的情况下，进行必要和适当的修改和

---

① 经济、社会、文化权利委员会针对残疾人的一般性意见指出：只要有必要提供特殊待遇，缔约国就须酌情采取措施，尽最大可能利用拥有的资源，使残疾人能够在享受公约明确规定的权利方面克服残疾带来的种种不利因素；第 9 段规定缔约国有义务采取积极行动，减少结构性不利条件，并酌情给予残疾人优惠待遇；第 22 段（针对与工作有关的权利）规定，政府也应制定政策，提倡并规定灵活的和可替代性的工作安排，以照顾残疾人的需要，第 23 段（针对与工作有关的权利并特别针对交通方式）规定，（缔约国）提供便利，使这些人（指残疾人）能利用适当的乃至专门的交通方式，这对于落实公约确认的残疾人的所有权利来说至关重要。

调整，以确保残疾人在与其他人平等的基础上享有或行使一切人权和基本自由。它明确了"合理便利"的个人化特征，即"合理便利"要根据身心障碍人的"具体需要"来提供；也明确了"合理便利"的限定条件，即"不造成过度或不当负担"。它同时还规定，为促进平等和消除歧视，缔约国应当采取一切适当步骤，确保提供合理便利。这一规定明确了缔约国对提供"合理便利"负有"确保"的义务，而不提供"合理便利"则构成歧视（曲相霏，2015）。合理便利是《残疾人权利公约》的一个特色和亮点，它规定缔约国"确保"提供"合理便利"的规定也被誉为该公约中最重大和最有用的规定（曲相霏，2017）。

四、残疾人受教育权保护的中国实践

国际条约在缔结、生效后，缔约国有义务保障条约的内容在国内实施或者被适用。我国积极推动并加入保障残疾人受教育权的有关国际公约，并为国际人权事业的发展积极贡献力量。新中国成立以来，我国残疾人受教育权保障制度不断发展完善，尤其是我国签署和批准《残疾人权利公约》后，得益于我国政府坚持改革开放的基本国策，推行以人为本的发展理念，我国人权保障也取得了令人瞩目的成就。我国残疾人权利保障事业立足本国实际，坚持以人为本，契合人类命运共同体理念的价值元素，成为展示我国改革开放、经济社会发展和人权保障成就的一道亮丽风景（谷盛开，2017）。不论是我国政府在参与《残疾人权利公约》的谈判过程中提出的一系列建议和主张，还是我国先后制定的有关残疾人受教育权的法律及相关实践措施，都与联合国残疾人权利保障理念紧密相关，反映了我国人权保障思想的丰富内涵。

（一）完善法律制度，落实国家立法义务

自 20 世纪 80 年代以来，我国支持并践行《关于残疾人的世界行动纲领》和《联合国残疾人机会均等标准规则》。1982 年《中华人民共和国宪法》（以下简称《宪法》）首次对残疾人权利问题予以特别规定，规定"国家

和社会帮助安排盲、聋、哑和其他有残疾的公民的劳动、生活和教育",确认了国家有为公民接受义务教育提供教育机会和教育条件的义务。这些规定表明,残疾人享有受教育权是其作为公民应当享有的最低标准的权利,不得被随意剥夺;残疾人作为公民可以与他人一样平等地享有从国家获得接受教育的机会及接受教育的物质帮助的权利,也应当履行接受义务教育的义务;残疾人作为特殊主体,享有要求国家依据其身心状况给予特别保障的权利。它确认了国家保障残疾人受教育权的义务,确立了国家发展残疾人教育事业的责任。

1986 年《中华人民共和国义务教育法》扩大了特殊教育学校的招生范围,将智力残疾儿童纳入特殊教育体系中,确立了残疾学生在普通学校的特殊教育班接受教育的政策。1986 年《关于实施〈义务教育法〉的若干问题的意见》对残疾儿童的义务教育的入学年龄、办学形式、师资培养等若干问题做了进一步的规定。1987 年的《全日制盲校小学教学计划(初稿)》和《全日制弱智学校(班)教学计划》对特殊教育学校的课程进行了规范。

伴随着第二次全国特殊教育工作会议的召开,以加快法制建设为契机,残疾人权利保障专项立法工作快速发展。1990 年《中华人民共和国残疾人保障法》(以下简称《残疾人保障法》)颁布,该法明确规定着重发展义务教育和职业技术教育,积极开展学前教育,逐步发展高级中等以上教育。它确立了残疾人受教育权法律保障制度的指导思想。1994 年《残疾人教育条例》颁布,它是我国第一部有关残疾人教育的专项行政法规,规定国家有保障残疾人平等接受教育的义务,明确了各级政府、社会、学校在残疾人受教育过程中的责任。这两部法律促进了残疾人教育事业的健康发展,对保障残疾人受教育权的实现起到了积极的推动作用(刘璞,2019)[25]。这一时期其他教育类法律从不同角度对残疾人受教育权做出了相应规定。1995 年《中华人民共和国教育法》第 38 条专门对国家、社会、学校及其他教育机构在实现残疾人教育过程中承担的义务做出规定。1996 年《中华人民共和国职业教育法》第 15 条明确了残疾人接受职业教育的机构,规定除特殊教育机构外,各级各类职业学校和职业培训机构及其他教育机构也有接收残疾人的义务。1998 年《中华人民共和国高等教育法》第 9 条第 3 款规定了高等学校不得拒绝招收符合录取标准的残疾学生入学。

2006 年《残疾人权利公约》的颁布被视为联合国 21 世纪最大工程之

一，它是国际社会专门规定残疾人权利保障制度的最重要的、具有较强法律约束力的国际公约。我国是世界上最早倡议并积极推动和支持联合国制定《残疾人权利公约》的国家之一。我国于 2006 年签署该公约，并于 2008 年批准生效。成为公约缔约国后，为落实公约所规定的义务，公约的各项宗旨和原则在中国的相关法律法规和方针政策中得到充分体现和具体落实（柳华文，2017）。

2008 年，全国人大常委会修订了《残疾人保障法》，该法专章规定了残疾人教育保障制度，规定了残疾人受教育权的内容、"禁止基于残疾的歧视"原则，明确了相关责任主体的义务，提出国家建立福利制度的要求，从国家、社会、家庭等方面强化了对残疾人权利的保障义务。

2017 年我国修订了《残疾人教育条例》，确立了融合教育的原则，强调保障残疾人平等受教育的权利，在义务教育阶段推行入学零拒绝的制度，努力实现残疾人教育的全覆盖。它强调关心和支持残疾人教育是政府、社会、家庭和学校的共同职责，它建立了残疾儿童入学登记制度，残疾人教育专家委员会制度，入学争议解决制度，个别化教育制度，特殊教育资源中心制度，与保育、康复相结合的残疾儿童学前教育制度，特殊教育教师制度，残疾人教育投入保障制度，残疾学生资助制度，参加高考的合理便利制度。此次修订实现了《残疾人教育条例》与《残疾人权利公约》的进一步衔接，落实了禁止歧视原则、融合教育原则、合理便利原则，对我国整个教育法律体系的完善、教育发展理念和思路的变革都有重要意义。随着《残疾预防和残疾人康复条例》《无障碍环境建设条例》等专项法规以及《国家残疾预防行动计划（2016—2020 年）》的颁布实施，我国大力推动《残疾人权利公约》的传播，树立了平等、融合、共享的价值观。

（二）加大政策供给，保障法律的执行

为加强教育执法力度，切实保障残疾人受教育权的实现，近年来我国政府出台多部有关残疾人受教育权的政策性文件，如：《中共中央国务院关于促进残疾人事业发展的意见》（2008 年）、《关于进一步加快特殊教育事业发展的意见》（2009 年）、《国家中长期教育改革和发展规划纲要（2010—2020 年）》（2010 年）、《中国残疾人事业"十二五"发展纲要》（2011 年）、

《关于加强特殊教育教师队伍建设的意见》（2012 年）、《特殊教育提升计划（2014—2016 年）》（2014 年，以下简称"第一期特殊教育提升计划"）。教育部发布了三类特殊教育学校教学计划、课程计划、义务教育课程设置实验方案及《关于开展残疾儿童少年随班就读工作的试行办法》等，这些文件规定了落实残疾人受教育权保障制度的具体措施。《关于进一步加快特殊教育事业发展的意见》提出完善残疾人教育体系、完善特殊教育经费保障机制、强化政府职能等要求。《中国残疾人事业"十二五"发展纲要》指出必须按照政府主导、社会参与、国家扶持、市场推动、统筹兼顾、分类指导、立足基层、面向群众的原则，健全残疾人社会保障体系和服务体系。

　　2014 年，国家发布"第一期特殊教育提升计划"，将"提升教育教学质量"、"提高普及水平"和"加强条件保障"并列作为三大重点任务。"第一期特殊教育提升计划"实施以来，我国特殊教育取得了前所未有的成就，呈现了崭新的面貌。教育部和财政部共同实施改善特殊教育办学条件项目，增加特教专项补助经费，扩大特教专项补助经费的资助范围和对象。2012 年至 2016 年，特殊教育学校从原有的 1853 所增加到 2080 所，增加了 227 所，增长了 12.3%（刘璞，2018a）。各级政府大力支持特殊教育的发展，积极投资建设特殊教育学校，帮助普通学校建设特殊教育资源教室，学校的办学条件得到明显改善。这些措施为残疾儿童少年提供了更多的入学机会（刘璞，2018b）。我国义务教育阶段特殊教育在校生数量增长较快，2013 年至 2016 年增加了 14.2 万人，增长了 33.7%。截至 2016 年，全国三类（视力、听力、智力）残疾儿童义务教育的入学率已经达到 90% 以上（刘璞，2018c）[283]。2012 年至 2016 年，我国义务教育阶段特殊教育在校生所占比例由 0.26% 上升至 0.35%（刘璞，2018c）[289]。近年来，中央和地方政府积极推进特殊学生随班就读工作，加快了我国融合教育发展速度。国家颁布《普通学校特殊教育资源教室建设指南》和《无障碍环境建设条例》，推进教育资源建设和学校无障碍设施的完善。2016 年融合教育在初中阶段的比例达到了 60.74%（刘璞，2018c）[291]。中央设立特殊教育改革实验区，围绕随班就读等重点难点问题，进行体制机制、政策措施等方面的探索。教育部重视特殊教育教师队伍建设，加大特殊教育教师的培养工作，开设特殊教育师范专业的高校数量增多，人才培养规模不断加大；增加特殊教育教师培训机会，提升特殊教育教师的专业知识和能力；加大对特殊教育教师的扶持，政府要求学校对承担随班就读教学和管理工作的教师，在绩效考核中给予适当倾斜。为巩固"第一期特殊教育提升计划"的成果，全面提高残疾人的教育质量，2017 年国家出台《第二期特殊教育提升计划（2017—2020 年）》，明确了残疾人教育保障事业的总体目标和重点任务，提出了残疾人受教育权的具体保障措施。

同时，国家设立全国助残日，并围绕国际残疾人日、国际盲人节、国际聋人节等，通过大众媒体宣传、专题研讨和座谈会等方式，宣传与倡导公约理念，提升残疾人权益保护意识。各级政府残疾人工作委员会发挥牵头作用，广泛动员全社会力量，大力弘扬人道主义思想，倡导友爱、互助、融合、共享的理念。各级残联按照平等、参与、共享的目标要求，全心全意为残疾人服务，促进残疾人全面发展。（谷盛开，2017）

五、结　语

经济发展水平决定着人权保障程度，法律制度的完善程度决定着人权保障的充分程度。改革开放以来，伴随着我国综合国力的不断增强，中国政府积极落实国际公约规定的国家义务，通过完善各项法律制度，采取多种行政措施保障残疾人的受教育权，我国残疾人教育事业取得了显著发展。但不可否认的是，我国残疾人受教育的现况与国家教育改革发展的要求及广大残疾人接受教育的强烈愿望相比，仍存在着差距，残疾人教育事业仍有待加强，例如：义务教育阶段的教育发展水平不均衡、教育质量有待提高，非义务教育阶段的教育发展速度缓慢，普通高校残疾考生录取率不高，合理便利原则在教育领域的实施不容乐观。残疾人教育事业要获得持续发展，必须以保障残疾人受教育权为立足点，建立适合我国实际需要的法律制度。因为合适的教育法律制度是促进教育管理秩序良性发展，保障残疾人受教育权真正落实的重要动力。当今社会，国家是制度的设计者、实施者、监督者，完善残疾人教育保障制度，保障残疾人受教育权的实现是国家不可推卸的义务。因此，总结我国特殊教育改革的经验成果，适时着手制定"特殊教育法"，将成熟的制度与改革成果转化为特殊教育制度的基本原则和具体程序；加强残疾人受教育权执法专项督导，开展专项评估，促进教育均衡发展；继续推进融合教育政策，提高合理便利原则在教育领域的运用效力，提高残疾人受教育的质量；积极发展残疾人的非义务教育规模，提高残疾人受教育水平，这些应该是我们今后努力的方向。

────────────

参考文献

博登海默，1999.法理学：法律哲学与法律方法［M］.邓正来，译.北京：中国政法大学出版社.

丁相顺，2017.《残疾人权利公约》与中国残疾人融合教育的发展:《残疾人教育条例》解读［J］.中国特殊教育（6）：18-24.

谷盛开，2017.《残疾人权利公约》与残疾人保障的"中国经验"［J］.人权（4）：8-17.

韩大元，2019.人的尊严是权力存在与运行的正当性与合法性基础：人的尊严是权利的渊源［N］.北京日报，2019-02-18（12）.

廖艳，2013.残疾人受教育权保障的国际标准与中国实践［J］.西部法学评论（4）：1-8.

林淑玟，2007.整合残障概念模式之初探［J］.特殊教育与复健学报（17）：21-46.

刘璞，2018a.我国残疾人受教育权保障制度的回顾与展望［J］.人权（4）：62-78.

刘璞，2018b.我国残疾儿童受教育状况的发展进程研究［J］.残疾人研究（4）：50-57.

刘璞，2018c.残疾人义务教育阶段受教育权保障的进展［M］//中国人权研究会.中国人权事业发展报告No.8（2018）.北京：社会科学文献出版社.

刘璞，2019.我国残障人教育法律制度的演变轨迹与价值取向［M］//劳凯声，余雅风，陈鹏.中国教育法制评论：第17辑.北京：教育科学出版社.

柳华文，2017.中国残疾人权利保障事业的基本特点［J］.残疾人研究（2）：61-66.

罗尔斯，1988.正义论［M］.何怀宏，何包钢，廖申白，译.北京：中国社会科学出版社.

纳扎洛娃，2011.特殊教育学［M］.朴永馨，银春铭，等译.北京：北京师范大学出版社.

曲相霏，2015."合理便利"概念的起源和发展［J］.人权（6）：123-141.

曲相霏，2017.《残疾人权利公约》的"合理便利"理念在我国教育领域的运用［J］.人权（3）：56-64.

申素平，2009.教育法学：原理、规范与应用［M］.北京：教育科学出版社.

杨立新，2018.人身自由与人格尊严：从公权利到私权利的转变［J］.现代法学（3）：3-14.

Protection of Disabled Persons' Right to Education: International Legal Norms and China's Practice

Chen Peng

Abstract: After the Second World War, the disabled persons' right to education has become an important area in the concern of international law, and the international community gradually getting a consensus on disability-related issues, a basic legal framework of the protection of the rights of international disabled persons built on 'Convention of the Rights of Persons with Disabilities' has formed. This paper makes a systematic review of the provisions on the right of disabled persons to education in international law from the perspectives of the general law and special law, summarizes the purpose and principle of the protection of disabled persons' right to education in international law, and expounds and analyzes the practice of the protection of disabled persons' right to education in recent years, so that it will be beneficial to the development of the disabled education.

Key words: the disabled persons　the right to education　international law

作者简介

陈鹏，陕西师范大学教育学院教授，研究方向为教育法学与教育政策学。

□ 何　颖

祛魅与再构：亟待价值回归与系统保障的教育选择权 ①

【摘　要】本研究对 452 份规范教育活动的法律、法规和规章文本的质性分析显示，虽然我国法律并未明示宣告公民的教育选择权，但是现行法律在教育活动的不同方面，不同程度地保障公民在若干具体教育事务中的选择权，并且这类权利的行使范围具有进一步扩大的可能性。立法对这类权利的规定伴生于教育的市场化运作和对公民就学机会平等的促进，具有零散授权的形式特征和工具价值为主导的价值特征。当前亟须以人为本，从回归教育的本源意义的角度来认识教育选择权的本体价值，结合公共教育资源的当下状况和发展预期，加强对该权利的保障。

【关键词】教育选择权　受教育权利　依法治教

近年来，在各级各类教育实践中，带有选择意味的活动层出不穷。从中小学到大学，受教育者对于受教育内容、教育教学方式与教育提供者日益显著地表现出了彰显个性、自主性的选择诉求。教育选择的参与队伍越来越庞大、方

①　本文系北京市社会科学基金研究基地项目"北京市义务教育阶段择校治理改革研究"（16JDJYB009）研究成果。

式越来越多样，超出了教育系统的传统管理经验。选择已然成为我们这个利益分化时代的教育中无法回避亦无法压制的重要旋律。因此，有必要跳出具体的教育选择方式，站在"类"的高度，对这个时代中共性的教育选择本身进行讨论。人们在教育中的选择与人们的利益相关，取决于人们在教育中的利益和获取这些利益的能力。从法学的学科视角来看，与"利益"相关联的重要法学概念是"权利"。权利作为由法律和国家权力保证的特定利益，是特定时代下社会所能给予的机会和可能性，具有历史和社会的性质，与人们的需要和利益相呼应，但也受制于社会所能提供的条件。以权利的话语来讨论人们的教育选择，首要问题是：教育选择是不是一种公民权利？换言之，当前我国的教育法律是否明确宣告或者明确否定了公民享有选择所受教育的权利？如果没有，教育法律体系在关涉公民教育选择的事宜上是如何安排的？现行规定具有什么特点又存在什么不足？在回答这些问题的基础上，我们才可能现实地讨论如何对人们的教育选择需求进行合理的回应。在现代法治社会中，没有实定法的确认，就没有相应法定权利的存在与保障。因此对这些问题的讨论，需要对现行有效的教育类法律、法规、规章和其他重要的法规性文件进行质性的文本分析。

　　由于需要从"公民权利"这一在国籍范围内具有普适特征的层面探讨教育选择问题，笔者选取了现行有效的教育法律、行政法规（含行政法规性文件）、由教育部发布的部门规章（含教育部规范性文件）和部分已废止但是具有重要影响的相关法律法规文本（共计 452 份）作为分析对象，地方性法规和教育部之外的其他中央部委出台的规章则不纳入其中。[①] 笔者以"在教育活动的不同层级与要素上，允许多种教育提供方式存在"为标准，筛选这些文本中有关教育选择的法律、法规、规章及其具体条款进行编码分析，对上述问题进行回答。

---

　　① 文本来源说明：文本来源为教育部法制办公室主编的《中华人民共和国教育法律法规规章汇编》（简称《汇编》）和《中华人民共和国教育法律法规全书（2018）》（简称《全书》）。《汇编》由华东师范大学出版社于 2010 年 1 月出版，收录了至 2010 年出版时有效的教育类法律、行政法规，教育部规章，有关教育的法规性文件及重要的规范性文件和有关重要历史文献；《全书》由中国法制出版社出版，收录了至 2018 年出版时有效的教育类法律、行政法规、部门规章、司法判例，有关教育的法规性文件及重要的规范性文件。两部工具书的差异在于，《汇编》载录了部分已废止的重要法律法规，《全书》的时效性较强。出于在内容维度上对当前有关教育选择的法律制度和在时间维度上对有关教育选择的法律制度形成过程的关注，本研究结合两部工具书的内容，选取了共计 452 份各级法律文本为分析对象。

一、作为"类权利"的教育选择权：
未为我国法律明示宣告

宪法是国家的根本大法和公民权利的宣言书，对教育选择权是否包含于我国法律的分析理应以"合宪性"为起点。《中华人民共和国宪法》（以下简称《宪法》）第 46 条规定"中华人民共和国公民有受教育的权利和义务。国家培养青年、少年、儿童在品德、智力、体质等方面全面发展"。这一条款是《宪法》对于公民受教育权利的唯一宣告，确立了受教育是公民的宪法权利。然而，虽然《宪法》规定了公民具有受教育的权利，但由于宪法规范所具有的高度抽象性，这项权利的具体内涵与外延及其保障方式等系列问题并未在此予以明确。由于《宪法》对于公民受教育权利和义务的规定并未提及受教育者的自主选择，"法无明文规定不违法"，因此，教育选择并不违宪。那么，教育选择是否见容于法律，需要进一步考察教育部门法的规定。

《中华人民共和国教育法》是教育部门法的"母法"，该法第 43 条规定了受教育者享有的权利："（一）参加教育教学计划安排的各种活动，使用教育教学设施、设备、图书资料；（二）按照国家有关规定获得奖学金、贷学金、助学金；（三）在学业成绩和品行上获得公正评价，完成规定的学业后获得相应的学业证书、学位证书；（四）对学校给予的处分不服向有关部门提出申诉，对学校、教师侵犯其人身权、财产权等合法权益，提出申诉或者依法提起诉讼；（五）法律、法规规定的其他权利。"这一条款在确认受教育权利的内容时也没有关于教育选择的直接规定。事实上，通观我国现行的教育法律法规规章体系，从《宪法》到教育部各项规章，皆没有条款以"教育选择权"的字样列举宣告公民具有选择教育的权利。但是从法理而言，决不能因此认为我国公民不具有教育选择权。对权利的解释应当遵循法律解释的原理和技术，基于法律文本，结合社会发展的具体语境，探寻蕴含的规范命题。"所谓'解释'，就其根本来看不是一个解释的问题，而是一个判断问题。"（苏力，1998）[58] 之所以认为我国法律是否认同并保障"教育选择权"还需要进一步的法律解释，原因有二。

其一，从"受教育权利"的"应然"法理内涵来看，教育中的自由与选择属于"受教育权利"派生的下位子权利，自第二次世界大战后就逐步得到国际社会公认。根据国际人权法的代际划分理论，受教育权利同时具有第一代人权的自由权和第二代人权的社会权特征，是一种复合性质的人权（申素平，2009）。其中，在第一代人权的维度上，受教育事关个人发展，应当以人为本，要求国家放弃过度干涉，尊重个人受教育的自由。"受教育的自由指公民作为权利主体可以根据其身心发展的需要选择是否接受教育以及接受什么样的教育的自由。"（许育典，2005）[21] 因此，系列国际人权公约都对受教育者在教育中的自主权利和父母在子女教育中的选择权利予以了普遍性的确认。如1948年《世界人权宣言》第26条，1950年《欧洲人权公约》，1960年《取缔教育歧视公约》第5条第1款，1966年《经济、社会及文化权利国际公约》第13条，1966年《公民权利及政治权利国际公约》第18条，1989年《儿童权利公约》第29条、第30条都进行了相关规定。20世纪中后期以来，在国际人权法案的推动下，公民在教育中的选择权逐渐受到普遍认同。早在1986年就有研究分析了142个国家的成文宪法，指出其中有34部（23.9%）确认了公民教育自由和学术自由的权利（马尔赛文 等，1987）[159-161]。随着教育的发展，各国对公民教育自由和选择的保障范围不断扩大。

其二，从法律对权利的保障方式来说，法律保障的权利并不等同于法律列举的权利，换言之，对公民权利的规定和保护并非只以法律直接列举的方式呈现。成文法所明确列举的权利只是"在历史上受国家权力侵害较多的重要权利自由，并非意味着已然网罗和揭示了所有的人权（人权的固有性）"（芦部信喜 等，2006）[114]。在成文法国家，由于法律具有相对稳定的特点，并不能做到为个人应当享有的所有具体权利开列清单（王广辉，2007）。在已列举的权利之外，还存在着未被法律列举的权利；在笼统列举的"类权利"之下，还存在着因活动内容不同而表现出差异性的具体的"子权利"，这些权利同样应当被尊重和保障，而"不宜解释为放弃保障之意"（芦部信喜 等，2006）[115]。

因此，教育选择权这种类型的权利在实定法中存在与否，不能仅凭法律在形式上的列举明示为唯一的判断标准。《中华人民共和国教育法》第43条第5款兜底条款的存在也表明，受教育权利的内涵并不止于明文列举的款项。要判断公民在教育活动中是否具有以及以怎样的方式、在哪些方面具有自主选择的权利，需要更深入的考察。

二、具体教育事务中的教育选择权：
在实定法中存在并有进一步扩大的可能

笔者根据筛选出的文本的具体内容，对相关规定进行了编码，发现当前在有关教育选择的法律规范上，存在三类、六维度的规定。三类为：类别一，允许公民在同一教育级别或同一教育要素中自主决定接受哪一类或者确定哪一个，即公民确定享有的教育选择；类别二，强制公民必须接受某一种教育或者禁止公民选择确定范围之外的教育，即禁止公民进行的教育选择；类别三，未禁止同时也不保障公民选择某一种教育，即公民可能享有的教育选择。这些规定构建了当前我国公民在教育活动中进行自主选择的合法空间及其限度。六个维度为：选择教育类型的相关规定、选择教育形式的相关规定、选择教育提供者的相关规定、选择教育内容的相关规定、选择教育过程的相关规定、为公民行使"教育选择权利"提供保障的规定。在此六个维度的规定中，前五个是以教育活动的要素为依据，对教育选择的内容进行的划分，最后一个是对教育选择的保障。三类、六维度的规定在学制的不同部分和法律的不同位阶上皆存在。这些规定表明，虽然实定法禁止了公民在受教育的某些环节自主选择，但是我国公民在教育活动的若干方面事实上已经具有一定程度的自主选择权利。此外，在学校和教育机构行使其对教学内容和教学过程的自主权的过程中，受教育者还可能具有现行法制中未予以保障但也并未禁止的各种选择机会，这类情况又为教育选择权的进一步发展奠定了基础，使得这一类权利的行使范围具有进一步扩大的可能性。

（一）实定法中禁止的教育选择

当前教育实定法对公民受教育的某些环节做出了确定的排他性要求。在这种情况下，公民必须接受由法规制度安排的确定提供者或确定形式、内容与方法的教育，在相应事务上禁止自主选择。具体包括以下方面（见表1）。

表1　当前实定法中禁止的教育选择

	禁止的选择		
	法律层次	行政法规层次	部门规章层次
教育类型方面	适龄儿童少年不得放弃义务教育	—	—
教育形式方面	义务教育必须以"入学"形式接受	—	—
教育提供者方面	—	—	·禁止在义务教育阶段的公立学校间择校 ·除少数符合条件的进城务工人员随迁子女"异地高考"外，禁止公民在与高等学校双向选择的高考中跨越户籍所在省份"高考移民" ·高等学校的学生非特殊原因不得转学
教育内容方面	义务教育学校的教育教学内容、课程标准必须由国家确定	—	普通高中课程方案和教材选用范围由政府确定
	义务教育学校不得选用未通过政府审核的教材	—	—

注：表格内容整理自下列教育法律法规规章与规范性文件：《中华人民共和国义务教育法》（2006年）、《教育部关于加强基础教育办学管理若干问题的通知》（2002年）、《关于做好普通高校招生全国统一考试考生报名资格审查工作的通知》（2005年）、《普通高等学校学生管理规定》（2017年）、《普通高中课程方案（实验）》（2003年）、《中小学教材编写审定管理暂行办法》（2001年）。

（二）实定法中允许的教育选择

在禁止部分教育选择之外，文本分析也显示，教育法律法规规章在教育类型、教育形式、教育提供者、教育内容、教育过程五个不同层次上，不同程度地允许并保障公民的自主选择。同时，为保障包括教育选择在内的受教育权利能够顺利地被行使，国家还建立了贫困生助学制度，为那些因为经济困难而进行教育选择的行为能力较弱的公民提供了实现自主选择的有力支持（见表2）。

表2　当前实定法中允许的教育选择

	允许的选择		
	法律层次	行政法规层次	部门规章层次
教育类型方面	· 普通教育与职业教育间选择 · 学历教育与非学历教育间选择	—	—
教育形式方面	· 全日制与非全日制间选择 · 非学历教育的不同形式间选择	残疾人可以选择普通学校教育，也可以选择其他形式的教育	家长可根据自身情况为子女选择不同形式的幼儿园教育
教育提供者方面	· 国内外教育间选择 · 公办与民办间选择 · 进城务工人员随迁子女在义务教育阶段可选择在户籍所在地或者居住地就读	选择中外合作举办的教育机构	接受义务教育后的学校教育时，受教育者可在一定范围内择校
教育内容方面	—	—	· 职业教育和高等教育中，学生可在招生阶段选择专业 · 高等学校学生在学习期间，无特殊录取情形或事先约定，可以申请转专业
教育过程方面	义务教育阶段学生可因身体状况选择修业时间，延迟入学或休学	—	普通高等学校新生可以申请保留入学资格，学生可以选择分阶段完成学业
为教育选择提供保障方面	国家、社会对符合入学条件，家庭经济困难的儿童、少年、青年提供各种形式的资助	建立家庭经济困难学生资助政策体系	细化助学贷款与奖助学金管理办法

　　注：表格内容整理自下列教育法律法规规章与规范性文件:《中华人民共和国教育法》(2015年)、《中华人民共和国义务教育法》(2006年)、《中华人民共和国职业教育

法》（1996 年）、《中华人民共和国民办教育促进法》（2016 年）、《中华人民共和国高等教育法》（2018 年）、《残疾人教育条例》（1994 年）、《中华人民共和国中外合作办学条例》（2003 年）、《关于建立健全普通本科高校、高等职业学校和中等职业学校家庭经济困难学生资助政策体系的意见》（2007 年）、《基础教育课程改革纲要（试行）》（2001 年）、《幼儿园工作规程》（2016 年）、《普通高等学校学生管理规定》（2017 年）。

（三）留给教育行政部门和学校自由裁量的教育选择可能性

在实定法明确允许公民选择和明令禁止选择的情况之外，依据相关规定，在某些方面，还存在受教育者可能地而非确定地享有选择机会的情况。这种可能性主要包括两种情形：其一，相关规定肯定了公民能够选择某种教育，但同时将是否提供这种教育的决策权留给教育行政部门或者学校和其他教育机构；其二，在相关规定所构建的教育制度结构中，虽然公民进行某些选择并不违反现行法律法规规章，但是其是否能够实现这些选择，取决于相关部门和机构行使其教育管理和教学权时所进行的制度安排（见表 3）。

表 3　当前实定法中"可能"的教育选择

	"可能"的选择		
	法律层次	行政法规层次	部门规章层次
教育内容方面	高等学校学生自主选修课程	职业学校和普通高中学生自主选修课程	·基础教育阶段在合法的教材版本间进行选择 ·高等学校学生选修第二学士学位
教育过程方面	·基础教育阶段受教育者对教学过程和教学方法自主提出诉求 ·高等学校学生在培养过程中自主选择学习过程与路径的可能性	—	—

注：表格内容整理自下列教育法律法规规章与规范性文件：《中华人民共和国教育法》（2015 年）、《中华人民共和国义务教育法》（2006 年）、《中华人民共和国高等教育法》（2018 年）、《国务院关于大力发展职业教育的决定》（2005 年）、《国家中长期教育改革和发展规划纲要（2010—2020 年）》（2010 年）、《高等学校培养第二学士学位生的试行办法》（1987 年）、《基础教育课程改革纲要（试行）》（2001 年）。

（四）教育选择权：一类包容于现行法律体系的公民权利

法律、行政法规和部门规章都对不同层次不同方面的教育选择做出了规定，因此有充分的理由判断，虽然没有法条明确宣告"教育选择权"，但对具体教育情境下选择权的确认和规约在法律的不同位阶上以一种零散的、非结构化的方式存在。不仅如此，"可能的选择"这类情况又为教育选择权的进一步发展奠定了基础，使得这一类权利的行使范围具有进一步扩大的可能性。

以学制为线索，分析当前法律制度中有关教育选择的规定，可见教育选择权的行使范围与教育阶段的高低成正比。博登海默认为，人们生活中由政府决定的那些状况应该平等地提供给所有的人享有。因此在具有免费性、普及性和强制性特征的义务教育阶段，教育选择权的合法行使范围最为狭窄。在义务教育之外，尤其是在职业教育和高等教育中，公民行使选择权利的范围相对宽泛。从年龄来看，可以认为，成年人对于自身的教育拥有更为自主的选择权利与行为能力，而儿童在教育选择事宜上受到了较多的限制。在学校教育体制之外，在面对由市场提供的各类教育培训与服务时，教育选择权的行使相对自由。

三、实定法的反思：教育选择权亟待价值回归与系统保障

（一）教育选择权的本体性价值需进一步强化

以时间为脉络对相关法律法规出台的先后顺序及相应时期教育事业发展背景进行梳理，可以发现，有关教育选择权的相关规定之所以呈现出当前这种在不同法律位阶上非结构化地零散授权而非系统性地整合授权的样态，并非出于立法者积极保障这一类权利的主动设计和系统规划。改革开放以来的教育法制建设，特别是在2010年《国家中长期教育改革和发展规划纲要（2010—2020年）》（以下简称《规划纲要》）颁布之前，对个体受教育者自主选择的许可更多地被视为促进教育事业整体发展的工具。在对个体自主选择的赋权与规约的背后，整体凸显出两条行动逻辑。

其一，将其作为教育的市场化运作的配套措施，用以增加教育供给的数量，提高教育供给的质量。教育法律中之所以设置并保障公民对不同教育形式和不同性质办学者的选择权利，直接原因是配合朝向市场的教育放权改革，通过教育的市场化运作来拓展教育资源、丰富教育形式与内容、增加教育供给数量、提高教育供给质量。

其二，用以保障公民就学机会平等。对外来务工人员随迁子女、残障人群和其他有特殊需要情形下就学形式、教育提供者和教育过程的选择，具有保障平等就学权利功能。虽然就学的权利和对教育进行选择的权利同属于受教育权利的组成部分，但二者本身是存在差别的。前者着重于获得受教育机会；后者在保障前者的基础上，还进一步要求满足个性化的教育需求。就此而言，实定法在若干情形中授予特定对象教育选择权，往往出于前者，而并非更进一步地致力于以差别化、可选择的教育来满足非特定受教育者个性化发展的需求。

无论是提升教育供给的质量，还是保障就学权利平等，目的都是促进教育的发展，事实上也都是有益于教育的发展的。但是，这种对教育选择权的工具性的使用和发展，不以受教育者个性化发展需求的满足为直接目的，"可选择的教育"本身的目的性价值在这一过程中并不突出。2010 年《规划纲要》在第 4 章"义务教育"第 9 条、第 5 章"高中阶段教育"第 12 条、第 8 章"继续教育"第 25 条、第 11 章"人才培养体制改革"第 31 条和第 12 章"考试招生制度改革"第 34 条共 5 处提及尊重教育中的个人选择。此后如教育部《关于普通高中学业水平考试的实施意见》《中等职业学校职业指导工作规定》等多项教育政策文件要求在相应学段开设选修课，改革教学组织形式，增加学习过程的可选择性和个性化指导。可以看出，近十年来教育决策层已然关注到了群众日益增长并日益多元化的教育需求，初步表现出了积极的回应。但是目前相关规定中并未体现出将公民教育选择权的保障纳入教育改革和发展的总体战略布局中的考虑，价值转向有待进一步明确。

（二）实定法中教育选择权的规范体系有待完善

虽然近十年来有所改观，但是整体上我国法律体系中的教育选择权具有零散授权的形式特征和工具价值为主导的价值特征。在公民已然要求"上好学"的阶段，仍然以"有学上"阶段的要求来保障公民受教育权利，难以有效适应新时期的教育发展需要。应然与实然的差异出现在教育的各个阶段：基础教育阶段择校禁而不止；学校教育日渐均衡有质量的同时，校外培训行业迅速扩张；跳出公共教育体系的"在家上学"得到社会舆论日益广泛的理解；高压严控之下，"高考移民"仍有发生……。造成实践问题的原因固然复杂，但从规范本身的合理性来看，当前实定法中有关教育选择权的规定确实有改进的必要。

首先，实定法对教育选择权的规定不系统。当前法律不以明示宣告的方式对教育选择权进行整合确认。教育选择权在法律的不同位阶上、在教育活动的不同阶段中和不同要素上以相对凌乱的方式服务于对各项具体事宜的规范，相关规定缺乏一以贯之的立法逻辑。

其次，实定法未给予教育选择权以合理的行使空间和必要的规范。主要表现在四个方面：其一，由于法律体系中相关规定不系统，教育选择权的法定行使边界并不清晰，存在着似是而非、留待教育行政部门和学校自行裁量的"可能的选择"。这些可能性虽然为权利的进一步发展提供了机会，但另一方面，也确实意味着这些已经在一定程度上被认为具有合理性的自主选择尚未得到确定的保障。其二，相比公众的需要，教育选择权的法定行使范围较为狭窄，已不能满足公众在教育实践中反映出的多样化的教育需求。其三，因为并未在由全国人大所制定的高位阶的教育法律中整合确立教育选择权，所以在教育实践中，教育选择权难以获得合理行使空间。尤为突出的问题便是，受教育者在学校教育过程中通常被动地处于"被安排"的状态。其四，缺乏对教育选择权的行使主体和行使规则的界定。在父母为未成年子女代行教育选择权时，父母往往出于自身的意志而行动，而子女本人作为主权利人应当具有的主体性被掩盖，意愿被忽视。同时，各种不符合教育选择应然规则并且存在负面影响的选择行为不能得到有效约束。

最后，实定法未能引导人们以正确的目的进行选择。从权利的行使来看，在基础教育阶段，教育选择活动几乎为升学导向下同一性的教育质量观所左右：家长们为中小学阶段的子女择校、选读课外竞赛班在很大程度上是在迎合学校升学、择优的需要，高考移民这种选择方式更是赤裸裸地直指升学。这种应试主义教育的逻辑与同一性基础上的教育质量观一脉相承，导向教育的异化，本质上是一种功利主义的教育。因此，虽然在实践中人们迫切地期望能够选择所接受的教育，但部分行动者根据对"优质"教育的错误理解展开行动，结果未必能够增进个体的实质教育利益，还现实地造成了对教育公共性的损害。然而必须认识到，教育选择和应试主义抑或同一性的教育质量观并非互为因果。选择本身承载着发展人性、实现教育自由的重要价值，之所以在实践中存在裹挟于应试主义教育的同一性教育质量观，一方面是由于当前的教育考试评价制度存在问题，另一方面，也在于当前的规定不具备足够的能力来调节教育选择活动并且引导人们以正确的目的进行教育选择。

（三）回归教育选择的本体价值，系统保障公民教育选择权

在依法治国、依法治教的今天，出于教育发展的现实需要，亟须回归教育的本源意义，以人为本，从人的主体性地位和人的个性化的全面发展的层面认识教育选择权的本体价值，并以此为基础，结合公共教育资源的当下状况和发展预期，对当前实定法中关涉教育选择的规定进行梳理和反思，以恰当的方式进行权利整合，以教育法律和制度的创新满足公民的合理教育选择诉求，引导人们秉持正确的教育观进行自主选择。至少需要从以下三个方面着手构建这一权利保障体系。

其一，以稳步递进的教育立法有层次地保障公民的教育选择权。从现代教育发展经验来看，以立法方式确认权利是保障公民权利的最重要手段。对教育选择权的立法保障需要结合法理，也要充分考虑教育发展水平存在较大区域差异的国情，妥善处理教育平等与教育选择的关系，稳步推进。有必要以对教育选择权的学理研究为基础，在时机成熟时对《中华人民共和国教育法》等法律的修改中整合授权，明示确认公民的教育选择权，建立结构合理并且能够动态调整的权利体系，并完善教育选择权的侵权救济机制。

其二，以积极的教育体制改革构造教育选择权行使的制度结构。在确立教育选择权之外，还应当建构相应的教育制度结构，保障公民能够真实地享有和行使教育选择权，并且以正确的、符合教育逻辑的目标和方式行使这一权利。为此，需要改革教育评价制度，导正教育选择权行使的目标取向；鼓励资源均衡配置基础上的特色办学和资源开放，建立多样化的互通的公共教

育服务体系，构筑教育选择权利行使的合理空间；以对教育质量的坚持为基础保障选择权，建立教育质量的监测与问责机制。

其三，以公众意见与政府教育决策间的良性互动机制助力教育选择权保障制度的稳妥构建。面对各异的教育选择诉求及其背后的利益和价值取向的分殊，为了提升相关法律修立和制度构建的质量，在有关教育选择权的规范制定中，需要积极听取和采纳各方意见，尤其注意吸收相关实践工作者、学术研究者、核心利益相关者与弱势群体的意见，在教育决策之"公"和民意之"私"间建构起有效沟通的良性互动机制，确保教育选择权保障制度的顺利且合理建立，避免教育选择权成为部分社会优势人群用以维系其在教育系统中优势地位的"特权"。

参考文献

芦部信喜，高桥和之，2006. 宪法（第三版）[M].林来梵，凌维慈，龙绚丽，译. 北京：北京大学出版社.

马尔赛文，唐，1987. 成文宪法的比较研究 [M].陈云生，译. 北京：华夏出版社.

申素平，2009.试析国际人权法中的儿童受教育权 [J].比较教育研究（9）：1-5.

苏力，1998.解释的难题：对几种法律文本解释方法的追问 [M]// 梁治平. 法律解释问题. 北京：法律出版社.

王广辉，2007.论宪法未列举权利 [J].法商研究（5）：60-67.

许育典，2005.教育宪法与教育改革 [M].台北：五南图书出版股份有限公司.

Disenchantment and Reconstruction: The Right to Education Choice Needs Value Return and Systematically Protection

He Ying

Abstract: By the methodology of qualitative analysis, this research analyzes 452 texts of laws, administrative regulations and rules which regulate educational activities. Result reflects that although there is no provision declares the right to education choice definitely, current legal system protects the right to choice in some education affairs in different degrees. Moreover, the scope of this right has possibility to be expanded. However, the generation and development of this right associate to the operation of education market and the promotion of the equality opportunity of getting education, and forasmuch, the structure of it is scattered and the dominant value of it is instrumental. There is an urgent need to cognize the value of the right to education choice from the origin of education, to systematically protect this right according to the current situation and anticipation of public education resources.

Key words: the right to education choice　the right to education　rule of law

作者简介

何颖，首都师范大学教育学院讲师，研究方向为教育政策学、教育法学。

□骈茂林

政府扶持普惠性民办幼儿园的法律问题及其规制路径①

【摘　要】政府以不同方式扶持普惠性民办幼儿园，使学前教育服务的"提供"与"生产"职责实现了分离。行政法意义上，政府与普惠性民办幼儿园之间不属于行政管理关系，双方之间权利、义务关系的确定，需要引入新的行政方式。通过分析20个省级政府普惠性民办幼儿园扶持政策发现，以往通过制定、执行规范性文件进行扶持的方式，已难以适应学前教育服务提供过程中双方的法律关系。现有诉讼案例也表明，相关法律争议解决已超越了传统行政管理的调整范围。适时引入行政合同等合作方式，可以将地方政府从微观管理事务中解放出来，更好地履行普惠性学前教育服务的标准制定、合同管理和质量监管等职责。围绕行政合同的缔结、履行、评价设置法律程序，为合同双方及服务使用者提供法律救济程序，是解决政府扶持普惠性民办幼儿园相关法律争议的主要路径。

【关键词】普惠性　民办幼儿园　扶持　行政合同

① 本文系上海市教育委员会、上海市民办教育发展基金会"民智计划"资助项目研究成果。

一、问题的提出

2017 年，全国学前教育毛入园率已从 2009 年的 50.9% 提高至 79.6%。这一过程中，中央和各级地方政府对普惠性民办幼儿园实施的扶持政策发挥了不可替代的作用。但与此同时，扶持普惠性民办幼儿园的政策在各地存在差异，相关诉讼案例也不断产生，从校舍产权到委托管理协议、从资助资金分配到行业鉴定结果均有涉及。以"当阳市淯溪镇马店幼儿园诉当阳市教育局教育行政管理（教育）案"[（2018）鄂 05 行终 127 号]为例，在该案中，由于马店幼儿园在 2016—2017 学年度没有被认定为普惠性民办幼儿园，当阳市教育局在对 2014 年、2015 年、2016 年的奖补资金实行集中使用时，马店幼儿园没有分配到相应的资金。对此，马店幼儿园先后采用了行政复议、两次行政诉讼的方式维护自身权益。同样的案例还包括"大邑县鹤鸣乡欣欣幼儿园诉大邑县教育局依法履行对欣欣幼儿园进行教育补助的义务案"[（2018）川 0132 行初 7 号]、"翁牛特旗金宝贝双语幼儿园不服翁牛特旗财政局行政处罚案"[（2018）内 0426 行初 11 号]等。这些案例中，司法机关分别做出了撤销行政机关复议决定或指令司法机关重新审理等决定。

上述案例是在国家鼓励发展普惠性学前教育的政策背景下发生的。2010 年颁布的《国务院关于当前发展学前教育的若干意见》提出，"积极扶持民办幼儿园特别是面向大众、收费较低的普惠性民办幼儿园发展"[①]。此后，制定与实施扶持普惠性民办幼儿园的政策成为各级地方政府的重要任务。教育部、国家发展改革委、财政部共同下发的《关于实施第二期学前教育三年行动计划的意见》曾提出，各地 2015 年年底前出台认定和扶持普惠性民办园实施办法，对扶持对象、认定程序、成本核算、收费管理、日常监管、财务审计、奖补政策和退出机制等做出具体规定。

---

① 除此之外，党和国家出台的重大政策还包括：2015 年 10 月，党的十八届五中全会审议通过《中共中央关于制定国民经济和社会发展第十三个五年规划的建议》，提出"发展学前教育，鼓励普惠性幼儿园发展"；2016 年 12 月，国务院《关于鼓励社会力量兴办教育促进民办教育健康发展的若干意见》提出，"学前教育阶段鼓励举办普惠性民办幼儿园"；2018 年 11 月，《关于学前教育深化改革规范发展的若干意见》提出，"牢牢把握公益普惠基本方向，坚持公办民办并举，加大公共财政投入，着力扩大普惠性学前教育资源供给"。

基于以上问题和政策背景，本文对公开获取的全国 20 个省份制定的普惠性民办幼儿园扶持政策进行文本分析，从行政法视角分析可能产生的法律争议，并据此提出相应的规制路径。按照扶持政策出台时间，这些省份分别为：河北、湖南、新疆、甘肃、内蒙古、四川、浙江、广东、海南、湖北、吉林、江西、青海、河南、安徽、陕西、天津、福建、黑龙江、北京。

二、政府扶持普惠性民办幼儿园的行政行为属性

如何认识政府对普惠性民办幼儿园的扶持行为的属性？提供普惠性学前教育服务时，以何种方式确立各方间的法律关系？各方在服务提供过程中分别享有哪些权利、履行哪些义务？如何建立促进各方行使权利、履行义务的规范性机制？从理论视角回答好这些问题，是开展有关实证研究的基础。

（一）扶持普惠性民办幼儿园，是政府履行公共教育服务提供职责的行为

学前教育是一种具有排他性、非竞争性的公共服务，符合规定条件的对象均不需要通过竞争即可享有该项服务。《国家中长期教育改革和发展规划纲要（2010—2020 年）》发布以来，党和国家在规划、投入等方面逐步明确并强化了学前教育的"公共服务"属性。《国务院关于当前发展学前教育的若干意见》提出，"必须坚持公益性和普惠性，努力构建覆盖城乡、布局合理的学前教育公共服务体系"。作为一种公共服务的学前教育应由政府"提供"，并不意味着全部由政府直接"生产"。除办好公办园这一基本途径外，政府可以通过购买服务、委托管理、财政补贴等方式，由普惠性民办幼儿园"生产"学前教育公共服务。自 2011 年起中央财政安排"扶持民办幼儿园发展奖补资金"，扶持普惠性、低收费民办幼儿园发展。财政部、教育部制定的《中央财政支持学前教育发展资金管理办法》将"扩大资源"类项目资金纳入"学前教育发展资金"，主要用于奖补支持地方多种渠道扩大普惠性学前教育资源[①]。

---

① 该办法规定，"通过政府购买服务、奖励等方式支持普惠性民办幼儿园发展"是"扩大资源"类项目资金由地方财政和教育部门统筹支出的一个方向。该办法同时规定，《财政部教育部关于印发支持中央财政扶持民办幼儿园发展奖补资金管理暂行办法的通知》等 4 个文件同时被废止。

各级地方政府也以"奖补""奖励"作为对符合条件的普惠性民办幼儿园的主要扶持方式。依据萨瓦斯（E. S. Savas）对政府与私人部门合作提供的服务所划分的四种类型、十种具体形式（萨瓦斯，2017）[54]，中央和地方政府使用财政资金对普惠性民办幼儿园实施的扶持属于其中的"政府安排（提供），私人部门生产"类型中的"补助"方式。政府以这一类型中的各种方式使私营部门"供应"服务，均可以实现学前教育服务"提供者"与"生产者"的分离。因此，在接受政府资金扶持并符合政府收费、质量标准的条件下，由民办幼儿园"生产"的学前教育服务仍属于"公共服务"。

（二）政府对于普惠性民办幼儿园的扶持，形成了"服务使用者"参与其中的三方法律关系

政府扶持普惠性民办幼儿园的行为，有别于政府向公办园拨款、投入其他资源等行政管理行为，也超越了公法可以规范的范围。因此，有必要使用新的理论工具分析这种特别的法律关系。国内行政法学者通常将政府与社会力量合作提供公共服务的行为定义为"公私合作治理"[①]。萨拉蒙（L. M. Salamon）认为，政府以外的机构参与公共服务提供，本质上是与政府分享"对公共出资服务的自由裁量权"（萨拉蒙，2008）[2]。多纳休（J. D. Donahue）等也认为，政府与不同类型私营主体在公共服务提供中的合作，本质上是"策略性地共享裁量权的方式"（多纳休 等，2015）[5]。在萨瓦斯划分出的"政府安排（提供），私人部门生产"类型中，政府对于普惠性民办幼儿园的扶持还可以使用"合同承包"或"特许经营"等方式。我国国家层面就社会力量参与提供公共服务已进行了较为完善的顶层设计。理论上，当前地方政府扶持普惠性民办幼儿园具备了使用行政合同方式的制度条件。在教育治理语境下，这种合作方式的意义表现在两个方面。一是形成了公法、私法相结合的新型法律关系。如有的学者指出的，采用行政合同方式，形成的是以私人部门参与实现政府公共服务职能为内容的公法与私法相结合的新型法律关系，双方当事人应同时受到公法和私法原则的约束（湛中乐 等，

[①]　公私合作治理是指公共部门与私人部门为履行公共行政任务，经由特定的结构设计进行合作并由公共部门承担最终保障责任的制度安排。参见：章志远，2019. 迈向公私合作型行政法［J］. 法学研究（2）：137-153.

2007）。由此，对于社会组织相应地应采用基于法律授权的控制方式，而不再使用以往针对行政管理对象所采用的强制力。二是"服务使用者"这一享有公共服务权利的主体得以在治理过程中"归位"。对以不同方式由社会力量"生产"的公共教育服务的服务效果需要进行评价，而服务使用者是最具合法性的评价者。有学者认为，由于在政府、私营部门、服务使用者之间形成了新的法律关系，从而使法律关系构造由"政府－公民个人"的双方构造变革为"政府－私人主体－公民个人"的三方构造（邓睾，2018）。使用者是否对所享有的公共服务满意，是衡量学前教育公共服务供给水平的一个重要指标。这恰恰使一种在管理公办幼儿园过程中被忽视的责任主体——"服务使用者"——得以回归，由此也为民办幼儿园确保服务质量提供了"动力"。因此，在这种三方构造法律关系下，"服务使用者"的作用与地位是政府设计对普惠性民办幼儿园提供公共服务的规制工具时需要考虑的因素。

（三）如以行政合同方式提供学前教育服务，政府与普惠性民办幼儿园均享有自身权利、承担相应义务

在合作提供公共服务的政策情境下，传统行政法所体现的单方性、命令－服从性、强制性与市场经济要求的平等性、合作性、自主性是不相容的（姜明安，2017）[46]。因此，应以合同为主要依据对双方的权利、义务做出规定，并确保其得到严格执行。余凌云教授针对如何认定"行政合同"[①]提出，除符合"合同当事人中必须有一方为行政主体"的形式标准外，还应考察是否符合"发生、变更或消灭行政法律关系的合意"的实质标准（余凌云，1997）。通过行政合同的形式提供普惠性学前教育服务，需要缔结合同的双方遵循自由、平等、协商等原则，同时因涉及公共服务职能履行，双方应承担公法上强制性的义务。从有无限制条件看，教育行政等部门对普惠性民办幼儿园的扶持是一种附款行政行为，主要表现为对时间、期限、作为、不作为等方面的条件限制（姜明安，2017）[240]。其中，"作为条件"体现在符合规定的办园条件标准、教职工配备标准，收费标准符合认定办法的规定

---

① 此处的"行政合同"是对公共部门与私人部门因提供公共服务而通过签署正式协议方式建立起来的合作关系的概称。因教育领域涉及问题的有限性，本文不再对合同承包、委托管理、特许经营等具体方式的区别加以探讨。

等；"不作为条件"是政府对于办园者不得做出的行为的规定，如办园行为不规范、保教质量严重下滑、财务管理混乱、违规乱收费、出现重大安全责任事故等，一旦出现这些行为，相应的资格可以被认定机关取消。

从义务上看，获得扶持的普惠性民办幼儿园必须依据合同承担规定期限内提供公益性服务并恪守普惠性收费标准的义务，否则要承担相应法律责任。同样，行政主体也必须按照合同规定实施具体的扶持行为，否则应承担由己方失信而导致的合同条款难以兑现的法定责任。从权利上看，政府主要依据监管者、担保者角色行使自身权利。监管者的责任表现为，在合同的涵盖力不足或契约机制的约束力失灵时，需要通过发挥其监管者的作用，保证合同得到严格履行；担保者的责任表现为，如果相对人达不到附款所规定的条件，行政主体具有撤销确认行为等权利。还需明确的是，政府对于普惠性民办幼儿园的规制方式具有较强的实践性、动态性，需要政府在政策执行中不断完善和优化。当政府通过合同机制和监管措施仍然无法规制供应商提供保质保量的公共服务时，政府自始获得径直接管或代为履行公共服务提供任务的正当权力，具体使用接管、代履行、执行罚等方式承担担保责任（邓搴，2018）。与行政主体后续的管理行为相比，因扶持普惠性民办幼儿园做出的行政允诺可以被视为一种行政预备行为。因此，如果行政主体不履行行政合同中做出的承诺，也可以构成行政不作为（叶必丰，2013）。

三、扶持普惠性民办幼儿园的法律问题：
基于对 20 个省份规范性文件的分析

通过对 20 个省份的规范性文件的分析发现，目前省级政府对普惠性民办幼儿园的扶持行为还存在准入标准差异大、法律依据不充分、法律适用不明确、救济程序缺失等问题。就省级政府层面而言，可能出现的法律问题具体表现为以下方面。

（一）扶持对象申请准入的条件地区差异较大，与学前教育的公共服务属性不相符

地方政府通常根据本地区学前教育实际确定适宜的办园资质条件。分析

表明，各省份对于准入事项及标准的规定存在较大差异。

一是准入条件事项存在差异。国家设立奖补资金，本身包含着"促进民办幼儿园自主采取措施，提高办园质量与水平"的目的[①]。海南、北京、甘肃等省份对保育教育质量设置了明确的定量标准：海南省规定"保育教育质量达到市县三级幼儿园及以上办园水平"；北京市规定"在北京市幼儿园办园质量督导评估中评价结果获得C类及以上"；甘肃省规定"普惠性民办幼儿园应当具备《甘肃省普惠性民办幼儿园评估指标体系》所涉及的定向测评指标……。测评分数达到65分以上，可以入围普惠性民办幼儿园的等级认定范围"。这些省份对普惠性民办幼儿园保教质量的认定采用了技术鉴定的程序，需要由专业机构进行技术鉴定或采纳专业机构已有的鉴定结果。全国有40%的省份尚未将保教质量设置为准入条件之一，45%的省份设置的是定性描述标准，15%的省份设置的是定量技术标准。当然，有的省份的省级政府未设置相应条件，不能表明该省份的市、县两级政府未设置，如湖北省人民政府未对此做出规定，但宜昌市制定的扶持办法对于保教质量设置了定量标准[②]，但这不是本研究所要探讨的重点内容。总体上，保教质量尚没有成为准入的必备条件。不设置保教质量条件或设置定性的保教质量标准，难以保证普惠性民办幼儿园在保教质量上符合最低限度的资质要求（见表1）。

表1　各省份将"保教质量"纳入准入条件的情况

"保教质量"的规定		省份	数量（比例）
未设定保教质量条件		天津、浙江、河南、福建、陕西、湖北、黑龙江、广东	8（40%）
设定了保教质量条件，其中：	定性标准	吉林、江西、湖南、内蒙古、新疆、河北、青海、安徽、四川	9（45%）
	定量标准	海南、北京、甘肃	3（15%）

二是针对收费标准及定价机制的规定差异较大。"普惠"是民办幼儿园获得扶持的重要条件之一，各省份也普遍将收费标准作为一项重要条件。但

---

① 参见财政部、教育部印发的《中央财政扶持民办幼儿园发展奖补资金管理暂行办法》。

② 《宜昌市城区扶持普惠性民办幼儿园发展管理办法》将"达到《湖北省幼儿园办园水平综合评估标准（试行）》三级及以上等级"作为接受扶持的普惠性民办幼儿园的三项条件之一。

是，各省份对于收费标准以及收费标准确定程序的规定存在较大差异。20%的省份没有设置收费标准，50%的省份针对收费设置了定性标准，30%的省份设置了定量标准。对于设置了定量标准的省份，与公办幼儿园相比，最低的为"不得高于同类公办幼儿园收费标准"（湖南省），最高的为"（主城区）最高不超过同级同类公办幼儿园收费标准的2.5倍"（内蒙古自治区）。对于收费标准确定的程序，也有的省份提出了"合同约定"的方式。比如：河北省规定"以合同约定等方式确定同级同类普惠性民办幼儿园保教费、住宿费最高收费标准"；安徽省提出了"建立普惠性民办幼儿园合同约定价格制度"并规定"以合同约定方式确定最高收费标准"；黑龙江省规定"由市（行署）教育部门根据城乡经济发展水平和城乡居民收入水平、办园成本等因素，以合同约定方式确定保育教育费最高收费标准，在约定时间内保持稳定"（见表2）。

表2　各省份对于普惠性民办幼儿园收费标准的规定情况

收费标准的规定		省份	数量（比例）
未设置收费标准		天津、北京、甘肃、吉林	4（20%）
设置了收费标准，其中：	定性标准	四川、浙江、江西、陕西、河北、湖北、黑龙江、青海、广东、安徽	10（50%）
	定量标准	河南、福建、湖南、内蒙古、海南、新疆	6（30%）

（二）普遍未采用行政合同方式确定合作关系，有关政府扶持方式的条款规定不完备

就社会力量提供公共服务的制度规范，国务院及有关部委已经出台了较为完善的配套政策和规范。但是，教育领域购买公共服务还缺乏比较统一的政策，限制了旨在引导公益性办学的分类管理改革政策红利的体现（王烽，2017）。分析表明，各省份对于普惠性民办幼儿园提供学前教育服务过程中与政府的合作方式的选择存在较大差异，且对具体资助措施的规定尚不完备。

一是仅有部分省份提出了"协议"等新的合作方式，大部分省份以制

定、执行"规范性文件"的方式进行扶持。2012 年 10 月，湖南省下发的《关于开展普惠性民办幼儿园建设和认定工作的通知》在国内较早提出了"协议确认"概念，并做了以下规定："在公平、自愿的基础上，鼓励民办幼儿园参与普惠性民办幼儿园竞标，双向选择后予以确认。凡认定的普惠性民办幼儿园，当地政府（或者教育行政部门）要与其签订提供普惠性服务的范围和形式，明确双方的权利义务。"海南省规定，凡认定的普惠性民办幼儿园，当地教育行政部门要与其签订提供普惠性服务的合约，明确双方的权利义务，并授予"××市（县）普惠性民办幼儿园"牌匾，要求将其悬挂在办园场所醒目位置①。以安徽省为代表的部分省份，将协议约定收费标准直接写入对"普惠性民办幼儿园"的定义，并将"协议"作为政府对这类民办幼儿园进行管理的主要载体，并在收费标准确定上做了重点体现②。从大部分省份的扶持办法看，仍然以"补助"为主要扶持方式，它对于配套制度和政策环境完备性要求相对较低。在萨瓦斯所划分的"政府安排（提供），私人部门生产"类型中，使用"合同承包""特许经营"等更接近市场化一端的提供方式，相对较少。此外，也有地方政府部门提出了"承诺书"等约束方式。如广东省规定，经正式认定的幼儿园法定代表人签署办学承诺书，由幼儿园和县（市、区）教育行政部门分别备存③。"承诺书"并未在政府和相对人之间构成类似行政合同所具有的法律关系和法律责任，其约束不具有法律意义上的强制力，相关承诺事项也无法获得公法的保护。

二是对政府具体资助措施的规定不完备。2018 年《中共中央国务院关于学前教育深化改革规范发展的若干意见》提出，通过购买服务、综合奖补、减免租金、派驻公办教师、培训教师、教研指导等方式，支持普惠性民办幼儿园发展，并将提供的普惠性学位数量和办园质量作为奖补和支持的重要依据。这一要求需要地方政府建立财政资金与办园质量、收费水平、在园幼儿数等挂钩的扶持普惠性民办幼儿园发展的具体办法。北京市新近出台的办法就对资助类型做了具体规定，将市级财政向普惠性民办幼儿园提供的资

---

① 参见《海南省普惠性民办幼儿园认定及管理暂行办法》。
② 参见安徽省教育厅、安徽省财政厅、安徽省物价局发布的《关于扶持和规范普惠性幼儿园发展的意见》。
③ 参见广东省教育厅、广东省发展和改革委员会、广东省财政厅、广东省人力资源和社会保障厅发布的《广东省普惠性民办幼儿园认定、扶持和管理办法》。

助分为生均定额补助、租金补助、扩学位补助三种类型。各省份对于扶持政策的规定不够完备，4个省份未明确设定省级扶持政策，有16个省份设置了不同内容的省级扶持政策，涉及学位财政资助、其他奖补或资助等。同时，大多数省份在省级认定办法中都对市、县两级政府扶持普惠性民办幼儿园提出了要求。但是就政策文本分析而言，大部分省份对政府扶持措施的规定不完备。具体表现为：对于扶持措施的类型、内容的规定不够具体，对于资助资金使用如何进行监管的规定不够明确，尤其是对于普惠性民办幼儿园公开公共资源使用信息、公众如何行使对普惠性民办幼儿园的监督权利，普遍未能进行明确具体的规定（见表3）。

表3　各省份对于省级政府扶持政策的规定

规定方式	省份	数量（比例）
未设定本级政府的扶持政策	陕西、湖北、吉林、青海	4（20%）
设定了本级政府扶持政策，含学位补贴、其他奖补或资助	湖南、甘肃、安徽、浙江、河南、福建、江西、海南、内蒙古、新疆、黑龙江、广东、四川、北京、河北、天津	16（80%）

（三）行政部门在普惠性民办幼儿园资格的授予、撤销上享有充分的优益权，双方义务履行的约束机制不完备

普惠性民办幼儿园退出机制、双方履约执行机制、服务使用者评价机制等都对政策执行效果构成直接影响。从各省份的相关规定看，在上述方面还存在一定问题。

一是各省份对于普惠性民办幼儿园主动退出的规定存在差异。可持续性是公共服务的基本特征之一，获得普惠性民办幼儿园资格的幼儿园应按照国家规定的服务标准、资费标准和行政机关依法规定的条件提供服务，并履行普遍服务的义务，未经允许不得擅自停业、歇业。一些省份明确规定普惠性民办幼儿园在特定期限内禁止退出，比如：安徽省规定普惠性民办幼儿园经认定后，有效期一般为三年，有效期内无特殊原因不能退出；河南省规定经申请认定的普惠性民办幼儿园三年内禁止退出，三年后自愿退出的，应当以

书面形式向县（市、区）教育行政部门提出申请，履行相关批准程序后，方可退出普惠性民办幼儿园。

二是有关行政主体取消普惠性民办幼儿园资格的规定具有差异性。由于涉及公共服务提供，政府对于行政相对人未履行相应义务或超出规定权利范围的行为，保有实施相应处罚的权利。各省份主要以行政部门优益权为基础设定条款排除服务提供中的可能风险。分析发现，大部分省份针对办园行为不规范、保教质量严重下滑、财务管理混乱、违规乱收费、出现重大安全事故的情形做了规定。通常的规定模式是，"一经查实，取消其普惠性民办幼儿园资格，停止享受政府的扶持政策，在三年内不得再申报普惠性民办幼儿园"。经过对所列事项的分析可以发现，这些规定涉及范围广、界定难度较大，对于具体情形的判断行政主体有较大的裁量权。此外，针对办园中发生的同类问题，不同省份处理规定差异较大。如针对办园条件不达标、办园行为不规范、财务管理混乱、违规乱收费、保教质量下降等情况，有的省份规定"责令限期整改，情节严重的取消普惠性民办幼儿园资格"，有的省份规定"一经查实，取消其普惠性民办幼儿园资格"。一些省份的规定对于行政优益权的使用超出了合理限度，对于应予以取消普惠性民办幼儿园资格的行为，行政主体如何设置规定程序，没有做具体规定。

（四）法律争议解决和救济机制不完备，服务使用者参与监管未得到重视

前文列举的诉讼案例表明，地方政府及有关行政部门在进行普惠性民办幼儿园认定、扶持等行政管理过程中，存在着产生法律争议的可能，而法律争议的产生可能源于以下问题。

一是各省份对于服务使用者参与监督的规定存在差异。吉林、北京、黑龙江、新疆、河南、湖南、内蒙古、江西、四川等省份对家长或社会公众参与监督做了规定，且主要是针对认定名单和收费标准的监督，并未涉及对于办园行为、保教工作的监督。吉林省针对建立定期公示制度做出以下规定：各县（市、区）教育行政部门每年应定期通过政府相关网站或新闻媒体公布普惠性民办幼儿园名单、收费标准等，并设立举报电话，接受家长和社会监督。但是，这些规定多是对普惠性民办幼儿园资格的监督，很少有省份就保教质量、规范办园等为家长等服务使用者设置参与监督的机会。海南省规

定，普惠性民办幼儿园的名单、财务审计结果、幼儿园保教发展质量评估等
要在市县教育信息网等媒体上予以公布，接受家长和社会公众监督。

二是行政主体注重对单方权利的维护，未针对相对人设置法律争议解决
机制和救济机制。各省份对于行政优益权的使用分布于认定、扶持等从规则
制定、执行到监督的全过程，其中，突出体现在对于相对人履行义务的规定
和不履行行为的"惩处"权利上。比如广东省规定，出现安全责任事故、保
教质量严重下滑和严重违规办园行为的，取消其普惠性民办幼儿园资格，追
回财政补助，并视情节严重程度，由所在县（市、区）教育行政部门依法依
规进行处罚或移交司法部门依法追究法律责任。大多数省份都对撤销普惠性
民办幼儿园资格、不履行义务等情形做了规定，但极少有省份对相对人提出
的争议提供解决机制，也很少有省份对相对人不服从行政审查、行政诉讼等
情况提供必要的救济机制。

四、扶持普惠性民办幼儿园的规制路径选择

从政府履行公共服务职能的角度分析，目前各地选择的行政方式还远不
能适应行政主体与相对人之间因合作提供公共服务所确立的新型法律关系，
由此也限制了对于可能产生的法律争议的解决机制的选择。已有的诉讼案例
表明，来自市场、社会的普惠性学前教育服务提供者，既具有提供普惠性服
务的意愿，也有不同于公办园的权利主张意识。扶持普惠性民办幼儿园政策
效果的显现，需要地方政府认识双方的合作关系本质，运用法律思维与方
式，解决双方可能产生的争议。

（一）采用平等、协商缔结行政合同的方式，确立行政主体和相对人在普惠性学前教育服务提供中的新型法律关系

一是为地方政府与相对人缔结行政合同提供指引。鼓励发展普惠性学
前教育目前已形成了良好的制度环境，国家发展改革委、财政部、民政部也
针对向社会力量购买服务出台了一系列配套政策。但是在政策实施层面，中
央政府可以就普惠性民办幼儿园提供服务的行政合同提供示范文本或指导意

见。以行政合同方式确立行政主体和相对人之间的权利义务关系，可以实现单方行政向契约行政的转变。

二是加强对教育行政合同运用相关治理工具的开发。行政合同建立在契约合意标准基础上，因而对于双方履约行为兼有公法、私法的约束力。行政合同方式的运用，需要使用适应市场和社会力量参与的新型治理工具。这种工具通常包含准入标准设定、竞争性进入、扶持政策执行、服务质量标准等，实践中政府往往需要综合使用这些工具。

（二）行政主体应积极履行扶持普惠性民办幼儿园义务，也应承担学前教育服务延续提供的担保责任

一是地方政府加强引导资金的投入。中央财政的奖励性补助是对相关省份积极扶持普惠性民办幼儿园发展的整体奖励。按照信赖保护原则，政府对于在合同中做出的扶持普惠性民办幼儿园的承诺，应遵守信用，不得随意改变。行政机关在履行行政管理职能时内在行政义务相伴产生，行政相对人可以行使给付请求权，要求行政机关做出特定的、具有确定内容的行政行为（张意文 等，2017）。在符合相应条件时做出支持原告的行政诉讼判决。

二是承担好普惠性学前教育服务延续提供的担保责任。在以契约合意为基础形成的行政合同的约束下，政府应以扶持资金投入、保障服务延续性为重点落实对发展普惠性学前教育的担保责任。使用行政合同方式，要求政府有一定的资源调节能力。当出现个别举办者难以有效履约并按程序退出的情况时，应统筹公办园或其他普惠性民办幼儿园学位，接纳退出的普惠性民办幼儿园的幼儿入园。

（三）加强对服务提供质量的专业监管，对于"服务使用者"参与规制的途径、方法加以规定

一是加强监管制度的设计和执行。行政合同不只反映公共部门和私人部门之间的买卖关系，还反映了私人部门作为公共服务的生产者和经营者与公共部门作为公共服务市场的监管者之间的管理与被管理关系（湛中乐 等，2007），需要建立相应的监管制度，约束缔结合同双方的履约行为。监管是

政府对于企业、社会组织参与学前教育服务提供的重要管理方式。在鼓励发展普惠性学前教育的过程中，监管与认定、扶持构成完整的政策工具组合。对于以行政合同方式提供服务的普惠性民办幼儿园，监管有着更广的含义。已有研究表明，缺乏衡量标准，难以衡量私人部门介入后增加了哪些价值，是通过合同外包方式改善教育服务提供长期以来面临的主要障碍（多纳休　等，2015）[100]。由此，政府要把重点逐步转向保教质量专业标准的执行，将保教质量评估纳入对普惠性民办幼儿园的监管事项中并作为事中、事后监管的重点。

二是将家长等引入监管体系。学前教育服务应由政府提供，但服务质量主要应由服务使用者进行评判。针对目前服务使用者缺位的问题，应将其代表作为一方监管主体纳入监管运行体系，使行政主体、相对人之间的两方关系转变为行政主体、相对人、服务使用者之间的三方关系。

（四）为服务使用者、相对人设置必要的救济程序，促进法律争议的解决

一是为服务使用者设置必要的救济程序。行政合同在双方之间确立的是既体现私法原则又可以遵循公法约束的权利义务关系。准确界定双方的权利、义务，也是合同履行法律争议得以解决的主要途径。从法律视角看，在公共服务委托给非政府组织生产之后，防止公民权利受到侵害的重要性要远远高于效率、可控性、灵活性或公民参与等其他价值（叶托，2014）。因此，行政主体要设置救济程序，建立投诉接收、处理、反馈等制度，保障学前教育服务使用者应享有的正当权利。依据相关研究，可以采取的一项实体性措施是建立消费者代言机构，将其设置为一个职权法定、相对独立的日常性组织，具体承担建议、信息调查和获取、接收投诉并调查等职能（骆梅英，2010）。

二是为相对人设置必要的救济程序。行政主体应在做出不予认定普惠性民办幼儿园资格或撤销已有资格决定之前，为相对人设置必要的救济程序。在设置撤销普惠性民办幼儿园资格的条件时，应区分条件事项性质和程度，谨慎设置。同时，借鉴部分省份扶持办法中的规定，对于发生了规定情形但在不影响行政目标实现的情况下，给予相对人一定期限的整改机会，视整改

情况做出是否撤销普惠性民办幼儿园资格的决定。

五、结　语

政府扶持普惠性民办幼儿园属于公私合作提供公共服务的行为，政府部门和普惠性民办幼儿园之间的法律关系不同于传统的"干涉行政"。参与学前教育服务提供的企业、社会组织，属于承担行政任务的私人主体，与行政机关之间的法律关系，可以同时适用公法和私法规范。借助新行政法学视角，其核心问题在于行政机关的公权力如何对提供普惠性学前教育服务的企业、社会组织和个人履行合同约定的义务构成具有法律效力的制约。

对20个省份扶持普惠性民办幼儿园的规范性文件的分析表明，政府扶持普惠性民办幼儿园的行为仍带有浓重的"行政管制"烙印，较多使用的是"命令－控制"式的行政方式。从普惠性民办幼儿园标准设定、专业技术在认定中的使用、服务提供的约定方式、扶持资金分配的规范性、救济程序设置等方面看，政府与普惠性民办幼儿园在合作提供公共服务方面总体上还没有形成平等的法律地位。相关诉讼案例也表明，政府及有关行政部门在普惠性民办幼儿园认定、扶持过程中，存在着诸多引发法律争议的可能。

分析已经表明，扶持或鼓励发展普惠性民办幼儿园，不能仅仅依赖制定规范性文件等单方行政方式。针对当前的问题，中央政府需要依据《中华人民共和国民办教育促进法》等法律法规加强基础规范建设，先行建立普惠性民办幼儿园认定标准、认定的一般程序、地方政府的财政资金投入、普惠性民办幼儿园的基本义务设定等基本规范。各级地方政府在遵循基本规范的基础上，制定适合本地区的配套政策，通过自愿、平等、协商的方式与普惠性民办幼儿园举办者签订行政合同，按约定条款履行各自的义务。围绕行政合同的缔结、履行、评价设置法律程序，为合同各方及服务使用者提供法律维权机制，是解决当前普惠性民办幼儿园认定、扶持相关法律争议的主要路径。

参考文献

邓崒，2018. 论政府在购买公共服务中的角色定位及其法律责任：以法律关系基本构造为分析框架 [J]. 行政法学研究（6）：43-54.

多纳休，泽克豪泽，2015. 合作：激变时代的合作治理 [M]. 徐维，译. 北京：中国政法大学出版社.

姜明安，2017. 行政法 [M]. 北京：北京大学出版社.

骆梅英，2010. 通过合同的治理：论公用事业特许契约中的普遍服务条款 [J]. 浙江学刊（2）：131-138.

萨拉蒙，2008. 公共服务中的伙伴：现代福利国家中的政府与非营利组织的关系 [M]. 田凯，译. 北京：商务印书馆.

萨瓦斯，2017. 民营化与公私部门的伙伴关系 [M]. 中文修订版. 周志忍，等译. 北京：中国人民大学出版社.

王烽，2017. 影响民办教育"新政"实施效果的关键因素 [J]. 教育发展研究（3）：48-51.

叶必丰，2013. 具体行政行为的法律效果要件 [J]. 东方法学（2）：3-12.

叶托，2014. 超越民营化：多元视角下的政府购买公共服务 [J]. 中国行政管理（4）：56-61.

余凌云，1997. 论行政契约的含义：一种比较法上的认识 [J]. 比较法研究（3）：325-330.

湛中乐，刘书燃，2007. PPP 协议中的公私法律关系及其制度抉择 [J]. 法治研究（4）：3-11.

张意文，曹福祯，陈立烽，2017. 行政机关应当履行与行政管理职能相关的给付义务 [J]. 人民司法（案例）（17）：101-104.

The Legal Problems and Regulation Ways of the Government Supporting Generally Beneficial Private Kindergartens

Pian Maolin

Abstract: The government supporting generally beneficial private kindergartens in various ways make the separation of the responsibility of "providing" and "producing" in preschool education services. In the sense of administrative law, the relationship between the government and the generally beneficial private kindergartens does not belong to administrative management. Through the analysis of the support policies for generally beneficial private kindergartens of 20 provincial governments, it is found that it is difficult to adapt to the legal relationship between the two parties in the provision of preschool education services by formulating and implementing normative documents. The existing litigation cases also show that the relevant legal dispute settlement has gone beyond the adjustment scope of traditional administration. Timely introduction of administrative contracts and other forms of cooperation can make local governments be liberated from micro-management and perform the responsibilities of standard setting, contract management and quality supervision of preschool education services preferably. To establish legal procedures around the conclusion, performance and evaluation of administrative contracts and to provide legal relief procedures for both parties to the contract and service users, are the main ways to solve the legal disputes related to the government's support for generally beneficial private kindergartens.

Key words: generally beneficial　private kindergartens　support administrative contract

作者简介

骈茂林，上海市教育科学研究院副研究员，研究方向为教育监管政策、非营利性民办教育、地方教育治理。

□蔡金花

分类管理背景下义务教育阶段民办学校非营利性过渡研究 ①

【摘　要】促进义务教育阶段民办学校登记为非营利性法人，是当前民办教育分类管理推进过程中的重点和难点问题。本文认为，义务教育阶段民办学校在办学收益、奖励补偿、扶持政策、监管方式等方面面临一系列政策变化，分类管理背景下义务教育阶段民办学校管理存在举办者合理回报诉求强烈、补偿奖励难以操作、扶持政策突破难度大、缺乏有效监管手段等困境，可能引发举办者退出义务教育办学的风险、办学经费难以为继的风险以及民办学校同质化的风险。建议：坚持分类改革方向与尊重举办者权益相结合，健全非营利性民办学校政府扶持政策体系，强化对非营利性民办学校的监督。

【关键词】非营利性过渡　合理回报　补偿奖励扶持　监管

2017 年，新修订的《中华人民共和国民办教育促进法》（以下简称新法）正式实施，标志着我国民办教育分

①　本文系全国教育科学"十三五"规划 2017 年度单位资助教育部规划课题"民办学校分类管理的地方路径研究——以深圳市为例"（FFB170635）、深圳市哲学社会科学"十三五"规划课题"深圳义务教育阶段民办学校分类发展机制研究"（135B033）研究成果。

类管理迈出了实质性步伐。分类管理是我国民办教育领域的重大变革，将引起民办学校法人制度、办学模式、发展路径、支持政策、管理办法等一系列变化，改变现有的民办教育利益格局。其中，举办者不得设立实施义务教育的营利性民办学校的规定，改变了原来举办者可以获得合理回报的规定，直接影响到举办者的现实利益。引导义务教育阶段民办学校平稳登记为非营利性法人，是当前民办教育分类管理推进过程中的重点和难点问题。本文结合深圳市义务教育阶段民办学校分类管理办法制定的实践，对义务教育阶段民办学校非营利性发展进行研究，为推进民办学校分类管理提供一定的参考。

一、分类管理后义务教育阶段民办学校的政策环境变化

基于义务教育作为国家强制性教育的特殊性，新法第19条规定，"民办学校的举办者可以自主选择设立非营利性或者营利性民办学校。但是，不得设立实施义务教育的营利性民办学校"。这就意味着所有义务教育阶段的民办学校都必须登记为非营利性民办学校，义务教育阶段的民办学校面临一系列政策变化。

（一）义务教育阶段民办学校的举办者不再取得办学收益

2002年《中华人民共和国民办教育促进法》通过后，义务教育阶段民办学校基本上登记为民办非企业单位，法理上属于非营利性机构，但法律同时允许民办学校举办者获得合理回报，导致民办学校发展一直存在着非营利性的法律定位与获得投资回报的现实之间的矛盾。虽然2004年《中华人民共和国民办教育促进法实施条例》要求举办者在民办学校的办学章程中注明出资人是否要求取得合理回报，但在实践中，大部分民办学校举办者并未在学校章程中注明，而是利用其对学校的控制权，通过关联交易、虚高成本等方式获得回报，政府部门对此也未进行严格监管，导致合理回报的法律制度设计落空。

对此，新法从明确民办学校法人属性这一源头出发，规定非营利性民办学校的举办者不得取得办学收益，学校的办学结余全部用于办学。这与《中

华人民共和国民法总则》关于非营利法人的内涵保持一致，即"为公益目的或者其他非营利目的成立，不向出资人、设立人或者会员分配所取得利润的法人"。根据《中华人民共和国民法总则》，义务教育阶段民办学校是非营利法人，对举办者投入学校的资产以及办学累积享有法人财产权，并且是学校法人财产的唯一占有主体，举办者在民办学校成立后，不再享有学校财产的占有权。同样，非营利性民办学校可以使用法人财产进行一定的经营活动，并且也是学校法人财产收益的唯一主体，举办者不再享有对学校法人财产的收益权，也不享有学校剩余财产的分配权。

（二）新法颁布前设立的义务教育阶段民办学校的举办者可获得补偿或奖励

虽然新法规定非营利性民办学校的举办者不能享有剩余财产分配权，但考虑到举办者在民办学校发展中的历史贡献和重要作用，《全国人民代表大会常务委员会关于修改〈中华人民共和国民办教育促进法〉的决定》指出，"本决定公布前设立的民办学校，选择登记为非营利性民办学校的，根据依照本决定修改后的学校章程继续办学，终止时，民办学校的财产依照本法规定进行清偿后有剩余的，根据出资者的申请，综合考虑在本决定施行前的出资、取得合理回报的情况以及办学效益等因素，给予出资者相应的补偿或者奖励，其余财产继续用于其他非营利性学校办学"。补偿和奖励制度的设计，为保护现有非营利性民办学校举办者的财产权提供了一定的政策空间，有利于减少举办者重新登记为非营利性民办学校的顾虑。

考虑到全国各地民办学校分类改革的复杂性，新法对于补偿和奖励占学校剩余资产的比例、补偿和奖励的时间节点等重要问题未做出明确规定，而是授权各省、自治区和直辖市制定具体办法。

（三）义务教育阶段民办学校可获得更大的财政扶持

基于民办教育的公益性给予民办学校差异化扶持，保障民办教育规范、有序发展，是民办学校分类管理的目的之一。新法规定，非营利性民办学校除了可以与营利性民办学校同样获得购买服务、助学贷款、奖助学金和出租、转让闲置的国有资产等扶持政策之外，还能享受政府补贴、基金奖励、捐资激励、与公办学校同等的税收优惠等政策。由于长期以来民办学校法人财产与举办者资产混淆不清，举办者"合理回报"缺乏严格监管，社会对民办教育的公益性认同度不高，政府对于民办学校的财政扶持极为谨慎，即使是对义务教育阶段的民办学校，政府也只是通过专项经费或者以学生为对象的学位补贴进行扶持，参照公办学校生均经费标准进行扶持的政策迟迟未能出台。

新法及随后由国务院发布的《关于鼓励社会力量兴办教育促进民办教育健康发展的若干意见》对购买服务、政府财政补贴、税收优惠等提出了原则性要求，为地方政府根据国家法律和政策要求落实差异化扶持政策扫除了制度障碍。民办学校分类管理政策实施后，义务教育阶段民办学校的举办者不具有学校财产的占有权、收益权和剩余财产分配权，学校收益全部用于办学，学校在法律性质上接近公办学校。因而，参照公办学校生均拨款标准给予义务教育阶段民办学校常态化的生均经费补贴，统筹提升预算内教育经费的扶持力度，可能成为未来政府扶持义务教育阶段民办学校发展的主要方向。

（四）政府对义务教育阶段民办学校的监管加强

政府加大对义务教育阶段民办学校的扶持力度，鉴于政府扶持使用资金的国家财政属性，必须建立相应的监管机制保障民办学校产出符合公共利益。民办学校举办者选择非营利性方式办学，意味着主观上愿意接受来自政府的必要干预和约束（骈茂林，2018）。为避免民办学校登记为非营利性学校却变相行营利之事，损害义务教育的公益性，《关于鼓励社会力量兴办教育促进民办教育健康发展的若干意见》针对政府财政资金监管进行了专门规定，财政扶持民办教育发展的资金要纳入预算，并向社会公开，接受审计和社会监督，提高资金使用效益。同时，为避免民办学校家长式管理、举办者与校长的职责不明确、管理不规范等问题，新法要求规范民办学校内部治理结构，设立学校理事会、董事会或者其他形式的决策机构并建立相应的监督机制，民办学校的举办者根据学校章程规定的权限和程序参与学校的办学和管理。

政府加大对义务教育阶段民办学校的扶持力度，也将加强对学校教育质量的监管。政府对教育质量的监管，主要通过建立教育质量的监管标准和监管体系，设立监管机制和教育质量评估中介机构等，并运用法律、经济和行政等手段进行监管（王善迈，2011）。政府同时也将加强对民办学校市场竞争行为的监管，避免民办学校掐尖招生、违规招生、超额招生等损害教育公平的恶性竞争。

二、义务教育阶段民办学校登记为非营利性学校的实践困境

（一）民办学校规模庞大，分类登记任务艰巨

改革开放以来，我国民办教育不断发展壮大，义务教育阶段民办学校和在校学生已经具有相当规模。截至 2017 年年底，义务教育阶段民办学校共 11383 所，在校生 1391.8 万人，占全国民办学校在校生的 25.8%，占全国义务教育阶段在校生的 9.5%。民办教育已经成为我国教育事业的重要组成部分，义务教育阶段民办学校为我国九年义务教育发展做出了不可磨灭的贡献。深圳市等外来人口密集的超大型城市，义务教育阶段民办学校和在校生的比例更高。截至 2018 年年底，深圳市义务教育阶段民办学校共 225 所，占全市义务教育阶段学校的 34.5%；在校生 52.7 万人（其中，非深圳市户籍学生比例为 93.5%），占全市义务教育阶段在校生的 39.2%。义务教育阶段民办学校规模庞大，每所民办学校成立背景和发展历史各不相同，举办者的利益诉求存在差异，实施分类管理后促进举办者登记为非营利性学校的任务艰巨。

（二）民办学校举办者的合理回报诉求强烈

投资办学是我国民办教育的基本特征，大多数民办学校举办者都希望获得合理回报（邬大光，2007），2002 年颁布的《中华人民共和国民办教育促进法》也从法律上确认了举办者诉求的合理性。即使民办学校未登记为取得合理回报的学校，实际上还是普遍获得了办学收益，已长期形成对于办学利润的追求。2017 年，深圳市对民办教育举办者进行了专项调研和座谈，收集了教育行政部门、民办学校举办者、校长问卷 100 多份，召开民办教育行政管理干部、民办学校举办者、校长座谈会多次，结果显示，全市 90% 以上的民办学校举办者要求取得合理回报，他们对于分类管理的主要顾虑集中在资产清查、补偿奖励、办学自主权等问题上。

新法设定过渡期，要求推进分类管理改革，继续实施义务教育的民办学校，必须重新登记为非营利性学校。虽然民办教育举办者认可分类管理的政策导向，但他们希望政府充分考虑民办学校对于深圳市义务教育发展的贡献，设置更长的过渡期，继续维持现状，确保他们的办学收益。对于政府而言，不综合考虑义务教育阶段民办学校的发展历史和现状，不考虑举办者的现实利益，将可能导致民办学校停止办学或者撤资，随之带来义务教育学位安置和社会维稳风险。

（三）对民办学校举办者的补偿或奖励难以操作

根据《中华人民共和国民法总则》关于非营利法人权属的规定，现有义务教育阶段民办学校举办者如果选择登记为非营利法人，就必须将包括学校财产的所有权、收益权和剩余财产分配权在内的财产权益，让渡给学校法人。我国民办学校的财产多数来自举办者个人投资以及滚动积累，并非来自政府财政和社会捐赠，超过90%的民办学校举办者都希望拥有学校的完整产权（《中国民办教育的财政贡献》调研组 等，2012）。因此，《中华人民共和国民法总则》和新法关于非营利性民办学校法人产权属性的制度设计，使义务教育阶段民办学校对登记为非营利性民办学校心存顾虑（王一涛 等，2017）。深圳市的调查也发现，有相当数量的义务教育阶段民办教育举办者认为当前政策对非营利性学校缺乏产权保护。

虽然举办者对于非营利性学校产权制度存有异议，但他们更关心学校终止办学后如何清算剩余资产、补偿和奖励占剩余资产的比例以及何时进行补偿和奖励。新法对这些重要问题未做明确规定，而是交由各省、自治区和直辖市制定具体办法。科学清算民办学校的剩余资产是实现补偿或者奖励的前提，直接关系到民办学校变更、终止等重要事项，将从根本上影响举办者对学校性质的选择。新法规定了三种终止办学情况分别对应的财产清算主体，但并未明确如何选拔清算人、清算人需要承担何种责任以及清算应遵循何种程序等具体事宜，导致民办学校终止时财产清算难以操作。义务教育阶段民办学校登记为非营利性民办学校时，以及其选择终止办学时，都将面临财产清算的问题，如果缺乏系统的清算管理机制，将难以保证清算的程序、结果的公平和公正。

（四）非营利性民办学校的财政扶持政策突破难度大

民办教育"合理回报"制度设计被架空，财政资金对民办学校投入存在制度性障碍，义务教育阶段民办学校无法获得与公办学校平等的地位和发展空间。从法理上看，保障适龄儿童少年平等接受义务教育是政府应当履行的职责，在民办学校接受义务教育的适龄儿童少年也应该平等地获得政府的生均拨款，政府应当参照公办学校生均拨款额度对义务教育阶段民办学校予以财政扶持。因而，新法提出差异扶持政策，加大对非营利性民办学校尤其是义务教育阶段民办学校的财政扶持力度。要落实政府对非营利性民办学校的扶持政策，需要满足两个前提条件：一是确保非营利性学校的公益性，民办学校举办者不得取得办学收益；二是民办学校质量与公办学校基本相当或者高于公办学校。当前，民办学校举办者的合理回报诉求强烈，政府难以监管民办学校举办者获取办学收益的行为，因而对非营利性民办学校的扶持显得格外谨慎。另一方面，除原来由公办学校转制的民办学校之外，义务教育阶段民办学校办学起点低，基础弱，教育质量不高。以深圳市为例，义务教育阶段民办学校主要是为了满足外来人口子女在深圳就读的需求而举办，大部分办学场地属于租赁改造，随时有停办风险；学校整体办学水平不高，社会认同度不高；民办学校教师待遇低，教师队伍不稳定；民办学校内部治理结构不合理，存在家族式管理、举办者财产与学校财产混同等现象。如果政府财政扶持力度加大，将引发"劣质优补"的质疑；如果政府托底对义务教育阶段民办学校加大扶持力度，又将可能面临资金被举办者抽离的风险。此外，对于非营利性民办学校的财政资助以及税费优惠、用地、收费、队伍建设、自主办学等方面的扶持政策，需要教育、国土、物价、财税等多部门共同推进，要突破各部门的相关政策难度非常大。

（五）缺乏有效手段监管非营利性民办学校

民办学校是在特殊历史条件下发展起来的，毋庸置疑其对我国教育发展做出了重大贡献，但对于民办学校的监管仍相对薄弱，民办教育规范化发展程度不足。从学校内部管理来看，民办学校治理结构不健全，家族色彩浓厚，董事会形同虚设，在教育教学管理、教师管理、财务管理等方面缺乏有效的监督约束机制，举办者意志占据主导地位甚至是不容置疑的地位。举办者逐利行为导致社会对民办学校公益性认可度不高，教育质量在较低的水平徘徊。深圳市等义务教育学位紧张的城市，民办学校不愁生源，举办者缺乏提高教育质量的内在动力。新法实施后，将加强学校内部治理结构优化。从学校外部环境来看，政府缺乏对民办学校的有效监督手段，对民办学校的管理往往采用与对公办学校相同的管理方式，过度干预学校的教育教学活动和内部管理，挤压民办学校办学自主权，引起民办学校举办者的不满。义务教育阶段民办学校登记为非营利性学校之后，随着政府财政扶持力度的加大，办学监管将面临更大挑战。另一方面，严格的监管以及治理结构的改变，是否可以消除举办者对决策权被削弱的顾虑，尚难以预测和有效验证。

三、可能引发的风险

民办教育经过多年发展，已经成为我国教育事业的重要组成部分，但民办学校与公办学校的同等法律地位并未完全落实，导致民办学校在办学过程中存在更多的不确定性和更大的风险可能性。新法实施后，义务教育阶段民办学校面临的政策不确定性和不稳定性因素明显增多，存在多种风险。

（一）举办者选择退出义务教育办学的风险

非营利性民办学校相关配套政策的不确定性和模糊性，对现有义务教育阶段民办学校而言具有较大的政策风险，举办者面临登记为非营利性民办学校、改为举办营利性民办教育、撤离教育领域的选择。分类管理政策实施后，选择营利性民办学校的举办者既能够获得财产权益保障，又能享受较大的办学自主权和政府的扶持，社会资本可能更倾向于选择营利性民办学校。选择非营利性民办学校的举办者的财产权益会有损失，如果地方政府后续扶持政策不当，将会抑制他们继续举办义务教育的积极性，也可能存在因利益期望落差大导致撤资停办或者消极办学的风险。尤其是新法实施后对于非营利性民办学校举办者的出资不再予以补偿或者奖励，将进一步影响社会资本举办非营利性民办学校的热情。

从深圳市目前的情况来看，部分义务教育阶段民办学校的举办者近两年已不再加大办学投入，在逐步缩小义务教育办学规模的同时扩大高中办学规模，甚至存在将义务教育阶段学校关停，另行申办营利性高中的情况。对于深圳市等义务教育学位极度紧张的城市而言，即使是关停一所义务教育阶段民办学校，也会带来极大的学位安置压力和社会不稳定风险。

（二）办学经费难以为继的风险

由于民办学校办学经费主要依靠学杂费、举办者投入两种途径，办学经费不足是当前民办教育发展的主要瓶颈。义务教育阶段学杂费标准由政府审批，民办学校无权自行制定标准，因此，为维持学校运转，义务教育阶段民办学校不得不超计划招收学生，导致学校拥挤、班额过大、教育质量不高、安全风险增大。

新法在形式上促进了民办学校法人财产权的独立，义务教育阶段民办学校举办者将会因产权丧失和营利目的受限而降低投资积极性，学校办学资金将面临匮乏风险。现有义务教育阶段民办学校登记为非营利性学校之后，政府财政投入将会成为重要的办学经费来源。义务教育阶段学校规模庞大，如果参照公办学校生均拨款标准对义务教育阶段民办学校给予生均经费补贴，需要大规模增加财政投入，并且是常态化投入，政府将要承担巨大的支付责任，在政府财力有限的情况下，民办学校可能面临办学经费难以为继的风险。

（三）办学同质化和单一化的风险

民办教育分类管理的目的之一在于通过规范管理，保障教育质量，确保民办教育的公益性，新法的落地破除了政府对民办学校财政扶持的政策障碍。政府加大对非营利性民办学校的扶持，同时必然加强对学校办学的深度介入，规范民办学校办学行为，这是实施财政扶持的附带效果。例如，民办学校办学设施设备必须达到一定标准，民办学校招生必须与公办学校同步进行，民办学校必须加入政府统一管理的财务管理系统和政府财政资金管理系统，等等。与其他非营利性民办学校相比，政府对义务教育阶段民办教育办学行为的监管将更为严格，将在一定程度上整治当前民办教育中的乱象。但政府要采取何种手段规范民办学校办学行为？在多大程度上干预学校内部管理？如果顶层设计不当，将可能过度干预民办学校办学，扼杀学校办学活力，导致民办学校同质化和单一化。

四、促进现有义务教育阶段
民办学校向非营利性学校过渡的建议

分类管理是民办教育持续稳定发展的历史选择和未来民办教育优质特色发展的制度保障，但推进分类管理对当前的民办教育举办者和地方政府提出了不小的挑战。如何确保现有的义务教育阶段民办学校平稳过渡，保护利益相关主体的权益，增强社会资本投资教育的信心，维护教育和社会稳定，成为民办教育分类管理改革中最复杂的内容和需要重点解决的问题。

（一）坚持分类改革方向与尊重举办者权益相结合

民办教育分类管理改革是理顺民办教育体制机制的发展方向，是解决制约民办教育发展的内外部体制性、瓶颈性问题的根本出路，必须要坚定不移地予以落实。但是，民办教育领域内存在着多元利益格局，不同群体利益诉求不一致甚至相互冲突，在改革过程中需要关注和平衡各方利益，尤其是要充分尊重举办者的权益。尽管民办教育发展中存在着各种各样的问题，但民办教育的发展也符合教育发展各阶段的政策，满足了当时的社会需求，因此，尊重举办者权益就要尊重民办教育举办者的历史贡献，在设计补偿奖励和政府扶持制度的过程中，要充分考虑民办学校的举办背景、历史渊源和现实诉求，统筹兼顾各方利益，平稳实现民办学校向非营利性学校过渡。

（二）健全非营利性民办学校政府扶持政策体系

政府部门的积极性和配合力度是影响分类管理政策实施效果的关键因素（王烽，2017），配套政策是政府推进分类管理的积极性和配合力度的集中体现。当前正是义务教育阶段民办学校向非营利性学校过渡的阶段，举办者都

在观望和评估地方补偿奖励和扶持政策的力度与价值。配套政策对于民办学校举办者合理预期的满足程度，将直接影响到义务教育阶段民办学校向非营利性学校过渡的平稳性和社会资本投入民办教育的积极性。

新法和《关于鼓励社会力量兴办教育促进民办教育健康发展的若干意见》对非营利性民办学校奖励和补偿、扶持政策的实现路径、实现形式进行了顶层设计，为地方政府制定具体可行的落地政策提供了准确指引，也为地方政府创新配套政策提供了较大空间。为打消义务教育阶段民办学校举办者登记为非营利性学校的顾虑，一方面，地方政府要细化国家政策，使其能够顺利落地。例如，省级政府应尽快明确民办学校终止后的补偿或奖励占剩余资产的比例，并尽快明确补偿或者奖励的时间节点。有研究者建议将学校剩余资产的15%—20%作为对办学者的补偿或者奖励，将民办学校按照新法修改章程登记成为非营利性民办学校的日期作为终止日（王一涛 等，2017）。另一方面，地方要围绕本地民办教育发展中的重要问题，在新法给予的政策空间内创新体制机制。例如，针对民办学校办学经费不足的问题，除了政府财政扶持之外，可以通过改进教育资源分配方式、设计倾向性扶持政策等方式予以解决。例如，浙江省在实践中允许办学资质较好的民办学校利用学费收费权和知识产权向银行申请质押贷款和信用贷款，用于扩大办学或改善办学条件。有研究者认为，税收优惠是调节民办学校办学行为的政策杠杆，应当进一步完善（劳凯声，2016）。

（三）强化对非营利性民办学校的监督

新法对民办学校内部治理结构进行了明确规定，要求民办学校设立学校理事会、董事会或者其他形式的决策机构并建立相应的监督机制，实行理事会领导下的校长负责制，其中，理事会或董事会作为学校的决策机构，成员组成比例总体上应体现社会公益性和代表性。同时，新法也对政府监管方式进行明确规定，要求政府部门改变直接管理学校的单一方式，综合运用立法、拨款、规划、信息服务、政策指导和必要的行政措施，减少不必要的行政干预，扩大民办学校的办学自主权。对于民办学校的财务监督，一是要建立民办学校财务监管平台，利用网络技术实时监控民办学校财务管理情况。二是要制定民办学校财务管理办法及会计核算办法，健全财务制度、会计制度和资产管理制度，设立民办学校学费专户和政府扶持资金专户，开发统一的民办学校会计核算软件，规范民办学校会计核算行为。三是建立健全监事会组织机制，加强对学校法人财产的支配和使用。上海市已经对此做了很好的探索，例如，建立民办学校年度检查制度，制定年检指标体系和检查工作制度，对符合规定的民办学校实行"免检"制度；建立完善民办教育管理系统，用于民办学校办学许可的监督管理和信息公开，实现监督管理（含网上办事）、信息公开、社会服务等多方面功能。

参考文献

劳凯声，2016. 民办学校分类管理的问题及其解决途径［J］. 教育学报（5）：3-13.

骈茂林，2018. 义务教育阶段非营利性民办学校的监管政策走向［J］. 中国教育学刊（8）：18-22.

王烽，2017. 影响民办教育"新政"实施效果的关键因素［J］. 教育发展研究（3）：48-51.

王善迈，2011. 民办教育分类管理探讨［J］. 教育研究（12）：32-36.

王一涛，徐绪卿，宋斌，等，2017. 非营利性民办学校举办者权益的合理保护［J］. 中国教育学刊（3）：9-13.

邬大光，2007. 我国民办教育的特殊性与基本特征［J］. 教育研究（1）：3-8.

《中国民办教育的财政贡献》调研组，张铁明，何志均，2012. 信心回归：破解难题给举办者一个良好的成长环境：举办者信心丧失是民办教育发展的最深层危机［J］. 当代教育论坛（5）：10-19.

Study on the Transition of Non-profit Private Schools at the Stage of Compulsory Education: In the Background of Classification Management

Cai Jinhua

Abstract: As the classification management on private education is underway, it is the focal and difficult point to promote private schools' registration as non-profit legal person at the stage of compulsory education. According to the analysis of the paper, private schools at the stage of compulsory education are facing a series of policy changes related to the profit of school running, compensation reward, supporting approach, and supervision method. Lack of reasonable return to founders of private schools and compensation reward, together with insufficient support approach and defective supervision, may lead to the risk of school founders' retreat from compulsory education, a shortage of funds for school running, and the homogeneous development of current private schools. Therefore, the paper suggests that we should insist the combination of classification management reform with a respect to school founders' rights and interests, improve the supporting system for non-profit private schools via government's policies, and strengthen the supervision on non-profit private schools.

Key words: non-profit transition   reasonable return   compensation reward support   supervision

作者简介

蔡金花，深圳市教育科学研究院副研究员，研究方向为教育政策、教育法学、教育管理。

□周慧敏　蔡海龙

政策工具视角下省级政府促进民办教育发展实施意见的政策研究

【摘　要】本研究以 2017—2018 年各省、直辖市、自治区政府发布的促进民办教育发展的实施意见的政策文本为分析对象，以政策工具维度与政策主题维度构建二维分析框架进行交互分析。研究发现，当前我国省级民办教育政策呈现沿袭上级政策文本现象突出，区域特征较弱；政策目标与方向明确，激励举措达成路径模糊；激励举措较为丰富但运用范围集中，倾向于支持非营利性学校办学；政府监管、学校制度变革和师资建设中的有效资源供给不足等特征。未来省级民办教育政策的优化应当关注三点：整合国务院《关于鼓励社会力量兴办教育促进民办教育健康发展的若干意见》要求与省级区域特点，制定具有区域特色的政策，出台民办教育分类管理的实施细则，多途径多方式探索奖激励举措，为民办教育发展提供相关资源支持。

【关键词】民办教育　政策工具　政策文本　省级教育政策

一、问题的提出

国务院《关于鼓励社会力量兴办教育促进民办教育健康发展的若干意见》（以下简称《意见》）的出台为我国民办教育的发展提供了政策支持和路径指引，各省级政府在民办教育发展大变革的背景下，秉承新政策的精神和要求，纷纷出台促进民办教育发展的实施意见（以下统称省级民办教育政策）。鉴于地方政府在落实民办教育改革措施中居于首位，其出台的政策文本对于促进当地民办教育发展体制变革、营造良好的民办教育发展环境等具有现实意义，深化对省级政府颁布的民办教育政策文本的研究，有利于审视反思当前省级民办教育政策，为今后市县级政府出台民办教育政策提供一定的依据。本研究以《意见》颁布以来我国各省级政府颁布的民办教育政策文本为分析对象，依据政策工具理论及编码量化分析方法，从政策工具维度与政策主题维度出发构建分析框架，以政策主题下政策工具的运用为切入点，对当前省级民办教育政策文本进行深入分析，为今后省级民办教育政策的制定、完善及政策工具选择和运用朝合理化方向转变提供有效参考。

二、政策工具视角下省级民办教育政策文本分析框架

本研究采用政策工具量化分析方法，结合研究问题构建"政策工具维度"与"政策主题维度"二维框架，并呈现其具体表现形式。

（一）分析框架中"政策工具维度"的选择

我国学者陈学飞在借鉴参考理论成熟度高、影响广泛的麦克唐纳尔（L. M. McDonnell）和艾莫尔（R. F. Elmore）、施奈德（A. Schneider）和英格拉姆（H. Ingram）的政策工具的基础上，提出类型多样、类别清晰的政策工具分类。当前民办教育发展依托政策构造下体制机制的变革来破除阻碍发展的壁垒。从当前政策文本中可见省级政府多从以下方面采取措施：

以"分类管理"为前提进行相应的体制机制变革、以鼓励支持的话语和各类政策的支持营造良好的发展环境、以较为明确的政策要求规范民办教育相关主体的行为等等。这些举措为达成目标而采用的"手段"正与陈学飞提出的各类政策工具相符，可通过工具的运用情况对省级民办教育政策文本进行深入分析。

基于此，本研究主要参考陈学飞关于政策工具的分类标准（陈学飞，2011）[276-344]，对所归纳的政策工具进行分类整合，形成以下五种工具：权威工具、激励工具、象征与劝诫工具、能力建设工具、系统变革工具。表1对五种政策工具进行了解释并列出各种政策工具所包含的政策文本中归纳的节点。

表1　政策工具定义解释表

政策工具	子类政策工具（编码节点）	定义	文本内容
权威工具	要求	以强制义务的形式对促进民办教育发展的相关事宜进行强制规定。	民办学校要按照办学许可证核定的学校名称、办学地点、办学层次、办学类型等组织招生工作和开展教育教学活动。
	禁止	以禁止的形式强制限制民办教育相关主体的特定行动，杜绝此类行动的产生。	已按照分类登记有关程序选择登记为非营利性的民办学校，不得再次变更登记为营利性民办学校。
	许可	以授权许可的形式，给予相关主体一定的行动范围，允许民办教育主体采用相关措施发展民办教育。	民办中小学校在完成国家规定课程的前提下，可自主开展教育教学活动。
激励工具	激励	政府通过提供税收优惠、授权、土地优惠、降低标准或要求等正向回报，鼓励民办教育相关主体采取政策所期待的行动。	对企业办的各类学校、幼儿园自用的房产、土地，免征房产税、城镇土地使用税。
	制裁	对民办教育相关主体没有遵守相关规定的行动施加不相称的严厉惩罚，从而消除某种活动。	民办学校行政管理部门根据评估结果，对办学质量不合格的民办学校予以警告、限期整改甚至取消办学资格处罚。

政策工具	子类政策工具（编码节点）	定义	文本内容
象征与劝诫工具	基本原理	将有积极价值的政策偏好行为相关的解释或理由精心合并，强调促进民办教育发展的价值或强调政策与特定团体的信念和价值相一致，并以此构造"正确"的逻辑和态度。	坚持教育公益属性，无论是非营利性民办学校还是营利性民办学校都要始终把社会效益放在首位。
	劝诫	用劝服的方式改变民办教育相关主体的政策行动或目标观念，而不需要改变物质回报。	积极引导和鼓励企事业单位、社会组织和个人面向民办学校设立奖助学金，加大资助力度。
	象征	将政策目标、行动与正向象征相结合，强调相关主体行动的地位、价值和意义，使其获得国家和社会层面上的价值一致性，包括口号式措施。	鼓励社会力量兴办教育，推进民办学校分类管理改革，有利于扩大教育服务有效供给，有利于满足人民群众多样化教育需求，有利于满足服务国家和区域经济社会发展需要。
能力建设工具	发布信息	在相关政府部门和市县级政府等机构施策促进民办教育发展时，采用发布政策文件的形式提供信息资源。	为贯彻落实国务院《关于鼓励社会力量兴办教育促进民办教育健康发展的若干意见》，结合我省实际，现提出如下实施意见。
	公共资源	政府给促进民办教育发展的相关主体提供来自财政、组织、社会和政治等方面的资源和支持。	各级政府要加大对民办教育的扶持力度，调整优化教育支出结构。
	人力培训	为民办教育相关主体构建人才培训机制或提供教育培训有关资源等，使相关人员具备实现政策目标的能力。	建立民办学校教师培养机制，充分发挥区教育部门师资培训专业机构的作用，加强教学研究活动，重视青年教师培养，加大教师培训力度。
	评估监督	政府采取评估监督的手段对政策中相关规定的落实进行规定，以期实现民办教育发展的相关政策目标。	完善民办学校年度报告和年度检查制度，强化年检结果的运用，将其作为处罚和奖励的重要依据。
系统变革工具	建立新机构	政府在转移权威的过程中，使得民办教育相关领域整体产生新的机构。	各地、各部门可按照国家关于基金会管理的规定设立民办教育发展基金会。
	体制变革	体制机制变革包括通过创新体制机制促进民办教育发展的手段措施和完善现有与民办教育发展相关的体制机制。	对民办学校（含其他民办教育机构）实行非营利性和营利性分类管理。

（二）分析框架中"政策主题维度"的选择

正如学者所言，剖析政策如何影响社会力量促进民办教育发展时，不仅需要考虑政策运用的工具，还应将政策工具的作用对象和范围——民办教育的内在属性及发展规律考虑在内（吴薇 等，2018）。省级民办教育政策的制定往往会针对不同主体，跨涉不同的领域，对"政策主题"进行划分可使研究结果更为客观全面。

将各省份省级民办教育政策文本中的内容依据相关主题进行编码，在形成二级编码后，借鉴其他学者对民办教育政策主题的划分类型，最终归纳出一级节点，包括以下六个政策主题类别：思想方向引导、体制机制完善、政策资源扶持、监管服务保障、人力资源保障和学校制度建设。这六类政策主题对应民办教育发展政策的目标领域，其中思想方向引导为民办教育发展指明变革方向，体制机制完善为民办教育发展破除旧的体制机制的阻碍，政策资源扶持为民办教育发展提供动力和物质基础，监管服务保障为民办教育发展提供管理服务方面的便利并为其发展方向和质量提供保障，人力资源保障为民办教育发展提供人力支持。民办学校作为民办教育发展的主要载体，其内部制度的建设是民办学校教育质量的保证要素之一，而民办学校教育质量是民办教育发展质量的主要组成部分，将民办学校内部制度建设划分出来有利于深入了解有关民办学校内部治理的政策举措。

（三）《意见》颁布以来的省级民办教育政策文本编码与说明

1. 确定《意见》颁布以来的省级民办教育政策文本

在我国，政策通常是通过文件形式颁布的（程晓明，2014）。省级政府有关民办教育的文件的文本也即省级民办教育政策文本。笔者从各省级政府官网上搜集了自2017年1月《意见》发布至2018年12月月底发布的省级民办教育政策文本，共检索到辽宁、安徽、天津、甘肃、河北、湖北、上海、云南、浙江、内蒙古、陕西、河南、海南、江苏、青海、广东、宁夏、山东、重庆、江西、广西、贵州、山西、四川、北京和西藏等26个省份发布的民办教育专项政策文件。

2. 确立编码单位

为保障编码过程的一致性及编码结果的有效性，必须依据编码软件功能、文本形式和研究内容确定编码单位。本研究以了解各类政策主题下政策工具的综合运用程度为目的，鉴于省级民办教育政策文本数量众多，且各文本中含有相同意义的内容呈现出分布不规则的特点，本研究把意义和内容的不可再分作为划分编码单位的标准。此外，本文采用 NVivo11.0 对政策文本进行编码。

3. 政策工具编码说明

本研究是以意义和内容的不可再分作为划分编码单位的标准，由于句式段落中时常出现多种政策工具的混合运用，为避免遗漏和重复编码，本研究在连续出现同类政策工具或同类主题时只编码一次，直至出现另一种政策工具或主题。

三、《意见》颁布以来的省级民办教育政策单维度编码分析

（一）省级民办教育政策文本中的政策工具分析

本研究参考陈学飞的政策工具分类标准，对 26 个省份的省级民办教育政策文本中运用的政策工具进行分析提炼汇总，得出政策工具的分布情况（见表 2）。从表中数据可知，在具体运用上，省级民办教育政策文本倾向于使用权威工具和象征与劝诫工具，系统变革工具、能力建设工具和激励工具运用相对较少，即政府既重视按照既定标准与规范要求对民办教育发展进行规划，以刚性要求强制规定相关主体采取行动促进民办教育发展，又以柔性的资源供给、税收土地优惠等鼓励支持的方式，营造良好发展环境，引导民办教育发展。

1. 以强制规范与劝诫鼓励为主，促民办教育发展

当前民办教育相关政策均围绕分类管理原则重新进行制度设计和发展规划，分类管理作为我国民办教育发展的重大制度变迁，主要依靠行政权力和

立法手段等外在强制力加以推行，是强制性制度变迁而非诱致性制度变迁。推进民办教育政策举措的落实离不开权威工具的运用。但现阶段由于政府职能的转变以及权威工具自身的局限性，应适度运用该类政策工具。省级政府文本中较为频繁地使用"应当、鼓励、支持"等词，劝说号召民办教育相关主体认同政策措施，在价值信念方面引导和规范民办教育发展方向，即多数省份会将民办教育的发展与各省份的教育发展、人才培养等方面进行关联以强调民办教育发展的重要性。

2. 以有效激励和资源供给为辅，力图突破"制度瓶颈"

当前我国民办学校在规模与总量不断扩大的同时，体制机制的深刻矛盾愈发凸显（吴会会 等，2018），民办教育发展正处于突破制度瓶颈的关键时期，各省级政府多运用系统变革工具推动民办教育体制机制变革政策得到落实。能力建设工具的运用是政府为促进民办教育的发展而投入人力、财力、信息等丰富资源，以调动民办教育相关主体的积极主动性，从而推动社会力量参与民办教育发展。同时，相应优惠奖励措施可以加强上述政策运用的效果。但对文本进行分析后可知，能力建设工具和激励工具的运用比例较低，这显然不利于民办教育发展（见表2）。

表2　省级民办教育政策文本中政策工具的具体运用频数统计表

政策工具		频数	比例（%）	合计频数	合计比例（%）
权威工具	要求	615	26.00	974	41.18
	禁止	142	6.00		
	许可	217	9.18		
激励工具	激励	128	5.41	176	7.44
	制裁	48	2.03		
象征与劝诚工具	基本原理	29	1.23	698	29.51
	劝诫	597	25.24		
	象征	72	3.04		

政策工具		频数	比例（%）	合计频数	合计比例（%）
能力建设工具	发布信息	34	1.44	233	9.86
	公共资源	44	1.86		
	人力培训	47	1.99		
	评估监督	108	4.57		
系统变革工具	建立新机构	15	0.63	284	12.00
	体制变革	269	11.37		

注：由于四舍五入造成的误差，百分比之和不为 100%。

（二）省级民办教育政策文本中的政策主题分析

通过对省级民办教育政策文本中的政策主题进行编码归类，得出关于政策主题的分布情况，其中"数量"一栏表明了具备政策主题内容的文件数量（见表 3）。经过编码统计，将六类省级政府民办教育政策的政策主题按占比从高到低进行排列，情况如下：学校制度建设（22.20%）、体制机制完善（20.64%）、思想方向引导（17.42%）、政策资源扶持（16.95%）、监管服务保障（13.96%）和人力资源保障（8.83%）。

从占比情况可见，六类政策主题所占百分比相差较小，即省级民办教育政策文本中各个政策主题的内容分布较为平均。政策内容呈现出以外部环境创设以及资源供给为主，以民办学校内部机制完善、师资保障等为辅的特点，即"以外为主，以内为辅"的特点。从统计分析来看，各省级民办教育政策文件内容相似度较高（见表 3）。通过观察二级节点的政策内容数量能够得出该节点在多个政策文本中的分布情况，可知除差别化扶持政策外，其他数量均在 20 以上，即超过 20 个省份的省级民办教育政策文本均有相关主题的内容，即多数政策文本在主题内容的制定上具有较高的相似度，这也表明省级政府在制定政策文本时较少结合本省份的实际情况和重点领域提出具有区域特色的政策内容。

表 3　政策主题数量

一级节点	二级节点	数量	一级节点	二级节点	数量
思想方向引导	总体要求	26	体制机制完善	分类管理制度	26
	党的领导	26		差别化扶持政策	12
	公布意见	26		教育准入机制	21
	宣传引导	25		学校退出变更机制	26
政策资源扶持	财政扶持政策	26		教育筹融资机制	21
	税费优惠等政策	26		多元主体合作办学机制	20
	同等资助政策	21	人力资源保障	保障师生合法权益	26
	差别化用地政策	26		加强教师队伍建设	26
	自主分类收费政策	24	学校制度建设	学校办学行为规范	26
监管服务保障	发挥行业组织作用	21		资产财务管理制度	25
	改进政府管理方式	25		安全管理责任制度	26
	健全监督管理机制	24		学校法人治理制度	26
	强化部门协调机制	25		优质教育资源引进	22

四、省级民办教育政策文本存在的问题

　　双维度分析后，形成政策工具和政策主题交互分析表（见表 4）。由于各类政策工具运用成效各不相同，部分政策主题下存在合理的政策工具运用频率的偏差，体现为激励工具在政策资源扶持主题中运用最多，系统变革工具在体制机制完善主题中运用最多。前者偏差是由于政策资源扶持政策的出台是给相关主体提供较为丰富的物质资源和优惠政策以激励其采取措施促进民办教育的发展，这与激励工具的功能相似。后者偏差则由于体制机制完善方面的政策内容追求的目标亦与系统变革工具力图达到的目标相契合，二者都以突破当前束缚民办教育发展的体制机制，构建适合民办教育长远发展的体制机制为目标。综上，在明确合理偏差的基础上再对政策文本进行分析可使后续分析更为深入。

表 4　政策工具和政策主题交互分析表

政策工具		政策主题					
		思想方向引导	体制机制完善	政策资源扶持	监管服务保障	人力资源保障	学校制度建设
权威工具	要求	72	127	90	53	70	203
	禁止	1	68	8	3	4	58
	许可	9	82	40	2	15	69
	合计	82	277	138	58	89	330
激励工具	激励	24	16	76	0	9	3
	制裁	0	0	0	39	2	7
	合计	24	16	76	39	11	10
象征与劝诫工具	基本原理	24	2	0	1	1	1
	劝诫	44	129	91	38	38	257
	象征	64	0	0	2	3	3
	合计	132	131	91	41	42	261
能力建设工具	发布信息	32	2	0	0	0	0
	公共资源	0	2	42	0	0	0
	人力培训	5	0	0	0	41	1
	评估监督	20	1	21	54	0	12
	合计	57	5	63	54	41	13
系统变革工具	建立新机构	0	1	12	2	0	0
	体制变革	4	125	9	88	18	25
	合计	4	126	21	90	18	25

（一）沿袭上级政策文本现象突出，区域特征较弱

当前各省级民办教育政策文本所涉及的政策主题和政策工具的运用较多沿袭国务院颁布的《意见》的内容，省级区域特征不明显，政策创新性不足。《意见》中对于民办教育分类管理的核心要求是重塑民办教育发展制度与促进民办教育发展的关键，省级政府在贯彻上级政策文件精神和落实上级政策举措的前提下，以此作为制定本省政策的首要依据，因此，围绕《意见》颁布的各省级民办教育政策必会出现政策主题及政策工具的选择重合率偏高的现象。省级政策虽应借鉴《意见》文本，但不能完全植根于此，由于各省份所处地域不同，经济发展水平、财政收入水平以及民办教育发展历史等差异较大，这些客观因素会对各省份民办教育发展的环境创设、财政投入、税收土地优惠标准等方面的政策设计产生影响。大量运用同类政策工具与政策主题，并采用相似话语表达，例如："要……""允许……""应当……""鼓励……"等，脱离本省实际情况制定缺乏本省区域特征的模式化政策文本凸显出政策的地域创新性不足，既不利于达成政策目标，也不利于政策内容的落地。

（二）政策目标与方向明确，激励举措达成路径模糊

当前省级政府较多运用权威工具和象征与劝诫工具对民办教育分类管理的方向和目标予以明确，但并未对激励举措的达成路径进行规定。一方面，在体制机制完善与学校制度建设方面，指向性明确的政策文本有利于政策目标的实现，例如："完善（健全）……机制""重新梳理……""因地制宜开展……工作"等。尽管该类口号式政策话语下未有细化可操作的政策要求，但其尊重各省份所管辖市县的民办教育发展的地方特性，赋予市县政府管理民办教育的自主权与适当空间，以发挥各省优势推进政策落地。另一方面，在实际落实政策时，民办教育的发展需要统筹当地各方力量、明确各部门权限职责，但文本中对相关的政策主管部门的规定过于宽泛模糊，明显缺乏约束力。而政策的模糊性易造成权责不清晰、监管不到位、路径不科学等落地困境。这一点尤其表现在政策资源扶持、人力资源保障与监管服务保障等方面，由于政策文本未对资金来源、资金分配、税收土地优惠比例等关键扶持

举措进行明确规定，而省级资金分配、税收土地优惠等问题涉及多部门间的复杂利益关系，其模糊性易造成该类政策难以落地。

（三）激励举措较为丰富但运用范围集中，倾向于支持非营利性学校办学

结合表 3 和表 4 分析可知，激励工具的运用体现在政策文本中多以税收土地优惠等方式为主，其运用比例较小且多运用于政策资源扶持主题，即税收土地优惠等举措多集中用于鼓励举办民办学校，较少关注落实政策中的关键群体，如监管服务部门等。监管服务保障主题强调各部门合力为民办教育健康发展提供有效的监管和优良的服务，而激励工具下的"激励"政策工具在监管服务保障主题中运用频次为 0，不利于激发民办教育发展监管服务人员的积极性。政府管理部门若忽视民办教育分类管理的政策价值，单纯沿袭公办教育的管理手段与方法，民办教育分类管理将难以真正实现，甚至会成为民办教育发展道路上的阻碍（唐诗蕊 等，2018）。民办教育的发展涉及传统工作模式的改变以及财政资金、管理权力等利益的再分配，这对当前相关部门的工作模式和利益分配发起挑战。正如有学者所言，在决策影响了资源的分配和不同组织的利益时，部门利益、派别利益的分量可能会凸现（周雪光，2003）[293]，当前政策文本多运用"传统政策工具"，试图以强制和劝诫改善当前利益分配，忽视运用激励手段和各类资源支持手段重新激发管理活力，不利于取得良好持久的政策效果。此外，在部分省级民办教育政策设计中，激励工具与能力建设工具的运用存在明显的偏向性。2018 年新修订的《中华人民共和国民办教育促进法》的相关规定为实施民办教育分类管理提供了依据，河南、广西、山西、四川、安徽、河北等地颁布的政策文本明确表明政府更倾向于将政策资源和财政资源集中用于鼓励举办非营利性民办学校。尽管政府是以强调教育公益性为前提，鼓励各界举办非营利性民办学校，但各省份民办教育发展的区域特征不尽相同，部分地区营利性民办学校发展历史悠久，数量颇多，对于营利性民办学校的各类优惠奖励支持举措的设计会影响当地民办教育整体的发展。当前政策文本中对营利性民办学校的政策设计较为不足，尤其是激励举措与各类资源支持较少且规定模糊，易导致营利性民办学校举办人的办学积极性受损，从而影响该地区民办教育整体发展。

（四）政府监管、学校制度变革和师资建设中的有效资源供给不足

结合表3和表4的分析可知，监管服务保障主题、人力资源保障主题和学校制度建设主题中能力建设工具运用较少。监管服务保障主题强调改变政府管理方式、完善监督管理机制和部门协调机制，人力资源保障主题关注民办学校教师队伍建设，强调民办学校教师的养老保险、住房公积金、薪资水平、培训、流动等内容，学校制度建设主题则对学校办学行为、招生收费、安全管理、资产管理、法人治理结构等进行了规定。这些政策的落实情况涉及政府部门人员、民办学校教师队伍、民办学校举办者三大利益主体，有效落实该部分政策内容意味着必须采取措施调动三大主体的积极性并给予资源支持。而当前促进民办教育发展的举措涉及变动复杂的利益分配格局，既要借助传统工具，以政策的规范要求和价值引导达成政策目标，也要为政策涉及的相关人员提供各类资源支持，以满足落实政策过程中的各类需求。但通过上述分析可知，无论是提供监管服务的政府部门，还是变革学校制度的民办学校举办者，抑或是亟待规范的民办学校教师队伍，都没有获得实现政府内部变革和学校内部变革等政策目标的资源支持，这些资源的缺乏突出表现在信息资源、技术资源、变革人才以及专项资金等方面。

五、优化省级民办教育政策文本的建议

（一）整合《意见》要求与省级区域特点，制定具有区域特色的政策

省级民办教育政策应具备全局性与区域性相结合的特点，既要保障促进民办教育发展的底线要求，又要结合各省份民办教育发展的实际情况做出相应的政策调整，从而发挥各地区原有民办教育发展优势，弥补民办教育发展中存在的不足。积极鼓励地方进行制度创新、探索解决地方民办教育发展中面临的实际问题的方式，应该成为今后较长时期内国家民办教育发展的基本战略（吴华，2009）。各省份民办教育发展的历史、经验、现状等各有不同，省级政府的民办教育政策涉及的政策主题、运用的政策工具类型也应有所不

同。基于此，省级政府在依据上级政策文本制定当地民办教育发展的政策文本时，应该着重考量制约当地民办教育发展的核心要素、当地民办教育发展中存在的突出问题等实际情况，制定具有区域特色的民办教育政策。

（二）应在已有政策基础上，尽快出台促进民办教育分类管理的实施细则

目前各省份出台的政策文本由于对财政资金、税收土地政策、师资队伍建设、相关主体行为等内容的规定较为模糊，部分省级政策文本在提出"分类管理"的同时，更倾向于对非营利性民办学校给予政策支持，这不利于相关政策文本被民办教育举办者认可，从而影响政策落地。因此，为保障各省份民办教育的发展，应当在已颁布的政策的基础上，结合当地民办教育发展的实际情况，组织学者深入调研，重视并积极吸收采纳民办学校举办者合理的观点意见，出台明确的民办教育分类管理实施细则，完善相关政策内容的配套措施，对影响"分类管理"落实的关键环节提出具体的意见。对民办学校举办者关注的问题，如税收优惠标准、土地优惠制度、资金投入方式、监督检查制度等，提供详细明确的扶持举措。同时也要为与政策落实有关的工作者建立相应的奖励机制并强化政策落实的监管力度。

（三）多途径多方式探索奖激励举措，提供相关资源支持

政策工具使用要兼顾民办教育发展的短期目标和长期目标，只有真正激发多方积极性，促使其主动积极参与才能取得理想效果。正如有学者所言，民办学校的分类管理需要提供相应的政策红利，否则举办者不会有积极性，制约民办学校发展的政策瓶颈的突破往往取决于财政、税收、社会保障等部门（王烽，2017）。省级民办教育政策文本在监管服务保障主题、人力资源保障主题以及学校制度建设主题下均应强化激励工具的运用，且应适当扩展激励工具与能力建设工具的运用范围。因此，为激发民办教育相关主体的内在积极性，使其主动响应政策号召，应当多形式多途径探索各类奖励机制，以优秀称号、荣誉奖励、与职称评审挂钩等举措丰富相关激励措施。总之，围绕各个政策主题选择科学的政策工具类型是保障省级民办教育政策得到有效落实的手段之一。

　　综上，当前省级政府应关注民办教育发展的短期效益和长期目标，综合考虑不同的政策工具的功能与优缺点，关注政策外部环境等因素，根据政策主题的属性和政策目标合理选择、科学配置政策工具，形成专门的省级民办教育政策工具包，同时注重结合各省份民办教育发展的实际情况与上级政策文本出台适合本地区民办教育发展的政策文件，促进各省份民办教育获得优质均衡发展。

参考文献

陈学飞，2011. 教育政策研究基础［M］. 北京：人民教育出版社.

程晓明，2014. 对中央政府有关幼儿教育政策文件的分析与建议［J］. 学前教育研究（1）：36-42.

唐诗蕊，魏志春，2018. 供给侧改革背景下民办教育分类管理政策困境与路径［J］. 现代教育管理（4）：37-42.

王烽，2017. 影响民办教育"新政"实施效果的关键因素［J］. 教育发展研究（3）：48-51.

吴华，2009. 我国民办教育发展的地方政策主导模式分析［J］. 教育发展研究（8）：11-16.

吴会会，薛二勇，2018.《民办教育促进法》修订的政策过程研究：基于动态嵌套的"多源流理论"视角［J］. 教育发展研究（Z1）：38-44.

吴薇，刘璐璐，2018. 政策工具视角下我国民办教育政策研究：基于《国务院关于鼓励社会力量兴办教育促进民办教育健康发展的若干意见》的分析［J］. 教育与经济（3）：31-37.

周雪光，2003. 组织社会学十讲［M］. 北京：社会科学文献出版社.

Policy Research on Implementing Opinions of Provincial Governments on Promoting the Development of Private Education from the Perspective of Policy Tools

Zhou Huimin　Cai Hailong

Abstract: This study takes the policy texts of opinions on promoting the development of private education issued by the governments of provinces, municipalities and autonomous regions from 2017 to 2018 as the analysis object, and constructs a two-dimensional analysis framework based on the dimension of policy tools and the dimension of policy themes for interactive analysis.

The study found that the current problems of China's provincial-level private education policy are as follows: follow the superior policy text, the regional characteristics are weak; the goal and direction of policy are clear, and the path of incentive measures is vague; the incentive measures are abundant but the application scope is concentrated, which tends to support the running of non-profit schools; insufficient supply of effective resources in government supervision, school system reform and teacher construction. In the future, the optimization of provincial-level private education policies should focus on the following three points: integrate the text requirements of superior policies with the characteristics of provincial-level regions and formulating policies with regional characteristics, issue detailed rules for the implementation of the private education policy and incentives for multi-channel and multi-way exploration awards to provide relevant resources for the development of private education.

Key words: private education　policy tools　policy texts　provincial education policy

作者简介

周慧敏，首都师范大学教育学院硕士研究生，研究方向为教育政策与法律。

蔡海龙，首都师范大学教育学院副教授，研究方向为教育学原理、教育政策与法律。

□ 首都师范大学课题组

民办教育培训机构培训服务合同的实施：现状与改进

——基于北京市海淀区 K12 民办教育培训机构培训服务合同实施情况的访谈报告 [①]

【摘　要】近年来，民办教育培训机构与学员之间的教育培训纠纷越来越凸显，而培训服务合同是预防教育培训纠纷及促使纠纷得以解决的一种重要途径。通过在北京市海淀区进行访谈与调研，发现当前民办教育培训机构培训服务合同的使用在取得一定成绩的同时还存在诸多问题。为此，有必要进一步明确培训服务合同的性质，并推行统一的合同示范文本，以更好地保护民办教育培训机构与学员双方的合法权益，促进民办教育培训事业的规范发展。

【关键词】民办教育培训机构　培训服务合同　合同性质　合同示范文本

一、研究目的

近些年来，我国民办教育获得了快速发展，并成为我

① 本文系首都师范大学教育学院劳凯声教授 2018 年主持的北京市海淀区教育环境综合治理中心委托课题"民办教育机构培训服务合同规范化管理研究"阶段性成果之一。

国教育事业的重要组成部分。但同时，民办教育领域的各类纠纷也不断增多，尤其在教育培训领域，民办教育培训机构与学员之间的纠纷越来越凸显。而培训服务合同是预防教育培训纠纷及促使纠纷得以解决的重要途径。为了更全面地了解培训服务合同的实施情况，包括实践中是否得到了普遍的应用，实际效果如何，还存在哪些问题，需要做出哪些改进，以及民办教育培训机构与学员双方对培训服务合同的价值与作用的认识如何，是否有必要推出统一的合同示范文本等问题，我们对北京市海淀区民办教育培训机构和民办教育管理机构相关人员展开了抽样访谈调研。同时，希望通过调研，进一步推动培训服务合同的实施和完善，以更好地保障民办教育培训机构与学员的权益，有效预防和化解双方的纠纷，促进民办教育培训事业的健康发展。

二、研究方法

（一）研究样本

针对北京市海淀区民办教育培训机构的整体情况，结合调研主题——民办教育培训机构（K12）培训服务合同实施情况，我们抓住海淀区民办教育培训机构年审工作的契机，开展专题调研，随机对海淀区民办教育培训机构与民办教育管理机构的相关人员进行访谈。

我们将访谈对象分为两类，一类是民办教育培训机构组。它又分为管理组，主要包括董事长（副董事长、秘书）、监事长（副监事长、秘书）以及校长、副校长、中层干部等；学员教师组，主要包括学员及其家长、教师等。另一类是民办教育管理机构组，主要包括海淀区教育环境综合治理中心管理者、海淀区教委社会办学管理科管理者、海淀区民办教育协会管理者等。其中，针对民办教育培训机构的调研，我们随机访谈了五家机构（A机构、B机构、C机构、D机构和E机构）的相关人员。

（二）研究工具

我们主要围绕以下问题展开访谈：民办教育培训机构（或民办教育管理

机构）采取的主要管理方式和举措；培训管理过程中面临的主要问题与困惑；民办教育培训机构与学员之间的常见纠纷和解决方式；引入合同管理的必要性与可行性；培训服务合同实施情况与存在的主要问题；培训服务合同的主要内容；是否有必要推出合同示范文本；合同管理的有关建议和意见；等等。

同时，在访谈民办教育培训机构相关人员时，收集了上述五家民办教育培训机构提供的八份入学协议。这五家机构都以面向基础教育阶段学生的教育服务为主要产品，在北京市特别是海淀区的该类培训市场中具有较高市场占有率和影响力，且都入围了2017年海淀区民办非学历教育培训机构星级评估项目。其中，A机构和E机构2010年在纽交所上市，E机构还于2015年通过借壳方式回归A股。因此，从影响力与典型性等方面来看，以这五家机构的合同文本为代表分析当前民办非学历教育培训市场中入学协议的主要形式、内容、特点与问题，具有较强的代表性。八份入学协议信息见表1。

表1 入学协议清单

编号	机构	教育服务项目	入学协议名称
1	A机构	班课辅导	A机构培优学员凭证（须知）
2	A机构	一对一、小班课、精品课、定制课	家长须知
3	B机构	班课辅导	学员缴费凭证（须知）
4	B机构	一对一课程辅导	家长须知
5	C机构	课后托管	C机构托管班协议书
6	C机构	学科课程与特长培训	学员情况登记表
7	D机构	学科课程辅导	D机构家长须知
8	E机构	学科课程辅导	E机构服务协议V2.0学员管理手册

三、已取得的成绩

从教育自身来看，随着我国教育法制建设的不断推进，必然要求教育工作全面实行依法规范办学与管理。民办教育培训机构入学协议是民办教育培训机构更好地实现依法办学的一个重要方式，通过对北京市海淀区的 A 机构、B 机构、C 机构、D 机构、E 机构等几所民办教育培训机构的调查发现，各机构的报名缴费、安全管理、学校章程等制度建设较为完善，在以下方面值得肯定。

（一）依法办学理念初步建立

随着我国教育事业的不断发展以及教育法制建设的逐步加强，依法治校已逐渐成为学校教育和管理中必须正视的一个问题，并日益成为学校教育和管理的重要内容和方式，影响和改变着人们的行为和思维模式。民办教育作为我国社会主义教育事业的重要组成部分，依法规范办学和管理已经成为共识。

首先，本次调研得知多数民办教育培训机构已经开始重视机构自身与学员两者之间的权利义务关系，有些机构已经通过签订服务协议、家长须知等方式来进行规范化管理。这种在入学之初就签订培训协议，明确双方的权利与义务的做法，有利于后续教育活动的顺利进行，能够有效减少纠纷产生。其次，多数民办教育培训机构更加重视合同文本的合法性与规范性。民办教育培训机构有专门的律师来对协议文本进行规范。此外，专业的法律工作者也为学校更好地实现依法办学提供了智力保障。再次，民办教育培训机构章程的不断完善在一定程度上推进了现代学校依法治校，章程的建立和完善不仅仅是学校管理上的进步，更是民办教育管理观念和理念上的进步。

（二）协议内容较为全面

从协议文本形式与内容上看，民办教育培训机构入学协议涉及的内容较多，虽各机构的入学协议在名称上不统一，但是其中涉及的双方权利义务的规定还是较为全面的。通过调研发现，各机构的协议中对于标的、价格、培训课时数等方面均有涉及，这些要素也是容易引起纠纷的主要方面。

如 C 机构有《学员情况登记表》《C 机构托管班协议书》《C 机构管理制度》三个文本，其内容各有侧重。

C 机构《学员情况登记表》是学生基本信息的记录，内容较为全面。在机构的管理制度中，有较为全面的试听及退费管理制度以及学员及其家长须知，并由每位学员家长签字表示理解和认同学校的规定及须知要求。《C 机构管理制度》显示，C 机构管理制度主要由三大部分构成——试听及退费管理制度、C 机构学员须知以及学员家长须知。此外，C 机构还提供托管服务，并与学员或家长签订《C 机构托管班协议书》，协议书包括双方权利义务、服务内容、费用金额、支付日期、违约责任等多方面内容。

从已有的入学协议书或家长须知、学员须知来看，在双方自愿的情况下签署，能够使学员更加明确自己的权利与义务，较为全面的内容规定，给民办教育培训机构教学活动的正常开展提供了制度保障。

（三）协议切合各机构实际情况

由于各机构的授课对象、授课地点以及授课内容不尽相同，各机构在制定入学协议时，在合法性的基础上，更多地会立足于本机构的实际，从易发生的纠纷事件、服务内容、费用金额、支付日期等方面针对本机构实际做出规范管理。如 C 机构在《C 机构管理制度》中明确提出试听及退费制度，使机构出现因退费引起纠纷的情况微乎其微。因此，在不断发展的实践中，由于入学协议有了针对性的内容，相应的纠纷就会有效减少，这有利于入学协议在各机构内部真正发挥指导规范作用。

（四）协议为教学活动的开展提供了有力保障

首先，就学员方面来看，在须知或学校管理制度中，就学生上课时间、请假制度、家长陪读事项进行了明确规定，这些方面的规定有利于对学员及其家长进行规范与督导，以保证正常的上课秩序，保证教学质量。其次，就民办教育培训机构收费与服务内容、上课时间等方面的规定看，其在招生广告、须知或学校管理制度中均有涉及，这就保障了学员对机构教学活动的了解和监督，有利于保障自身权益。因此，现有制度化的规定有利于双方进行监督与规范，这就为教育教学活动的正常开展提供了有力保障。

四、存在的问题及成因分析

在依法办学问题上，民办教育培训机构虽然有了基本的入学协议，但出于种种原因，在实际运用中，因培训服务合同产生的纠纷仍然时有发生。就目前的民办教育培训机构的培训服务合同文本与争议纠纷案件看，存在的问题主要有以下几个方面。

（一）协议名称：信息不对称下的诱导

八份入学协议中，除了 E 机构学科课程辅导服务的《E 机构服务协议V2.0》和 C 机构课后托管的《C 机构托管班协议书》之外，其余六个教育服务项目的入学协议都以"凭证""须知""登记表"的形式呈现。

"凭证""须知""登记表"这类具有单向、不对等特点的文件通常用于各种内外部行政行为中，形成了一方对另一方的管理关系，这一法律关系中双方的法律地位和权利义务，与民事合同关系中有质的区别。虽然当民办教育培训机构与学员合同成立并正式开始教育活动时，双方会基于教育活动开展的必要而形成一种具有管理与被管理、命令与服从、监督与被监督特点的教育行政法律关系，但这种法律关系的形成必须以双方平等自愿签署入学协议为基础。而从入学协议的法律属性上看，民办教育培训机构入学协议是机构与学员在双方意愿自由表达基础上就教育服务事宜签订的民事合同，协议双方是平等、关联的市场主体，构成平等的民事合同关系。双方在教育过程中的内部行政关系并不动摇签署入学协议时合同双方在法律上的平等地位。

当入学协议以"凭证""须知""登记表"的名义和相应格式呈现时，由于普通学员及其家长作为一般消费者，缺乏相关法律知识与意识，容易对双方关系产生误解，错将平等的民事法律关系当作不对等的行政法律关系，从而错过就协议的具体内容与机构进行平等协商及后续进一步维护自身权益的机会。当前民办教育培训机构在入学协议名称上的"惯例"，具有诱导消费者误解双方关系的可能性。

（二）协议缔约方式：未履行提请注意义务下的格式合同

　　五家民办教育培训机构的八份入学协议均是含格式条款的合同或者通篇全是格式条款，一式两份或一式三份，家长签字、机构盖章后双方各持一份，一式三份的情况下则由名为"学习顾问"的课程销售员再持一份。其中，《A机构培优学员凭证》和《学员缴费凭证》附于《学员入学缴费凭单》背面，《C机构管理制度》附于《学员情况登记表》背面。据调研了解，这些协议基本都由学员或其家长在缴费时一并签署。

　　《中华人民共和国合同法》第39条规定："采用格式条款订立合同的，提供格式条款的一方应当遵循公平原则确定当事人之间的权利和义务，并采取合理的方式提请对方注意免除或者限制其责任的条款，按照对方的要求，对该条款予以说明。格式条款是当事人为了重复使用而预先拟定，并在订立合同时未与对方协商的条款。"第40条规定："格式条款具有本法第五十二条和第五十三条规定情形的，或者提供格式条款一方免除其责任、加重对方责任、排除对方主要权利的，该条款无效。"第52条规定了合同无效的情形，包括欺诈胁迫、恶意串通、非法目的、损害公益、违法等情形。第53条规定了免责条款无效的情形，包括造成对方人身伤害和因故意或重大过失造成对方财产损失。同时，第41条规定："对格式条款的理解发生争议的，应当按照通常理解予以解释。对格式条款有两种以上解释的，应当作出不利于提供格式条款一方的解释。格式条款和非格式条款不一致的，应当采用非格式条款。"

　　《中华人民共和国消费者权益保护法》第26条规定："经营者在经营活动中使用格式条款的，应当以显著方式提请消费者注意商品或者服务的数量和质量、价款或者费用、履行期限和方式、安全注意事项和风险警示、售后服务、民事责任等与消费者有重大利害关系的内容，并按照消费者的要求予以说明。经营者不得以格式条款、通知、声明、店堂告示等方式，作出排除或者限制消费者权利、减轻或者免除经营者责任、加重消费者责任等对消费者不公平、不合理的规定，不得利用格式条款并借助技术手段强制交易。"

　　从当前机构使用的协议文本来看，在使用格式合同的情况下，仅有B机构的一对一课程辅导合同中，以字体加粗的方式突出了"不承诺保分"，其他机构均未就其协议中有关不予退费、不予补课等免责情形的条款提请对方注意。

在未履行提请注意的法定义务的同时，有的培训机构的免责条款还存在显失公平甚至直接违反相关法律规定的情况。C 机构的《C 机构托管班协议书》第 5 条规定："下列情形托管学生受到人身伤害或财产损害的，乙方不得向甲方提出赔偿要求：（1）战争、地震、雷击、飓风、洪水等不可抗拒的自然因素造成的；（2）来自学生托管场所外部的突发性、偶发性或第三方侵害造成的；（3）学生有特异体质、特定疾病或者异常心理状态，甲方不知道或者难以知情的；（4）学生在学校期间发生意外伤害的；（5）学生自杀、自伤的；（6）大额现金或贵重物品未交甲方老师保管而丢失的；（7）其他不可知的意外因素造成的。"根据《中华人民共和国侵权责任法》第 6 条的规定，我国在学校安全事故上通常采用过错责任原则为主的原则。因此，学生在学校期间发生意外伤害，学校是否免责，取决于学校是否存在过错，在此，所谓"过错"不仅需要考虑学校是否存在故意，还应当考察学生的伤害是否是因为学校存在应当预见但由于疏忽大意而没有预见，或者已经预见但是由于轻信能够避免而导致的。据此，《C 机构托管班协议书》第 5 条第 4 款将"学生在学校期间发生意外伤害的"情况笼统免责，显失公平。同时，该条第 2 款有关第三方侵害免责的内容有违《中华人民共和国侵权责任法》第 40 条对教育机构补充责任的规定。该条款表述为"无民事行为能力人或者限制民事行为能力人在幼儿园、学校或者其他教育机构学习、生活期间，受到幼儿园、学校或者其他教育机构以外的人员人身损害的，由侵权人承担侵权责任；幼儿园、学校或者其他教育机构未尽到管理职责的，承担相应的补充责任"。

（三）协议内容：显失公平的要件不齐备

《中华人民共和国合同法》第 12 条规定："合同的内容由当事人约定，一般包括以下条款：（一）当事人的名称或者姓名和住所；（二）标的；（三）数量；（四）质量；（五）价款或者报酬；（六）履行期限、地点和方式；（七）违约责任；（八）解决争议的方法。当事人可以参照各类合同的示范文本订立合同。"据此，本研究从以上十个要件出发对取样的八份协议进行整理，情况如表 2 所示。

表 2　协议要件的落实情况

	当事人信息	标的	数量	质量	价款或报酬	履约期限	履约地点	履约方式	违约责任	解决争议的方法
A 机构协议 1	√	√	√	○	√	√	✗	√	甲方○乙方√	✗
A 机构协议 2	√	√	√	○	√	√	✗	√	甲方○乙方√	✗
B 机构协议 1	√	√	√	○	√	√	✗	√	甲方○乙方√	√
B 机构协议 2	√	√	√	✗	√	√	✗	√	甲方○乙方√	✗
C 机构协议 1	√	√	√	○	√	√	✗	√	甲方○乙方√	√
C 机构协议 2	√	√	√	✗	√	√	✗	√	甲方√乙方√	√
D 机构协议	√	√	√	✗	√	√	✗	√	甲方○乙方√	✗
E 机构协议	√	√	√	○	√	√	√	√	甲方√乙方√	√

注：表格中，√表示该入学协议具有相应内容；○表示该协议没有相应内容；✗表示该协议在该要件上虽然有相应约定，但约定太过笼统或具有歧义，无法真正明确双方权利义务，难以作为定纷止争依据。

从表 2 中可见，八份入学协议中，当事人信息、标的、数量、价款或报酬、履约期限、履约方式等要件均有明确信息；质量、履约地点、违约责任、解决争议的方法则存在未做约定或约定不明的情况。我们就此十个要件的情况进行说明。

首先依次说明未做约定或约定不明的四个要件。

（1）质量。教育服务的质量，以教育效果为终结性评价，以人身安全为前提，以课程内容、教师水平、教学设施及教学过程的设计和实施等要素为过程性保障。其中，师资是过程性保障的核心。抽样的八份入学协议中，A 机构协议 1、A 机构协议 2、B 机构协议 1、C 机构协议 1 和 E 机构协议未对相关内容做出约定。B 机构协议 2 对于教育效果有免责性的说明，即"我们不会以任何承诺保分或提供升学名额等形式作为招生报名的噱头"，对于任课教师的稳定性有"学员在辅导期间，缺席辅导的天数超过 30 天或次数超过 4 次，我们有权利对学员已选定的任课老师和辅导时间做出变更"这一违约后果的说明。C 机构协议 2 对于学生的人身安全责任及特定情形下的免责做出了规定。D 机构协议在教师质量方面有"如家长对授课教师不满意，有权更换辅导教师"的规定，但并未说明更换的具体流程，以及如何保障更换后的教师质量等。整体而言，当前民办教育培训机构入学协议中关于教育服务质量缺乏明确约定。这种情况，一定程度上是由教育服务的特殊性导致的：教育服务作为一种无形的智力劳动，难以准确定量衡量，并且同等服务之下最终表现出的质量会因为教育服务对象的个体差异而呈现出巨大差别，因此合同中无法对教育服务的过程和结果做出精准约定。但是作为格式合同制定者的民办教育培训机构因此在合同中回避和质量相关的所有事宜，或仅做出对自身有利的规定，则无疑是在信息不对称情形下将消费者置于不利处境，也使得双方发生相关分歧时缺乏纠纷解决和权利救济的有效依据。从实践方面的情况看，由于入学协议中没有规定教师更换的情形、标准和程序，相关事件成为机构与学员及其家长之间最常见的纠纷事由。

（2）履约地点。虽然各家机构不同格式的入学协议都以不同方式写明了学生的上课校区，但是并没有具体约定上课的教室。在实践中，调换教室的情况虽然不频繁发生，但是的确存在。一旦机构无法满足家长对于教室的朝向、楼层、内部硬件、人均面积、周围设施的要求，那么有关履约地点的争议往往成为合同纠纷事由。

（3）违约责任。所有协议都规定了乙方（即学员方）的违约责任，如学员出于自身原因缺课所要承担的扣费后果等，但是除 C 机构协议 2 和 E 机构协议之外，其他六份协议均未对甲方的违约责任做出规定。这种规定对消费者严重不利。

（4）解决争议的方法。仅有 E 机构协议中注明了"如发生争执和冲突，双方友好协商，若协商不成，可依法向甲方经营地所在人民法院起诉"，其余协议均未就解决争议的方法做出规定。一般消费者通常并不熟悉相关法律法规，在入学协议并未明确解决争议的方法的情况下，消费者在纠纷发生、权益受到侵害时往往难以在第一时间正确维权。

从其余六个要件来看，当事人信息、标的、数量、履约期限、履约方式直接决定了所提供的教育产品的形式，因为机构的教育产品较为成熟和明确，故通常不存在争议。价款或报酬方面，预付费是教育培训行业的常态。虽然《中华人民共和国合同法》《中华人民共和国侵权责任法》《中华人民共和国消费者权益保护法》都有关于预付费合同纠纷情形下的合同效力、违约赔偿、过错责任、权利救济的相关规定，但是如果没有针对机构财务方面的有效制约机制，消费者的权利救济仍然存在较大困难。特别是在课程周期较长、费用高昂的情况下，消费者的经济风险也相应增加。

（四）对推行统一合同范本所持意见不一

A 机构表示，他们并没有专门的入学合同，但在入学时有一个相关协议，这个协议是家长在通过 A 机构 App 进行报班缴费时自动生成的，更像是一个缴费证明。他们表示这个协议就像我们在进行网购时的一个购买记录或者购买证明，在他们的 App 中可以随时查到，是证明家长已经缴费的凭证。在谈到如果相关部门提供一份合同，该机构希望这份合同以什么样的形式呈现更容易被认可时，他们表示希望合同不仅局限于纸质合同。他们强调现在部分学生家长嫌麻烦，不太愿意到机构进行缴费签合同，而是更倾向于通过网络，通过 App 完成缴费，该机构希望可以提供电子版的合同，放到他们的 App 上让家长进行选择。在合同的内容上，该机构表示收退费细则是需要明确的，课程的相关情况比如课时费、课程安排等也都是应该明确的。

E 机构某校区的负责人对出台规范的制式合同有不同的见解，他们表示，制式合同的出台可能会有利于保护学员的利益，但在一定程度上不利于民办教育培训机构的发展，因为出台合同后可能会造成更多无形的纠纷。如果出台规范的制式合同的话，他们建议在合同中规范学员应尽的义务如按时上课、按规定时间补课等。

然而，B 机构的负责人和学科教师均表示没有必要在班课模式中签署正式的入学合同。他们在学生家长缴费时给家长一个缴费凭证，背面说明了相关事项，并且表示其他机构也是这么做的，所以没有必要花费更多的时间成本、管理成本去制定和管理正式入学合同。

同时，我们认为，上述民办教育培训机构入学协议在实施中存在上述问题，主要有以下方面的原因。

从家长方面看，学员家长作为消费者，其法律知识缺乏与维权意识增强并存的矛盾使得纠纷时有发生，导致现有入学协议规范性和约束力受到挑战。如上所述，与民办教育培训机构相比，在大多数现有培训服务合同中，消费者属于弱势群体。由于很多消费者在生活中并不能接触到大量的法律知识，加上社会法律知识还没有达到普及的程度，很多消费者的法律知识还很缺乏。因此在一些存在争议或模棱两可的合同条款上，家长往往会睁一只眼闭一只眼，不做过多考虑。另一方面，随着社会的进步与发展，在吃过无数"哑巴亏"后，消费者的维权意识在日渐增强。虽然消费者的法律意识缺乏，但他们维权意识的增强，使他们懂得如何向有关人士寻求帮助、如何使用法律武器维护自身合法权益，于是现在出现了越来越多消费者针对培训机构提起的诉讼。在这种情况下，民办教育培训机构入学协议中有争议或显失公平的条款又会被重新审视，导致其约束力受到挑战，不利于民办教育培训机构的良性健康发展。

从民办教育培训机构内部看，机构出于对自己利益和声誉的维护，对入学协议内容的全面性、规范性及协议的执行力等不够重视。入学协议缺少或者不完善、不合理情况的出现，一方面是由于机构有意为之，目的是规避风险。如《C机构托管班协议书》第5条规定，学生在学校发生意外伤害事件时，乙方（学员方）不得向甲方（C机构）提出赔偿要求。这种情况有利于机构占主导地位，从而更好地维护其利益，但这种不对等的法律关系在一定程度上危害了学生的权益。另一方面，这种情况反映了机构尚未认识到合同对双方权益保障的意义和价值。机构在一定程度上过分关注或只关注眼前利益而没有认识到机构规范健康长远发展的重要性。而且，一些机构认为当前的做法可以满足实践的需要，没有必要花时间和成本去制定和管理正式的培训服务合同。更多的民办教育培训机构认为行业内的机构都是这样做的，在缴费时给家长一个缴费凭证，背面说明相关事项即可。

合同约束力不强现象的出现原因则在于民办教育培训机构为维护自己学校的声誉而采取一种"息事宁人"的方式。这虽然在短期内可以解决矛盾，但不利于机构的长期健康发展。这不仅对机构是不公平的，对其学员来说，用这样"息事宁人"的方式解决问题也是不公平的。

从行政管理部门监管上看，非学历教育培训机构是对学校教育（学历教育）的有力补充，我国教育培训市场自产生以来，一直保持着积极的发展态势，近些年获得巨大发展，民办教育市场日益庞大。但由于政府没有建立起统一的管理和协调机制，放任教育行政部门和工商行政管理部门间由于监管范围不明确而出现监管不力的现象发生，从而导致教育培训市场出现严重的混乱。现行法律法规尚没有就教育培训市场的监管职责进行很好的划分，没有制定出当培训市场上出现管理不力、市场混乱的情况后应采取的应急措施，导致教育培训市场管理混乱的现象无法得到根本解决。在这样的情况下，民办教育培训机构没有被强制性规定在实际操作过程中必须与学生签订培训服务合同，相关管理部门更不可能对合同的规范性与公平性进行指导与监管，这就为教育活动过程中可能产生的纠纷和问题埋下了隐患。

从法律层面看，培训服务合同中的教育法律关系具有民事性和行政性两者兼而有之的特点。目前，学界对于教育合同法律制度的理论研究较少，《中华人民共和国合同法》和其他法律法规对教育合同未加规定，加之立法的不完善，民办教育培训机构培训服务合同在法律界定、构成要素、订立和效力、主要责任等方面存在大量争议和难以理解的地方。这就直接导致了当事人对培训服务合同的订立程序、双方的义务、违约责任的追究等均不甚了解，因此在订立和履行合同时易发生纠纷。

现有的法律法规已经不能很好地为迅速发展的教育培训市场提供有效规范，制度的建设和法律保障体系的建设已经远远落后于教育培训市场发展的实际，这就直接导致了民办教育培训机构与学员签订的培训服务合同缺乏指导与规范。

五、结论与讨论

综上所述，民办教育培训机构已提高了对培训服务合同的重视程度，但由于合同文本的不规范性等种种问题，现实中纠纷时有发生。为更好地保障民办教育培训机构与学员的合法权益，促进民办教育培训市场的有序健康发展，得出以下结论。

（一）庞大培训市场与不规范培训服务合同的矛盾日益突出

截至 2016 年 8 月，海淀区登记在册的民办教育机构①达 435 家，从业人员 26325 人次，年培训 100 万余人次。民办教育培训机构在海淀教育体系中产生了重要影响。2016 年，《海淀区"十三五"时期教育改革和发展规划》发布，明确提出"鼓励社会资本投身教育，引导发展一批办学水平一流的民办学校，实现公办民办共同发展"，"促进民办教育健康发展"，"做强民办教育高端品牌"，并进一步指出要"加强对民办教育的规范管理"，"建立民办学校和培训机构教育质量监测、评估和报告制度"，为未来海淀区民办教育的改革与发展指明了方向。

在这样的大背景下，势必要依法办学与管理。在民办教育培训机构中，最重要的法律关系就是机构与学员的关系。本次调研发现，现有民办教育培训机构培训服务合同在规范机构与学员双方的权利与义务关系上发挥的作用是有限的，而且有的机构尚无培训服务合同。即使签订培训服务合同的机构，其合同也通常是一份单项协议，合同的公平性有待考量。这样的冲突与矛盾带来的直接的恶劣影响就是培训纠纷时有发生，严重影响整个教育培训市场的健康发展。

（二）应加强政府对民办教育培训机构培训服务合同的监管

从当前实践中各民办教育培训机构实际使用的培训服务合同来看，由机构为主导乃至单方面制定的培训服务合同存在名称不规范、要件不齐备、消费者权益告知不明确等问题，有悖于合同订立的公平和诚实信用原则，明显不利于作为消费者的学员方的权益保障，并且有时在学员或其家长对合同中语焉不详之处做出扩大解释的情况下也可能给民办教育培训机构自身造成损失。为改变这一状况，保障培训服务合同双方的合法权益，构建平等、公平、公正、诚实守信并有利于教育发展的民办教育培训市场秩序，有必要加强政府监管，以政府"有形之手"规约不平等的市场交易行为。

---

① 包含民办学历教育机构。

政府监管民办教育培训机构培训服务合同的合理性和可行性是由民办教育培训机构培训服务合同的法律特征决定的。虽然民办教育培训机构培训服务合同属于民事合同，由合同双方自愿、自主地依法拟定，但是这种合同自由并不排斥依法对合同进行的行政监管。从民办教育培训机构培训服务合同的类型来看，这是一种典型的教育领域的民事合同。按照联合国"政府职能分类（COFOG）"体系的划分，教育属于政府四大公共服务职能中的"社会服务"。对教育事务予以合理规范，保障公民的受教育权利和教育活动中的人身财产权利，是当代社会中政府责无旁贷的公共服务职能。在一定范围内、以一定的方式以行政力量对基于私意的民办教育培训机构培训服务合同进行公共监管，有助于规范合同行为，弥补信息不对称的缺陷，维护教育培训市场的交易秩序，矫正合同双方事实上的不平等状况，弥补司法救济这一事后救济途径的不足，属于政府履行其公共服务职能的表现形式之一。

同时，建议以制定培训服务合同示范文本的行政指导行为实施合同文本监管。政府在教育事务中的公共服务定位，决定了其对民办教育培训机构培训服务合同的行政监管应该侧重于普遍的公共利益的保障，对于不侵害他人利益及公共利益的私权利的正当行使则不应介入干涉，以避免权力对权利的侵占。换言之，虽然政府有责任也有必要对民办教育培训机构培训服务合同进行监管和规范，但是政府的行政管理必须恪守民事合同的意思自治原则及相关法律规定，对合同双方在充分了解信息之前提下和合法范围之内自主自愿达成的一致给予充分尊重，无论其合同内容如何。即只要合法并属于双方自由意志表达，则合同双方在合同中进行的选择和交换，以及合同的缔结、变更和解除，全程不受行政力量拘束。

因此，在民办教育培训机构培训服务合同文本的行政监管中，刚性的行政强制并不合宜。行政机关需要以相对克制的态度和柔性的手段开展相应活动。综合当前民办教育培训市场的状况和教育行政部门开展监管活动的现实人力物力来看，以平等、中立、保护交易双方合法权益的立场和态度制定培训服务合同示范文本并引导鼓励民办教育培训机构积极使用的行政指导方式开展监管，是较为合适的选择。理由在于：（1）从合理性而言，鼓励使用示范文本，以中立的态度提供有关培训服务合同的专业辅导，并不强制合同双方的自由意志表达。合同双方可以选择使用或不使用示范文本，以及采用或不采用示范文本中的具体条款，但是示范文本的存在及其推广使用的过程，能够大大提升消费者签订更为公平合理的培训服务合同的可能性。（2）从现实成本考虑，相比要求所有民办教育培训机构的培训服务合同进行事先或事后的备案而言，推广示范合同文本所需的管理成本更低，更符合当前教育行政部门人力物力所能及的现实状况。

在上述基础上，应以有效的行政执法行为加强合同违法行为监管。仅以事前的柔性监管，并不足以保障民办教育培训市场行为的公平合法。因此，还需要教育行政部门以行政执法行为加强对合同违法行为的监管，在职权范围内依法惩戒违反法律法规的合同违法行为，包括培训服务合同及教学过程中的以下行为：教学内容、办学行为违背党的教育方针，违反国家相关法律规定；提供虚假资质或者进行虚假广告、宣传；筹设期间违规招生、办学期间违规收费；抽离资金、非法集资行为以及其他违反法律法规的行为。

教育行政部门应当全面梳理行政执法依据，明确并落实行政执法职责，建立制度化规范化的教育行政执法程序，构建教育行政执法过程中的部门间联合执法机制，推进执法重心下移，协调行政执法与司法机关之间的衔接配合，同时需要适应教育活动和教育管理的特点，积极运用第三方力量和市场机制，发挥行业自律和社会监督作用，提高教育行政执法效率。

（三）应明确培训服务合同的法律性质及特点

培训服务合同是民办教育培训机构与学员之间签订的以教育培训服务为标的的合同。从调研情况来看，首先应明确培训服务合同的法律性质和特点。

1. 培训服务合同的法律性质

从一般合同的类别来看，其法律性质如下。

（1）培训服务合同是民事合同。与行政合同相区别，民事合同是平等主体的自然人、法人、其他组织之间设立、变更、终止民事权利义务的协议。培训服务合同的缔约双方是作为服务提供者的民办教育培训机构和作为消费者的学员，二者都属于典型的市场主体，双方地位平等，在自愿协商达成一致的情况下缔结协议。同时，培训服务合同的主要内容是教育培训服务的供给和购买，以满足民办教育培训机构获取利润的需要和学员享受教育培训服务的需要，缔约双方由此形成的教育服务买卖关系是一种民事权利义务关系。因此，培训服务合同属于民事合同。根据民法的基本原则，缔结培训服务合同的双方有权在政策和法律的框架之下就服务的内容和形式等问题进行约定而不必受到政府行政的干预。

（2）培训服务合同是无名合同。与有名合同相区别，无名合同是指法律上尚未确定一定的名称与规则的合同。培训服务合同并不在《中华人民共和国合同法》规定的15种有名合同之列，属于无名合同。因此，根据《中华人民共和国合同法》第124条的规定，培训服务合同适用《中华人民共和国合同法》总则的规定，并可以参照《中华人民共和国合同法》分则或者其他法律最相类似的规定。

（3）培训服务合同是双务合同。与单务合同相区别，双务合同是指当事人双方互负对待给付义务的合同。培训服务合同中，民办教育培训机构享有收取学费等权利的同时必须履行向学员提供约定的培训服务等义务；学员在享有接受教育培训服务等权利的同时也必须履行向民办教育培训机构交纳约定学费等义务。可见，培训服务合同属于双务合同。根据合同法的基本原理，培训服务合同适用同时履行抗辩规则，即当事人在无先后履行顺序时，一方在对方未为给付以前，可拒绝履行自己的义务。同时，若当事人一方违约时，另一方若已履行合同，则可以请求强制违约方实际履行或承担其他违约责任，条件具备时还可以解除合同；解除合同并溯及既往时，另一方有权请求违约方返还受领的给付。

（4）培训服务合同是有偿合同。与无偿合同相区别，有偿合同是指一方通过履行合同规定的义务而给对方某种利益，对方要得到该利益必须为此支付相应代价的合同。培训服务合同中，民办教育培训机构向学员提供教育培训服务是以其必须支付相应的学费作为对价的。因此，培训服务合同属于有偿合同。根据《中华人民共和国合同法》第174条的规定，若法律对培训服务合同有规定的，依照其规定；没有规定的，参照买卖合同的有关规定。同时，与不需支付对价的无偿合同相比，培训服务合同的当事人需要承担较重的注意义务。

2. 培训服务合同的特点

培训服务合同除具备一般民事合同的特点之外，还因其合同内容、收费方式和缔约方式的特点而具有如下特殊之处。

（1）从培训服务合同的具体内容来看，它属于教育服务合同。一方面，民办教育培训机构和学员作为培训服务合同这份教育服务合同的缔约主体，实际是提供服务的经营者和为生活消费而购买服务的消费者，因此培训服务合同除适用《中华人民共和国合同法》的相关规定外，还应适用《中华人民共和国消费者权益保护法》中关于消费者权利、经营者义务、国家对消费者合法权益的保护、消费者组织、争议的解决、法律责任等方面的相关规定。最高人民法院于 2014 年 3 月公布了 10 起维护消费者权益的典型案例，其中"滕爽诉南京城际教育信息咨询有限公司教育服务合同纠纷案"就明确将培训服务合同纠纷纳入《中华人民共和国消费者权益保护法》的调整范围，判定因经营者违约，消费者主张退还部分服务费的，依法予以支持。另一方面，培训服务合同的标的——教育服务具有非标准性的特点。教育服务是一种无形的智力付出，很难确定其相应的价额；同时，表面上相同的教育，因教学方式方法以及受教育对象条件的不同，所达到的效果也就不尽相同，很难确定具体的效果究竟如何。因此，教育服务本身的无形以及教育效果的不确定性，导致民办教育培训机构提供的教育服务的价值具有难以衡量性，难以精确测量其是否适当地履行了合同义务。

（2）从培训服务合同的收费方式来看，它属于预付式消费合同。预付式消费合同指商品或者服务的经营者先向消费者收取价款或者服务费用，在一定期限内向消费者提供某种商品或服务的合同。作为预付式消费合同，培训服务合同具有以格式条款为主、非即时履行、消费者交易风险大等特征，这已成为导致培训服务合同纠纷发生的主要原因之一，亟须法律监管。现行法律关于预付式消费合同的规范主要是《中华人民共和国消费者权益保护法》第 53 条关于"经营者以预收款方式提供商品或者服务的，应当按照约定提供。未按照约定提供的，应当按照消费者的要求履行约定或者退回预付款；并应当承担预付款的利息、消费者必须支付的合理费用"的规定。此外，在涉及预付费合同纠纷时可供援引的法律规范还包括：《中华人民共和国民法总则》第 5 条至第 8 条（民事活动的基本原则），《中华人民共和国合同法》第 39 条、第 40 条（格式条款的无效情形）、第 41 条（格式条款的解释规则）、第 42 条（缔约过失责任）、第 52 条（无效合同）、第 54 条、第 55 条

（可撤销合同）、第 113 条（违约赔偿），《中华人民共和国侵权责任法》第 2 条（侵权责任一般规定）、第 6 条第 1 款（过错责任）、第 21 条（被侵权人的请求权）等。

（3）从培训服务合同的缔约方式来看，它是包含格式条款的合同。格式条款是指由一方为了反复使用而预先制订的、在订立合同时不能与对方协商的条款。作为包含格式条款的合同，培训服务合同应当遵循《中华人民共和国合同法》第 39 条至第 41 条的规定，即采用格式条款订立合同的，提供格式条款的一方应当遵循公平原则确定当事人之间的权利和义务，并采取合理的方式提请对方注意免除或者限制其责任的条款，按照对方的要求，对该条款予以说明。格式条款具有《中华人民共和国合同法》第 52 条和第 53 条规定情形的，或者提供格式条款一方免除其责任、加重对方责任、排除对方主要权利的，该条款无效。对格式条款的理解发生争议的，应当按照通常理解予以解释。对格式条款有两种以上解释的，应当做出不利于提供格式条款一方的解释。格式条款和非格式条款不一致的，应当采用非格式条款。同时，其也要受到《中华人民共和国消费者权益保护法》第 26 条的规制，即经营者在经营活动中使用格式条款的，应当以显著方式提请消费者注意商品或者服务的数量和质量、价款或者费用、履行期限和方式、安全注意事项和风险警示、售后服务、民事责任等与消费者有重大利害关系的内容，并按照消费者的要求予以说明。经营者不得以格式条款、通知、声明、店堂告示等方式，做出排除或者限制消费者权利、减轻或者免除经营者责任、加重消费者责任等对消费者不公平、不合理的规定，不得利用格式条款并借助技术手段强制交易。

（四）建议推出培训服务合同示范文本

通过调查，我们认为推出统一的民办教育培训机构培训服务合同示范文本是有必要的。宁波、武汉、重庆、苏州、上海等地针对该地区的非学历教育培训机构现状已经颁布了相应的培训服务合同示范文本，合同中对于民办教育培训机构的信息、学员信息、具体培训课程、双方的权利义务、争议的解决、违约责任等问题都给予了明确的规定。如果民办教育培训机构与学员及其家长发生纠纷，将按照合同约定的有关争议解决办法进行处理。

合同示范文本应明确规定培训的课程及相关内容，在合同中对培训课程的名称、授课教师、培训方式、培训课时、培训地点等有关内容做明确的规定。培训机构的收费标准及收费方式应做公开说明，便于接受监督管理。

合同示范文本应明确规定甲乙双方应享有的权利和承担的义务，在合同中不仅要说明学员应履行的义务，更要规定民办教育培训机构所必须承担的职责。

合同示范文本应对违约责任进行明确，尤其是退款方面要做出详细说明，并且在实际实施过程中真正履行合同的规定，以维护机构和学员及家长的权益。

合同示范文本应增加争议解决方式的相关款项，如机构与学员出现争议，首先通过协商的方式解决，协商不成的，申请该市仲裁委员会仲裁或向人民法院提起诉讼。

统一合同示范文本的颁布执行可以在一定程度上为民办教育培训机构减少不必要的麻烦，也有利于保障学员的合法权益。

在此基础上，我们还应明确培训服务合同示范文本的法律性质、特点及其功能定位。

1. 培训服务合同示范文本的法律性质和特点

培训服务合同示范文本是教育行政部门或工商行政管理部门制定的用于指导民办教育培训机构与消费者之间缔结培训服务合同的示范性文本。政府部门推行培训服务合同示范文本行为的法律性质如下。

（1）推行培训服务合同示范文本是政府依法行政的表现。《中华人民共和国合同法》第 127 条关于"工商行政管理部门和其他有关行政主管部门在各自的职权范围内，依照法律、行政法规的规定，对利用合同危害国家利益、社会公共利益的违法行为，负责监督处理"的规定和《中华人民共和国消费者权益保护法》第 32 条关于"各级人民政府工商行政管理部门和其他有关行政部门应当依照法律、法规的规定，在各自的职责范围内，采取措施，保护消费者的合法权益"的规定，赋予了政府部门监督合同违法行为、保护消费者合法权益的法定职责。同时，《中华人民共和国合同法》第 12 条第 2 款规定，当事人可以参照各类合同的示范文本订立合同。可见，推行培训服务合同示范文本正是有权的政府部门严格依照上述法律规定，积极履行和承担社会管理责任的行政行为。此外，教育部等部门颁布的规章《营利性民办学校监督管理实施细则》第4条关于"审批机关、工商行政管理部门和其他相关部门在职责范围内，依法对营利性民办学校行使监督管理职权"的规定，也是政府推行培训服务合同示范文本的重要依据。

（2）推行培训服务合同示范文本属于行政指导行为。一般行政指导的构成要素有：指导方、受指导方、指导内容、指导方式及指导后果。推行培训服务合同示范文本行为的构成要素为：行为主体为作为行政主体的教育行政部门或工商行政管理部门，行为对象为作为行政相对人的民办教育培训机构与其学员，行为内容为鼓励、引导相对人使用合同示范文本，行为方式是宣传、推广、说服、鼓励等非强制的方式，行为结果是使相对人使用或不使用示范文本订立合同。行政指导行为构成要素中最重要的是指导方式的非强制性，表现为手段上的柔软性、目标上的协商性、结果上的可选择性。推行培训服务合同示范文本即是有权机关通过宣传、推广、说服、鼓励等柔性手段来进行，行政相对人可以自由选择是否使用某示范文本或示范文本中的某些条款，而有权机关不能以行政相对人未使用为由进行处罚。综上所述，可以判断推行培训服务合同示范文本行为符合行政指导的构成要素，推行培训服务合同示范文本是一种合同监管领域的行政指导行为。

据此，培训服务合同示范文本是由公法规制的特殊民事合同，具有如下特点。

（1）非强制性。缔约当事人双方签订合同时通过协商确定条款，示范文本只是给订约双方订立合同提供了参考，本身并不具有强制性。

（2）公正性。示范文本是由教育行政部门或工商行政管理部门制定的。由于制定方是中立的第三方，且是有公信力的部门，因此示范文本具有公正性以及权利义务的平衡性。

（3）可变动性。示范文本是为反复使用而预先制定的，但它只是订约的参考，因此是可以协商修改的。

2. 培训服务合同示范文本的功能定位

政府推行培训服务合同示范文本的行为不同于其通过制定规范性文件对教育培训服务进行的直接监管行为，必须在遵循合同自由原则的基础上进行必要的规制，尊重合同当事人的自由意志和选择，保持必要的谦抑，注意规制的界限，否则难以发挥示范文本的调解作用。而推出培训服务合同示范文本的实质是政府通过对合同内容采取必要的规制措施，以解决培训服务合同缔结和实施过程中出现的"市场失灵"问题，从而促进合同公平正义的实现。因此，应当根据示范文本具体的功能定位来确定政府规制的重点和界限。

从培训服务合同签订和实施的实际状况来看，培训服务合同示范文本的功能主要包括以下三个方面。

（1）规范合同内容。现有的培训服务合同普遍存在合同内容残缺不全、合同条款简单粗陋、合同规定的双方权利义务明显失衡等问题。因此，应对培训服务合同的基本内容进行统一规范，列举出合同的必备条款，并对双方的权利义务、违约责任、争议解决方式等经常缺失的重要内容做出规定。

（2）预防合同纠纷。实践中，培训服务合同纠纷大多由民办教育培训机构擅自停业或变更上课地点、学员认为教学质量和培训条件不符合合同约定、学员退费困难重重等引起。故应将民办教育培训机构的培训资质、教育培训的内容、收费标准、退费方式等作为示范文本规范的重点，并做出较为具体细密的规定。

（3）维护学员合法权益。民办教育培训机构作为经营者，常常会利用其机构优势和信息的不对称性，做出有损消费者即学员合法权益的行为，如制定不合理的格式条款、卷款逃跑等。因此示范文本应对学员做出合理的倾斜性保护，并保证学员维权渠道的畅通。

Implementation of Training Contracts for Private Education Institutions: Status Quo and Improvement:
An Interview Report Based on the Implementation of Training Contracts for K12 Private Education Institutions in Haidian District, Beijing

The Research Group of Capital Normal University

Abstract: In recent years, educational training disputes between private education institutions and trainees have become more and more prominent. Making educational training contracts is an important way to prevent disputes and promote solving these disputes.Through interviews and investigations in Haidian District, Beijing, it is found that though private education institutions have made some progresses, many problems still exist.To this end, it is necessary to further clarify the nature of training contracts and implement a unified contract model text, so as to better protect the legitimate rights and interests of private education institutions and students, and to promote a healthy development of private educational training.

Key words: private education institutions   training contracts   contract nature contract model text

作者简介

首都师范大学课题组：北京市海淀区教育环境综合治理中心委托课题"民办教育机构培训服务合同规范化管理研究"课题组，组长为劳凯声教授，成员主要有陈正华、蔡海龙、罗爽、何颖、张琦、沈永辉。

□余雅风　吴会会

开展专项教育：实现校园欺凌的标本兼治①

【摘　要】针对未成年学生发展阶段的特殊要求以及我国学校、教师、学生对校园欺凌认知、教育严重缺乏的现状，应在全国开展防范校园欺凌的专项教育，从源头上预防和减少欺凌。建议：从培训着眼，开展学校管理者、教师、家长培训项目，提高关键主体对欺凌进行防范、干预的专业知能；从课程着手，实施"认识和预防校园欺凌"等直接及间接课程，提高学生对欺凌行为的认知水平，促进学生养成积极、正向行为的自觉；从学校教育、管理实践出发，设置专门机构、利用数据技术、拟定项目行动、开展专项教育、实施调整改进，形成防范校园欺凌专项教育的清晰路线图。

【关键词】校园欺凌　专项教育　国外经验

"保护学生生命安全""全社会要担负起青少年成长成才的责任"是习近平总书记在全国教育大会上提出的重要要求。由于必要的教育和干预手段缺乏，不良文化和价值观的侵入，目前校园欺凌呈现恶性化、群体化、低龄化、频发的态势，不但破坏公序良俗、败坏社会风气，还扰乱

---

①　本文系北京市教育科学规划项目"北京市中小学生欺凌与暴力防治机制研究"（AACA17015）研究成果。

学校秩序、阻碍教育目标达成。重要的是，校园欺凌在给受害方带来难以消除的心理创伤的同时，还会在他们心中埋下报复社会的安全隐患。虽然有关部门、地方出台了若干治理政策，但注重的是欺凌发生之后的处理，缺少必要、积极、可行的"事前"防范措施。校园欺凌与未成年人价值观尚未形成、德性发展不足密切、直接相关。有效防范特别需要以此为基础关注欺凌发生之前的阶段，转变以事后治理与补救为重心的思维。建议在全国中小学校开展防范校园欺凌的专项教育，真正防患于未然。

一、抓住源头与根本：
开展防范校园欺凌专项教育势在必行

校园欺凌是一个涉及国家立法、家庭教育、学校教育、社会影响的多面向社会问题（余雅风，2017），只是强调即时处理、注重事后的治理与问责，实难解决其深层的问题。从源头与根本上看，防范校园欺凌应从教育着眼，既要能把握欺凌行为成因与生成机制的复杂性特征，也要能结合中小学生的成长与心理特点而有的放矢。

从目的与功能看，专项教育在校园欺凌防范中最为基础而又不可或缺。专项教育有利于促进学生的道德和社会性发展，有助于从源头上预防和减少欺凌。校园欺凌本质上是学生行为失范的表现，也是学生道德和社会性发展缺失的反映。教育具有发展人的素质和改变人的状态的作用，内含引导之意，可通过"润物细无声"的方式对学生的认知、审美、观念、思想、品行施加影响，强化学生的情感素养，提高其自律、社交以及解决问题的能力，养成积极行为习惯。针对校园欺凌的专项教育不仅涵盖欺凌发生后针对欺凌者的教育惩戒，还包括在欺凌发生前以全体学生为对象开展的系统性教育防治，有利于消除各种不利因素的隐性、负面影响，能动地塑造学生的积极行为。这对提升教师的反欺凌知识与技能提出了迫切要求。

专项教育可在问题行为演变、发展成为典型欺凌行为之前发挥作用，更能触及根本。欺凌行为的发生是一个动态生成的过程，包括非欺凌、未萌欺凌、萌芽欺凌和标准欺凌等不同的阶段。现行防范举措更多关注到的是标准的欺凌行为，是在欺凌发生以后的被动应对，体现出注重强制、事后补救的逻辑。这不仅窄化了欺凌防范的应有之义，也不可避免地忽视了欺凌行为生成过程的阶段性和复杂性，更未能触及根本。专项教育恰可以弥补这一不足，能够对欺凌行为产生之前不同阶段的行为采取相应的教育措施，而当某些不良行为有萌芽之意或欺凌行为已经开始蔓延，还能够及时阻断并防止欺凌问题进一步恶化。这是防范校园欺凌的主动、积极之举，有助于认识复杂、隐蔽的欺凌行为，有利于防微杜渐、防患于未然，进而形成校园欺凌防范的长效机制。

从形式与特征看，专项教育符合中小学生的成长与心理特点。专项教育作为一种规则性教育，可以对社会习俗、道德观念、法律规范等进行区分，将外在的客观要求转化为受教育者自身的需要，有效引导中小学生的身心发展。中小学生生理、心理的发展均不成熟，道德认知水平也受到外界环境的极大影响。校园欺凌专项教育意味着对中小学生不断地提出期望与要求，对学生的价值观和行为标准施加积极影响，并将这种要求与影响转化为学生的内在需要，从而促使中小学生的品德与行为朝着预期的方向发展。当学生们意识到欺凌行为是不道德的，认识到教师和整个学校都在积极应对校园欺凌时，可以减少欺凌行为的发生。

专项教育包含情感性教育的要素，不仅能够关注并敏锐捕捉到学生的多种情绪，还具有把学生的消极情绪转化为积极行为的作用。留守儿童、单亲家庭儿童、社会上的未成年人等特殊群体的交织存在，决定了开展专项教育体察学生情感需要、引导学生情感发展在校园欺凌防范中既必要、又重要。专项教育可以体现出因材施教的特点，针对不同年级、不同年龄阶段的学生采取差异化的教育策略，与中小学生发展的年龄阶段特征相吻合。一方面，针对不同年龄阶段中小学生身心发展的不同特征分类开展教育，有利于改善欺凌防范效果；另一方面，专项教育既可看到不同年龄阶段学生的差异，又能注意到不同年龄阶段学生心理与行为的交叉与联系，能够保证欺凌防范措施落至实处。

二、知能困惑：有关校园欺凌的认知现状与面临的问题

目前，我国中小学学生和教师对校园欺凌的认知缺乏，教师对我国治理校园欺凌的政策文件缺乏必要的了解，难以开展切实有效的教育活动，甄

别、有效预防和干预校园欺凌行为的能力相对较弱。

（一）教师对校园欺凌概念的认知状况

教师对何谓校园欺凌把握不清。防治校园欺凌，首先要明确什么是校园欺凌。《加强中小学生欺凌综合治理方案》对校园欺凌给出了官方界定，但调研发现，教师对何谓校园欺凌把握不清。根据对访谈结果的整合梳理，利用 ROST 新闻分析工具（ROST News Analysis Tool）软件对教师访谈内容进行词频分析（见表1），发现目前教师们对于校园欺凌概念及行为的认知存在以下偏差。（1）单纯把"打架"和"校园暴力"等同于校园欺凌。在所有动词里，结合动词词频特征提取以及相对应文本可以看出，很多被访谈者把"打架"等同于"身体欺凌"，并不能够明显区分"校园暴力"和"身体欺凌"。例如某小学教师认为"校园欺凌主要就是打架，很多学生因为纠纷为挽回颜面打群架"（ZY 小学 Z 教师）。（2）不重视校园欺凌问题，甚至认为一些校园欺凌行为都是同学之间的日常嬉戏打闹。如有教师认为，"小娃们都喜欢打架，只要不造成过于严重的后果，那可以说适当允许这种情况的存在。其实打架也是一种互动的过程，在这种方式中他们也有交流"（MDM 小学 L 教师）。（3）忽视关系欺凌问题。所有被访谈者中，只有两位（见形容词词频提取表）提到了"关系上孤立和排挤"其他同学是校园欺凌行为，大部分被访谈者只认为"身体欺凌"和"语言欺凌"是校园欺凌的主要表现。（4）认为校园欺凌仅仅指发生在"学校内部"的欺凌行为。根据教育部规定，校园欺凌的发生地点包括"校园（包括中小学校和中等职业学校）内外"，然而有很大一部分被访谈者都提出在校外发生的欺凌或暴力行为属于公安机关的管辖范畴，与学校没有关系。同时，也有部分被访谈者对"校园欺凌"的官方概念提出了疑惑：校外人员（社会闲散人员和辍学人员）对学校学生实施的欺凌行为算不算校园欺凌？对于校园欺凌的概念界定是否过于宽泛？还有三位被访谈者都提到了校园性欺凌，特指男生对女生敏感部位的触碰或下意识抚摸，这一点在官方定义中还未给予说明（BS 中学 M 教师）。

表 1　关键词提取表

总词频提取表		动词词频提取表		形容词词频提取表	
词汇	频次	词汇	频次	词汇	频次
肢体	19	打架	14	弱小	7
语言	13	辱骂	6	严重	4
以大欺小	15	要钱	4	恶劣	4
打架	14	动手	2	孤立	2
恃强凌弱	8	恐吓	2	宽泛	2

（二）师生对不同类型校园欺凌行为的认知状况

教师和学生对校园欺凌的具体行为把握不清。欺凌行为有多种复杂表现。通过调查发现，虽然教师对于校园欺凌行为的认知程度要高于学生，但总体上，教师和学生对校园欺凌的具体行为并不清楚。对于语言欺凌行为和关系欺凌行为，只有三分之一的学生能够判别，进一步验证了语言欺凌和关系欺凌是校园欺凌行为中容易被忽视的两大方面，说明一些较为隐蔽的欺凌方式很难被清楚认识，也不容易被教师和学生所发现。

通过分析对教师的调研数据，发现目前中小学教师能够准确判断并识别身体欺凌，对于身体欺凌的认知程度最高。作为一种常见的校园欺凌类型，身体欺凌事件不仅在网络媒体中被广泛报道，也因其伤害后果的可见性与视觉冲击性，较易得到教师的关注与重视。相比之下，关系欺凌、网络欺凌与语言欺凌等问题的被重视程度较低，在部分教师的认知当中，语言欺凌甚至被视为非典型意义的校园欺凌。在其印象中"骂人""起外号"等行为与其说是语言欺凌，倒不如说是："闹着玩儿"。一位教师在访谈中就提道："在学习生活中确实有一些同学容易被起外号，但是感觉他们并不反感自己被起外号……。同学之间偶尔互相嘲笑和骂人，也都是可以理解的。"（HT 中学 Z老师）。通过分析对学生的调研数据，发现关于身体欺凌行为和网络欺凌行为，大部分中小学生能够答对三道以上题目，有一半以上学生能够答对所给出的四道题目。图 1 至图 4 呈现了学生和教师对四类欺凌行为的认知得分，从图 2 和图 3 可以看出，对于语言欺凌行为和关系欺凌行为，只有三分之一左右的学生能够准确判别所有问题，有一定比例的学生甚至没有选对一道题目。这进一步验证了语言欺凌和关系欺凌是校园欺凌行为中容易被学生忽视的两大方面。在得分较低的几道题中，关系欺凌问题"张良总是不让刘利玩球"的正确率只有 46%，说明在生活中一些较为隐蔽的欺凌行为较难界定，学生对于这些行为缺乏足够的认知。关系欺凌问题"张良和他的朋友总是不让刘利和他们玩"的正确率只有 49%，说明当前学生对于较为基本的关系欺凌问题没有清楚的认知。语言欺凌问题"张良说一些脏话嘲笑刘利穿得像个男生"的正确率为 54%。语言欺凌问题"张良因为刘利大舌头就总学她说话"的正确率为 59%，说明当前大部分学生对于一些与"开玩笑"较为类似并伴有人格侮辱和嘲讽的语言欺凌行为认知程度还不高。

同时，教师、学校对校园欺凌防治政策了解不足，缺乏必要防范意识。调查显示，在考察教师对校园欺凌防治政策的了解情况时，占总调查样本 84.89% 的教师都选择了错误选项，甚至部分教师认为所述文件都不属于国家防治欺凌政策文件范畴。另外，教师辨识校园欺凌行为的敏感度需要提升。调查显示，关于部分教师处理欺凌暴力事件态度较为消极的原因中，"缺乏防治欺凌意识"占比最多，其次是"不关注学生除学习外的其他方面"，这说明亟须通过专项教育提升教师预防、干预欺凌的意识。

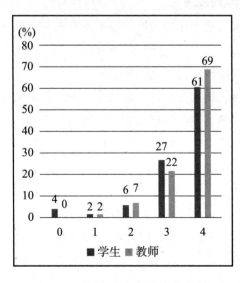

图 1　身体欺凌行为认知得分图

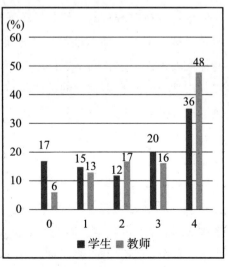

图 2　语言欺凌行为认知得分图

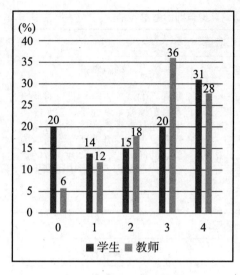 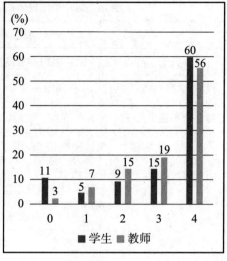

图 3　关系欺凌行为认知得分图　　　　图 4　网络欺凌行为认知得分图

注：图中横坐标数字表示答对的题目数。

三、借鉴：开展预防校园欺凌教育的国外经验

为预防校园欺凌，一些国家制定政策，设立预防校园欺凌的教育项目。其中芬兰的基瓦（KiVa）校园欺凌治理项目、挪威的奥维斯（Olweus）校园欺凌预防项目、英国的"赶走欺凌"（Bullies Out）校园欺凌预防项目成效最为突出（见表 2）。芬兰基瓦项目是由芬兰图尔库大学开发的全面而系统化的反校园欺凌项目，目前在世界范围内应用最为广泛。挪威奥维斯项目由挪威斯塔万格大学终身教授奥维斯创建，因为其良好的防治效果，在不到一年内就得到了挪威教育部的大力支持并在全国范围内进行了推广。英国"赶走欺凌"项目设立于 2006 年 5 月，最早关注反欺凌专项教育，获得英国政府和教育部门的大力支持。该项目通过与学校、学院、青年和社区的合作，每年为全英国教师和学生提供反欺凌教育、培训和支持。

表2　国外预防校园欺凌教育项目的内容及特点

芬兰基瓦项目		
概况	实施内容与途径	项目特点
以科学研究为基础，为学生、教师、家长提供了一整套全面系统的专业教材，让家庭、学校都能系统学习，有效应对。	推出针对6—9岁、10—12岁、13—16岁学生的共三个单元的课件，包括针对学生、家长、教师的指南手册、视频、网络游戏、海报、衍生品等等。该项目利用互联网和虚拟学习环境，提供了强大的多媒体学习途径。	同理心的培养：不再只针对欺凌者和被欺凌者，而是覆盖全体学生，尤其重视教育欺凌事件的旁观者，大大提升普通学生对欺凌事件的同理心，提升旁观者的责任感，令受害者无形中得到更多的助力和支持。

挪威奥维斯项目		
概况	实施内容与途径	项目特点
注重从学校、班级、个人三个层面采取教育措施。当某一学校决定导入奥维斯项目时，需要对学校教师进行一年半的项目实施培训。	在学校层面，要求学校首先进行校园欺凌的调查，把握欺凌现象的详细信息。召开全校会议，参会人员包括校长，教师，学校委托的心理学家、社会学家，家长和学生代表。参会人员对学校预防对策进行讨论，决定具体的实施措施。	注重问题反馈与效果评估：为提高教师和家长预防和应对校园欺凌的能力，向教师和家长配送指导手册。项目实施一年半后，对实施结果进行定期检测。为提升项目实施效果，每三年派项目实施指导员进学校检查一次项目实施中存在的问题。

英国"赶走欺凌"项目		
概况	实施内容与途径	项目特点
为学校和社区提供青少年情感支持、心理咨询、学校教师培训等多领域训练指导。旨在增强青少年面对欺凌问题的自我保护能力，在学校中树立尊重他人的良好风气。	通过购买服务的方式为不同层级学校提供不同的校园欺凌课程体系及相关活动：（1）让参与者（学校、教师、学生、家长）清楚地了解欺凌行为；（2）识别欺凌行为的类型；（3）加强举报欺凌行为的重要性，并确定方法。通过话剧、辩论、音乐等各具特色的形式提升师生预防校园欺凌的意识。	注重资源整合与多样性：该项目实质上是一个综合项目体系，主要通过针对学校管理者、教师和学生提供不同的校园欺凌培训课程进行。参与方可选择参加全部课程，也可根据实际需要选择不同的子课程。为不同年龄的学生设置内容不同的课程。具有包容性、互动性和适龄性。

通过比较分析，上述国际上影响力较大的预防校园欺凌教育项目有以下特点。

（1）注重分阶段对学生进行不同类型的校园欺凌防治课程指导。有研究表明，校园欺凌行为在不同年龄和不同学段的学生中存在一定差异（王祈然 等，2017）。这些预防校园欺凌的教育项目为学生提供了可自主选择的欺凌防治课程，这些课程可以在学校内部进行，也可以在青少年活动中心或户外场所进行。不同阶段的预防校园欺凌教育项目有不同的活动主题和活动地点，不同课程还采取符合青少年认知发展规律和心理成长阶段特点的教学模式，进而达到不同的教学目标。

（2）有丰富的针对不同主体的专项培训计划。防治校园欺凌不仅是学校的责任，更需要多方主体共同参与。这些国际上较有影响力的预防校园欺凌教育项目有着较为完备的培训计划体系，为青少年、家长、教育工作者提供独特的互动式培训课程。

（3）重在提升学生防范校园欺凌的意识，规避校园欺凌行为。中小学生欺凌和暴力不仅会给受害者的身心带来巨大创伤，从施暴者来看，其行为如果没有得到及时矫正，可能走上犯罪道路（余雅风，2019）[55]。提升学生校园欺凌认知能力及校园欺凌防范意识是欧美预防校园欺凌教育项目的重点，通过提升学生对不同欺凌行为的认知能力，能够使学生树立尊重他人的意识，有效制止可能发生的校园欺凌行为。

（4）联动多方资源，在项目实施上特别注重教师、学生、家长的共同参与。在国际流行的预防校园欺凌教育项目中，项目实施方负责项目的总体设计，在具体实施中得到了家校联合组织、教师合作组织以及第三方公益组织的积极参与和支持（王祈然 等，2018）。同时，社区工作人员和警务工作人员也起到了良好的配合作用，保证了项目的顺利实施。

四、标本兼治：
有效开展防范校园欺凌专项教育的立法与政策建议

校园欺凌多发生在未成年人群体中，与个体成长阶段的心理、知识、价值观密切相关，是一个世界性的难题。在未来防范校园欺凌立法中，应将防范校园欺凌专项教育作为一项制度加以明确规定并具体落实。基于调研分析结果和国际先进经验，我国防范校园欺凌专项教育制度应当把重点落在校园欺凌行为的预防教育上。具体包括如下内容。

（一）从培训着眼，提高学校管理者、教师、家长等关键主体防范、干预欺凌的专业知能

应定制专门的培训项目，对学校管理者、教师、家长等不同主体进行分类培训，分层强化并促使其形成与各类欺凌行为相匹配的认知水平、认识深度与判断能力。

（1）学校管理者培训项目。围绕全校层面的欺凌防范策略，着重促进学校管理者在学校防范校园欺凌计划实施中树立重视预防欺凌的意识，开展相应行动。包括确定分类预防欺凌的基本理念，突破并拓展传统的欺凌防范策略，重视解决学校现行制度在教育方式、方法与内容方面的缺失，制定符合学校实际的反欺凌工具。

（2）教师培训项目。围绕"班级－个体"层级的欺凌防范策略，着重向教师提供幻灯片、培训指南、讲义和行为反馈表等反欺凌工具，培养教师掌握扭转问题行为并促进积极行为的教育策略。包括班级文化建设、对学生行为的洞悉了解与敏锐观察、情感教育技能、激励性教育方法、教育惩戒的合理合法行使等多项具体措施。

（3）家长培训项目。立足于欺凌行为产生的背景，着重为家长提供反欺凌工具，提升家庭教育水平，明确其有配合、支持校园欺凌防范并改善学生行为的职责。包括与孩子相处的方式、对孩子的监管职责、对孩子正向行为的引导与鼓励等内容。

（二）从课程着手，将校园欺凌行为消灭在"萌芽"之中

从提高学生对欺凌行为的认知水平入手，将校园欺凌防范纳入中小学校的直接与间接课程，内容涵盖正确的欺凌认知、有效的伙伴关系、社会情感学习、核心素养与责任等，促进学生养成积极、正向行为的自觉。

（1）直接课程。实施"预防欺凌课程计划"，探索开设"认识和预防校园欺凌"专门课程，体现出不同年级课程的主题差异，并对教师进行授课培训，通过配套阅读、写作练习、角色扮演等教学方式，引导学生认识校园欺凌现象，了解欺凌行为的危害，从道德、法律层面认同和遵守规范，克服不当表达和行为倾向。

（2）间接课程。充分发挥道德教育的主阵地作用，重视道德与法治、心理健康教育、生命教育以及综合实践活动等对学生行为的隐性渗透，或在日常教育教学中融入反欺凌内容，从根本上清除欺凌行为滋生的土壤。

（三）从实践出发，形成防范校园欺凌专项教育的清晰路线图

防范校园欺凌专项教育的落实与具体化离不开实践程序的保障，制定清晰的路线图并遵照执行将使有效防范更加具有可操作性。

（1）设置专门机构。整合行政、教学、空间环境、心理辅导、健康服务及社区合作等资源，建立反校园欺凌专门机构，明确组织职能，为纠正、巩固、强化师生有关校园欺凌的认知提供平台与指导。

（2）利用数据技术。研发诊断校园欺凌现状的标准化问卷，利用大数据平台建立专门的校园欺凌案例库，编制典型性事件的分析与指导方案范本，探索建立欺凌个案的预警发现、介入处理与追踪辅导的实务模拟平台，提供关于各类欺凌行为防范的措施办法、注意事项与建议须知等技术支撑。

（3）拟定项目行动。基于学校实际情况，确定具有本校特点的校园欺凌防范教育项目或行动，面向学校教职工、家长、学生及社会人士征求意见，根据反馈不断完善，形成全校范围内意见一致的实施方案。

（4）开展专项教育。回归教育原点，将校园欺凌防范教育项目或行动付诸实施，兼顾学校环境、教育对象的特殊性，动态调整专项教育的具体形式与内容。

（5）注重调整改进。根据学校欺凌行为的发生情况，综合定性研究资料与问卷调查结果，诊断专项教育实施效果，调整改进相关项目、课程与行动的相关措施，持续发挥专项教育的优势。

参考文献

王祈然，蔡娟，2018. 美国第三方组织反校园欺凌实践研究：以"欧米茄人"组织为例 [J]. 比较教育研究（10）：68-75.

王祈然，陈曦，王帅，2017. 我国校园欺凌事件主要特征与治理对策：基于媒体文本的实证研究 [J]. 教育学术月刊（3）：46-53.

余雅风, 2017. 防治校园欺凌和暴力, 要抓住哪些关键点 [J]. 人民论坛（2）: 98-99.

余雅风, 2019. 明晰主体职责, 防治中小学生欺凌和暴力 [M] // 劳凯声, 余雅风 . 中国教育法制评论: 第 16 辑. 北京: 教育科学出版社.

Developing Special Bullying Prevention Education Program: To Tackle Both Symptoms and Root Causes of School Bullying

Yu Yafeng　　Wu Huihui

Abstract: In view of the special requirements of the development stage of minor students, there is a serious lack of awareness and education about school bullying among schools, teachers and students in China. We should establish prevention education program to prevent and reduce school bullying in the whole country. Suggestions: strengthen training, develop training programs for school managers, teachers and parents, and improve the professional knowledge of key subjects on bullying prevention and intervention; based on the curriculum, the direct and indirect courses like "understanding and preventing bullying" to improve students' awareness of bullying and promote students to develop positive behavior habits. Starting from the practice of school education and management, we should set up special institutions, use data technology, draw up project actions, carry out special education, implement adjustment and improvement, and form a clear road map for special education to prevent school bullying.

Key words: school bullying　special prevention education program　foreign experience

作者简介

余雅风, 北京师范大学教育学部教授、博士生导师, 研究方向为教育法学、未成年人法学。

吴会会, 北京师范大学教育学部博士研究生, 研究方向为教育法学。

□石正义

学校的补充责任

——兼析《中华人民共和国民法典》第 1201 条之适用

【摘　要】《中华人民共和国民法典》第 1198 条第 2 款、第 1201 条确立了补充责任制度。由于补充责任为我国首创，学界讨论激烈，争议较大。本文以学校的补充责任为题，从解释论和判例上对有争议的问题做一探讨，提出以下观点：学校的安全保障义务是法定义务，未尽安全保障义务的不作为是侵权行为；补充责任应界定在第三人故意、学校过失的场合，学校和第三人均有过失时应依按份责任处理；相应的补充责任＝与自己过错相应的责任＋替第三人承担的责任；替第三人赔偿的责任可以向第三人追偿；在校学生不属于第三人，校内学生之间的人身侵害，学校与行为人按份承担责任。

【关键词】学校　补充责任　安全保障义务　追偿权第三人

《中华人民共和国民法典》第 1201 条规定："无民事行为能力人或者限制民事行为能力人在幼儿园、学校或者其他教育机构学习、生活期间，受到幼儿园、学校或者其他教育机构以外的第三人人身损害的，由第三人承担侵权责任；幼儿园、学校或者其他教育机构未尽到管理职责的，承担相应的补充责任。幼儿园、学校或者其他教育机构承担补充责任后，可以向第三人追偿。"这一规定是对《中华人民共和国侵权责任法》第40条的继承和发展，它与《中华人民共和国民法典》第1198条第2款一起，共同确立了我国安全保障义务人的补充责任制度。由于这一制度为我国首创，在比较法上难以找到相近规定，难免有不够完善之处。在《中华人民共和国民法典》颁布之前，学界对补充责任制度争议是较大的，力举者有之，反对者有之，对制度本身进行改造者有之。既然《中华人民共和国民法典》再次确立了补充责任制度，本文抛开制度存废问题不谈，仅从解释论和判例上，对补充责任有争议的问题做一探讨。

一、学校安全保障义务的法律性质

一般认为，未尽安全保障义务属于不作为。罗马法依据阿奎利亚之诉规定，只有致害的积极行为才导致责任的产生，对于不作为原则上不允许请求赔偿，只有违反了作为义务才产生赔偿责任（周友军，2008）[8-10]。这个"作为义务"即法律规定、合同约定、先行行为。也就是说，在罗马法中，不作为原则上不承担责任，只有在违反法律规定、合同约定、先行行为时才承担责任。罗马法的这一不作为侵权理论对德国影响颇深，德国很长一段时间一直沿袭这一理论。但是随着社会的发展，社会生活中的危险因素增加，不控制危险的不作为可能会导致他人权益受损。这一背景下，传统的不作为侵权理论已经不能满足现实生活的需要了，于是德国理论界开始寻求突破罗马法的限制，在既有的三种作为义务（法律规定、合同约定、先行行为）基础上，增加了一种新的义务，即交往安全义务。尽管交往安全义务理论的功能在德国学界存在争议，但通说认为，交往安全义务对于不作为侵权和间接侵权的归责具有重要意义。具体而言：其一，在侵权行为构成的"该当性"层面上，交往安全义务的出现使得不作为与作为被等同对待。行为人的行为在社会生活中不应当致他人于危险之中，当行为人负有防止损害结果发生的义务时，其不作为与导致损害发生的积极行为等同。其二，在侵权行为构成的"违法性"层面上，交往安全义务是认定间接致害行为违法性的前提。违反交往安全义务属于间接致害行为，虽然一般认为，间接致害行为相对于间接损害结果而言不具有违法性，但是如果间接致害行为对他人的法益所形成的危险不为法律秩序所允许，则间接致害行为就具有违法性（王利明，2010）[164-165]。由此可见，在德国法中，违反交往安全义务而致他人损害的不作为，被认为是与作为等同的违法行为。

我国受德国法影响至深，我国安全保障义务与德国交往安全义务的产生非常相似。在传统的中国法理论中，作为义务产生的原因有三：法律规定、合同约定、先行行为。不作为侵权只有在违反作为义务时才承担责任，而作为义务的产生仅基于以上三种原因。后来随着农业社会向工业社会的转变，社会风险逐渐增加，为了保护人们的安全，控制社会生活中的风险，要求公共场所的经营者承担一定的安全保障义务，即在传统的三种作为义务基础上增加新的义务，在此背景下，安全保障义务随之产生。所以有学者认为，安全保障义务"是为了突破既有的不作为侵权理论而设计的"，"是为了实现不作为侵权中作为义务的扩张"，"是传统的作为义务之外的新的作为义务"。（王利明，2010）[166]

在我国，最先提出"安全保障义务"概念的是张新宝和唐青林，2003年他们在《经营者对服务场所的安全保障义务》一文中，对安全保障义务进行了系统的论述，同时特别提出，公共服务场所经营者对进入服务场所的消费者、潜在消费者或者其他进入服务场所的人之人身、财产安全依法承担安全保障义务，当以上群体受到第三人侵害时，经营者承担补充责任（张新宝 等，2003）。这一理论后来先后被《最高人民法院关于审理人身损害赔偿案件适用法律若干问题的解释》（以下简称《人身损害赔偿司法解释》）、《中华人民共和国侵权责任法》、《中华人民共和国民法典》所吸收，但主体范围有所扩大，即由服务场所的经营者扩大到公共场所的管理者，群众性活动的组织者，幼儿园、学校或者其他教育机构（以下统称学校）。

学校是未成年人学习、生活最为集中的场所，未成年人又是需要特别保护的群体，因此，针对学校安全保障义务的立法进程要比公共场所的管理者、群众性活动的组织者快得多。早在 1991 年颁布的《中华人民共和国未成年人保护法》就规定，保护未成年人的工作，应遵循"教育与保护相结合"原则，"保护未成年人，是国家机关、武装力量、政党、社会团体、企业事业组织、城乡基层群众性自治组织、未成年人的监护人和其他成年公民的共同责任"，"学校不得使未成年学生在危及人身安全、健康的校舍和其他教育教学设施中活动"。2006 年修订的《中华人民共和国义务教育法》第24

条规定:"学校应当建立、健全安全制度和应急机制,对学生进行安全教育,加强管理,及时消除隐患,预防发生事故。"2002年教育部颁布的《学生伤害事故处理办法》第5条规定:"学校应当对在校学生进行必要的安全教育和自护自救教育;应当按照规定,建立健全安全制度,采取相应的管理措施,预防和消除教育教学环境中存在的安全隐患;当发生伤害事故时,应当及时采取措施救助受伤害学生。"最为详细的是2006年颁布实施的《中小学幼儿园安全管理办法》,该办法对学校的安全保障义务做了全面规定,概括起来包括:(1)履行安全管理职责;(2)完善安全管理制度;(3)开展安全教育和自护自救教育;(4)保证设施设备安全,预防消除安全隐患;(5)加强日常管理,履行注意义务;(6)发生伤害事故时及时施救。

综上所述,不论是德国法的交往安全义务理论,还是我国的安全保障义务理论都将违反安全保障义务的不作为认定为侵权行为,况且我国法律对学校的安全保障义务早已做出规定。因此在我国,安全保障义务是一项法定义务,未尽安全保障义务的不作为是一种侵权行为。

二、学校补充责任的适用范围

我国数人侵权的责任形态(有的称责任类型)主要有三种:连带责任、按份责任、补充责任。连带责任、按份责任是我国及国际上公认的基本责任形态,而补充责任为我国创造,被称为"中国特色"。但是对于补充责任制度的合理性,不少学者曾提出否定意见。王利明教授认为,未尽安全保障义务应当与第三人承担连带责任。王利明教授曾指出:"安全保障义务人没有尽到安全保障义务而导致顾客或参与活动者的人身或财产遭受第三人侵害的,由实施侵权行为的第三人与安全保障义务人承担连带责任。"(王利明,2005)[71]李中原教授对补充责任提出改革意见,主张在第三人侵权案件中,安全保障义务人的责任形态应当由当前单一的补充责任形态转变为多元化的责任体系:第一,安全保障义务人故意违反安全保障义务的,应当承担连带责任;第二,安全保障义务人与直接侵害人(第三人)均为过失的,应依《中华人民共和国侵权责任法》第12条之"分别侵权归责"适用按份责任;第三,安全保障义务人疏于注意,而直接侵害人系故意侵权或者取得不当得利的，则二者处于不同的责任层次或级别，应当适用不真正连带责任（李中原，2014）。孙维飞博士认为，第三人和安全保障义务人皆为过失侵权的情形，主张适用《中华人民共和国侵权责任法》第12条（即依按份责任处理）。倘使将《中华人民共和国侵权责任法》第37条第2款改为"……管理人或者组织者未尽到安全保障义务的，承担相应的连带责任"也是可以成立的（孙维飞，2014）。本文倾向于李中原教授的观点，认为现有的补充责任确有不完善之处，应对"第三人加害行为＋安全保障义务人不作为"的情形做类型化分析，并以此为基础对补充责任做适当改造和合理解释。

从补充责任的含义看，张新宝教授对补充责任做如下解释。承担补充责任的情形有三：（1）在能够确定加害人（即第三人）时，由加害人承担责任，安全保障义务人不承担责任；（2）在加害人无法确定时，由安全保障义务人承担全部责任；（3）如果能够确定加害人，但是加害人的资力不足以承担全部责任时，则先由加害人尽力承担责任，剩余部分由安全保障义务人承担（张新宝，2010）。就第一种情形而言，能够确定加害人时，由加害人承担责任自然没有问题，但当安全保障义务人也存在过错时，不承担责任法理上说不通。根据前面的分析，未尽安全保障义务的不作为同样是一种侵权行为，让做出一种侵权行为的人因第三人全部赔偿而逃避责任是不可取的，这实际上是让第三人承担了安全保障义务人的不作为侵权责任。实际案例中也鲜有这种情况，法庭上被告都会据实举证安全保障义务人的过错，让其承担赔偿责任。就第二种情形而言，在加害人无法确定时，由安全保障义务人承担全部责任。这种责任承担结果，对于受害人来讲是得到了全部赔偿，但对安全保障义务人来说，显然是不公平的。这种情形有点类似于《中华人民共和国民法典》第1170条共同危险行为的责任承担方式，"能够确定具体侵权人的，由侵权人承担责任；不能确定具体侵权人的，行为人承担连带责任"。我们知道，连带责任是非常严格的责任形态，只有连带责任才有可能承担全部赔偿。尽管设计补充责任的目的是解决"非共同侵权情况下不应当承担连带责任"（张新宝，2010）的问题，但此情形下，补充责任与连带责任最后承担的责任是一样的，都是承担全部赔偿。因此，在找不到第三人的情况下，由安全保障义务人承担全部责任既不合理，也不公平。实践中还确有这样的判例，法官应当谨慎裁决。第三种情形，先由加害人承担责任，当加害人赔偿不足时，不足部分由安全保障义务人承担，这才有可能是补充责任的含义。但是这里也有一个问题，此处的"不足部分"实际包括两部分：一是安全保障义务人未尽安全保障义务所应该承担的；二是代替第三人赔偿的。到底是两部分都是补充责任，还是第二部分才是补充责任，也有待进一步明确。

从第三人与安全保障义务人行为的过错程度看，理论上存在四种情形：故意＋故意，过失＋过失，故意＋过失，过失＋故意。就学校而言，一般不存在故意违反安全保障义务的情形，因而在学校过失未尽到安全保障义务的前提下，实际上只存在两种情形：（1）第三人故意，学校过失；（2）第三人和学校均为过失。第一种情形中，第三人故意是积极的作为侵权，学校未尽安全保障义务是消极的不作为侵权，且前者是主行为，后者是从行为。此种情形让第三人承担主要责任，安全保障义务人承担补充责任，符合法理，也为学者所认可。第二种情形中，第三人和学校均为过失，是否也由第三人承担主要责任，学校承担补充责任呢？对此学者看法不一，法院的判决也不一致。有的依连带责任判决，有的依补充责任判决，有的依按份责任判决。如我国台湾 2000 年的一个判例，托儿所违反安全保障义务（没有设置门卫，也未采取安全措施，保育员也不够负责）导致被托管的 5 岁儿童径自外出至托儿所门前的马路上被违章车辆撞成重伤，法院判决托儿所和违章车方按照 6∶4 的内部比例对受害人承担连带责任。又如河南省鹤壁市山城区人民法院 2011 年审理的一个案例，2006 年，被告商业局幼儿园将该园租赁给刘先明（无办学资质）进行幼儿教育。2007 年某天，原告赵某在幼儿园玩蹦蹦床时摔伤，致右锁骨骨折，构成十级伤残。法院认为，被告刘先明未尽职责范围内的相关义务，致使原告赵某在幼儿园受伤，其应当承担主要侵权责任，应负 80% 的赔偿责任。被告商业局幼儿园作为幼儿园的法人单位将幼儿园租赁给没有办学资质的刘先明进行办学，对承租者的选择具有明显过错，其应当承担次要侵权责任，应负 20% 的赔偿责任。① 再如湖北省咸宁市中级人民法院 2017 受理的一件上诉案：二原告之女蔡某为被告嘉鱼县华茂学校小学三年级学生。2015 年某天，被告的校车将蔡某等学生送至鱼岳镇某某路段停靠点，下车后，蔡某经校车车头前方

---

① 河南省鹤壁市山城区人民法院民事判决书（2011）山民初字第 841 号。案例来源：北大法宝案例库。

右侧往左侧横过道路时，被同向的马某某驾驶的重型货车撞倒并碾压，造成蔡某当场死亡（殁年 9 岁）。二审法院判决，马某某的重型货车是造成蔡某死亡的主要原因，承担 80% 的赔偿责任；华茂学校校车司机在蔡某家长未到的情况下让无行为能力人擅自下车，存在过错，承担 10% 的补充责任；蔡某自行横穿马路也存在过错，其监护人原告承担 10% 的责任。[①] 以上三个案例中，我国台湾法院判决托儿所与第三方承担连带责任，为我国大陆主流观点所不取。第二个案例，法院判决双方按份承担责任。第三个案例，法院判决书上虽然写的是学校承担补充责任，但实际上是以按份责任来处理的，我国类似的判决还有很多。所以有学者主张，在第三人和安全保障义务人均为过失的情形下，可以适用《中华人民共和国侵权责任法》第 12 条，由双方按份承担责任（郭明瑞，2011）。而补充责任仅限于第三人与安全保障义务人处于"不同责任层次或级别"的场合，即第三人故意，学校过失的场合（李中原，2014）。

本文的观点是，应对《中华人民共和国民法典》第 1201 条做相应解释。第一，校外人员故意致未成年学生人身损害的，由侵权人承担侵权责任；学校未尽到管理职责的，承担补充责任。第二，校外人员过失致未成年学生人身损害，学校未尽到管理职责的，由侵权人和学校按份承担责任。这种二元责任制在其他司法解释中也可以找到例证。[②]

三、如何理解"相应的补充责任"

《中华人民共和国民法典》第 1198 条第 2 款第 1 句规定："因第三人的行为造成他人损害的，由第三人承担侵权责任；经营者、管理者或者组织者未尽到安全保障义务的，承担相应的补充责任。"《中华人民共和国民法典》第

---

① 湖北省咸宁市中级人民法院民事判决书（2017）鄂 12 民终 188 号。案例来源：北大法宝案例库。

② 如《最高人民法院关于审理涉及会计师事务所在审计业务活动中民事侵权赔偿案件的若干规定》第 5 条规定：注册会计师故意（包括间接故意）出具不实报告并给利害关系人造成损失的，应当认定会计师事务所与被审计单位承担连带赔偿责任。该法规第 6 条规定：会计师事务所在审计业务活动中因过失出具不实报告，并给利害关系人造成损失的，人民法院应当根据其过失大小确定其赔偿责任。

1201条也有类似规定，在第三人承担责任后，"幼儿园、学校或者其他教育机构未尽到管理职责的，承担相应的补充责任"。下面要讨论的问题是，如何理解"相应的补充责任"，即学校与第三人承担责任的比例如何分配，"相应的"及"补充"到底为多大。

关于"相应的补充责任"的范围，目前主要有两种观点。一种观点是与过错相对应。杨立新教授认为，相应的补充责任的范围是与其过错和原因力相适应的责任，而不是全部的补充（杨立新，2012）。张新宝教授认为，所谓"相应"是指与其过错大小和程度相当。"相应的补充责任"并不意味着"全部补充"。（张新宝，2016）[180] 郭明瑞教授认为，相应的补充责任是对补充责任人承担补充责任的一种限制，其范围与过错程度相应，而不是直接责任人不能承担的全部（郭明瑞，2011）。第二种观点是"过错＋补充"。有学者认为，如果安全保障义务人仅在其过错范围内承担责任，那就起不到"补充"的作用了，而且补充责任的立法目的也是更好地保护受害人的权益，并督促安全保障义务人加强安保。所以，安全保障义务人根据其过错程度所承担的是其应当赔偿的，而多于其应赔偿的，少于第三人赔偿的才是其补充责任的体现（陈钊，2014）。举例来说，若校外人员（第三人）致学生人身损害，学生损失为10万元，在学校未尽安全保障义务的情况下，确定学校的过错为30%。按照第一种观点，第三人应当承担的赔偿责任为7万元，学校承担相应的补充责任限额为3万元，即使第三人仅能赔偿5万元，学校也仅赔偿3万元，而不是5万元。按照第二种观点，当第三人的赔偿能力只有5万元时，学校的赔偿应当大于3万元（假定4万元），但不能等于5万元。

从理论上讲，第一种观点是有道理的，符合过错责任原则，也是我国侵权责任法界的主流观点，但为了与现有法律相衔接，不得不做出适当妥协，允许"相应的补充"，从这个意义上讲，本文倾向于第二种观点。按照第一种观点，当第三人有资力赔偿时，第三人和学校各自在其过错范围内赔偿损失，受害人的权益得到补偿自然没有问题，但当第三人没有资力赔偿时，学校仅在其过错范围内承担补充赔偿责任，如上述假设案例中，若第三人尽其资力仅能赔偿5万元，学校仅补充赔偿3万元，那么剩余2万元受害人就得不到赔偿，这样虽然对学校是公平的，但受害人的权益得不到应有的救济。只考虑学校利益而不考虑受害人利益，不符合"有损害必有赔偿"的基本原则。立法者设计补充责任的目的之一是权衡受害人和安全保障义务人之间的利益，既使受害人权益得到充分救济，又不使学校承担过度赔偿的压力，以保证学校正常教育教学活动的开展。本文的观点是：就以上假设案例而言，剩余的 2 万元，学校补充 1 万元，受害人自担 1 万元，这样对学校和受害人双方才显公平，也有利于化解矛盾，因此，相应的补充责任 = 与自己过错相应的责任 + 替第三人承担的责任。

另外，也要避免一种极端的情形，即在第三人不能赔偿或找不到第三人时，让学校承担全额赔偿责任。实际判案中就出现过这种案例：学生张某平时经常与校外无业人员接触，并曾经因为与校外人员一起勒索本校学生，受到学校处分。一天，张某正在学校上课，校外无业人员朱某来到学校，将张某叫出教室，在教室外的走廊上与张某发生口角并将张某打伤。学校老师发现双方动手打架后出面劝止，没有奏效后拨打了报警电话。事后，张某的监护人将学校诉至法院。法院认为，学校让外来无业人员朱某擅自进入学校，存在管理上的漏洞，未尽到谨慎注意的义务，认定学校有过失行为，判定其承担补充赔偿责任。因朱某无赔偿能力，最后由学校承担全部的赔偿责任（韩晓磊，2009）。显然，法院的判决对学校来讲是不公平的。《中华人民共和国侵权责任法》设立补充责任制度，首先应追究的是致害人的直接侵权责任，只有在学校有过错时，才承担相应的补充责任，这种补充的比例可以是 30%、40% 或者 50%，甚至更多，但无论如何不能是 100%（马雷军 等，2015）[386-387]。因为学校必定不是加害人，它与故意侵权的加害人有本质的区别。所以法院在判决此例案件时，既应保护受害人的权益，也应权衡学校的权益，不宜让学校承担过度的赔偿。实践中也有判得较好的案例，如 2016 年四川省兴文县人民法院审理的一个民事案件，李某系兴文友信双语实验学校全寄宿学生。2006 年某日，李某在学校被杨某以李某奶奶生病为由接走，后被他人拐骗。公安部门经过 2 年侦察未发现杨某有拐骗李某的犯罪事实，实际上是找不到第三人。2015 年法院宣布李某死亡。2016 年李某的父母将兴文友信双语实验学校告至法院。法院认定兴文友信双语实验学校在未得到李某父母确认的情况下，让李某被杨某接走，存在管理上的过错，认定兴文友信双语实验学校承担35%的补充责任。① 在找不到第三人的情况下，法院考虑到学校虽然存在管理上的过错，但学校必定不是李某被人接走、拐骗直至死亡的直接原因，因而并未判决学校承担全部赔偿，而是承担35%的补充责任。因此，在第三人下落不明、无法确认时，让学校承担全部责任，或者第三人无力赔偿、赔偿不足时，让学校承担余下的全部责任，这是不合理的。合理的赔偿是，当第三人承担全部赔偿责任时，学校不再承担赔偿责任；当第三人下落不明或赔偿不足时，学校承担与其过错相当的赔偿责任加上适当的补充。

四、关于追偿权问题

安全保障义务人在承担补充责任后，可否向第三人追偿？这也是研究补充责任所关注的热点问题。《人身损害赔偿司法解释》肯定了追偿权，其第6条第2款规定："安全保障义务人承担责任后，可以向第三人追偿。"但是，在《中华人民共和国侵权责任法》立法过程中，有学者提出，既然安全保障义务人有过错，其承担责任是就自己的过错负责，不应向第三人追偿，最终《中华人民共和国侵权责任法》采取了回避态度，但是这一回避却引发了诸多争议，主要有两种相对立的观点：一种是不能追偿，另一种是可以追偿。

杨立新教授、郭明瑞教授、程啸教授持第一种观点。杨立新教授认为，《中华人民共和国侵权责任法》第37条和第40条规定的"相应的补充责任"是与补充责任人过错程度和原因力相适应的赔偿责任，因此均取消了《人身损害赔偿司法解释》第6条和第7条规定的追偿权（杨立新，2010）[283]。郭明瑞教授认为，补充责任是补充责任人对自己的过错和原因力造成的损害负责，其本质上是一种自负责任，补充责任人在承担责任后不能向实际加害人追偿（郭明瑞，2011）。程啸教授认为，《中华人民共和国侵权责任法》实际

---

① 被告兴文友信双语实验学校不服四川省兴文县人民法院一审判决，上诉至四川省宜都市中级人民法院，宜都市中级人民法院二审驳回上诉，维持原判。参见：四川省兴文县人民法院（2016）川1528民初621号民事判决书，宜都市中级人民法院二审民事判决（2017）川15民终1134号。

上否定了安全保障义务人对第三人的追偿权。首先，第三人实施侵权行为造成他人损害时，安全保障义务人承担了相应的补充责任，实际上就意味着从事侵权行为的第三人下落不明、不能确定或没有赔偿能力。此时，即便赋予安全保障义务人以追偿权，也无任何意义。其次，安全保障义务人并非无条件地承担"相应的补充责任"，而是只有在未尽到安全保障义务时才承担该责任。既然安全保障义务人没有尽到安全保障义务，就说明他有过错，他是在为自己而非为第三人的过错承担相应的责任，当然不应享有追偿权（程啸，2015）[468]。

王利明教授、王竹教授持第二种观点。王利明教授认为，如果是"相应"的责任，实则为自己的过错负责，自当不得向他人追偿；如果是"补充"责任，实则补充他人赔偿能力的不足，代他人负责，自当可以向他人追偿。学校等教育机构先是对受害人承担补充责任，其后在内部责任分担中承担相应的责任，因此，就超出自己过错的份额而言应当肯定教育机构对直接加害的第三人享有追偿权（王利明，2010）[190]。王竹教授认为，补充责任不能适用追偿权则出现逻辑上的矛盾与循环。无追偿权配置的补充责任，已经违背了其自身的立法主旨。更为一贯的逻辑是应该适用《人身损害赔偿司法解释》规定的追偿权，而不是否定这种追偿权的存在（王竹，2018）[292]。

《中华人民共和国民法典》侵权责任编在编纂过程中，不少学者建议增加追偿权的规定，最后《中华人民共和国民法典》吸收了这一建议，第1198条第2款增加了一句："经营者、管理者或者组织者承担补充责任后，可以向第三人追偿。"第1201条增加了一句："幼儿园、学校或者其他教育机构承担补充责任后，可以向第三人追偿。"《中华人民共和国民法典》虽然没有明确补充责任人追偿的范围，但已经肯定了补充责任人的追偿权。《中华人民共和国民法典》侵权责任编编纂委员会给出的理由是：增加追偿权的规定，一则符合不真正连带责任的法理；二则有利于避免司法中的争议，为实践中出现的具体案例提供法律依据（黄薇，2020）[2326]。现在的问题是，补充责任人追偿的范围到底如何确定？是追偿补充责任人全部赔偿的部分，还是追偿替第三人赔偿的那部分？与自己过错相适应的赔偿是否可以追偿？

本文的观点是，如果补充责任人承担的是与自己过错相适应的赔偿责任，那么就不能向第三人追偿，因为其承担的是自己的责任，是其本身应当赔偿的，这在法理上是站得住脚的，也是以上第一种观点否定追偿权的理由，这个理由很充分。如果补充责任人除了自己应赔偿的那部分外，还替赔偿能力不足的第三人赔偿了一部分，那么这部分是可以追偿的，因为这部分是替第三人赔偿的，而不是自己应当赔偿的。如前所述，相应的补充责任＝与自己过错相应的责任＋替第三人承担的责任。前一部分是补充责任人与其过错相对应的责任，是自负责任，不可追偿；后一部分是对第三人赔偿不足或赔偿不能的相应补充，是替第三人承担了部分责任，理当可以追偿。所以，补充责任人有追偿权，但不是追偿赔偿的全部，而只是就其替第三人赔偿部分享有追偿权。

五、"第三人"的范围

《中华人民共和国民法典》第1201条将第三人界定为"幼儿园、学校或者其他教育机构以外的人"。问题在于校内学生之间的人身伤害，加害学生是否属于第三人，对此学者有不同的理解。有人认为，"幼儿园、学校或者其他教育机构以外的人"是指幼儿园、学校或者其他教育机构的教师、学生和其他工作人员以外的人员（国务院法制办公室，2012）[45]（黄薇，2020）[2333]（满洪杰 等，2020）[87]。显然，第三人不包括本校学生。也有学者认为，《中华人民共和国侵权责任法》第40条的第三人，是指学校教师及其工作人员以外的人，也就是说，同一学校内部的学生之间发生的人身侵害，加害学生属于第三人，加害学生的责任由其监护人承担，学校仅在其过错范围内承担补充性的责任（王利明，2010）[186]。

从法院判案看，法院对于校内学生之间的人身损害案件，判决时适用的法律条文也不一致。有的法院判决学校与行为人承担按份责任，如祝某某与游某某系某市第二小学学前班学生（均不满6岁），课间活动时游某某意外刺伤祝某某眼睛。因事发时教室内没有老师监管，最后法院判决学校承担

90% 的赔偿责任，游某某的监护人承担 10% 的赔偿责任。[①] 也有的法院判决学校承担补充责任，如 2007 年某日，因同学间的小矛盾，北京市房山某中学三年级的小飞带人打了同班的同学小金。当天下午，旷课的小金突然闯进教室，持菜刀连砍小飞三刀，同学小辉持木棒打了小飞，小飞当场昏迷、住院治疗。最后法院判决，被告小金、小辉承担 75% 的连带责任，被告北京市房山某中学承担 25% 的补充责任。学校在承担补充赔偿责任后，可向被告小金、小辉进行追偿。[②] 之所以出现同类案件判决上的不一致，皆因"第三人"范围不明确所致。

　　本文认为"第三人"不应包括在校学生。理由在于：其一，《中华人民共和国民法典》第 1200 条规定学校承担责任的原因是"未尽到教育、管理职责"，而第 1201 条规定学校承担补充责任的原因是"未尽到管理职责"。第 1201 条比第 1200 条少了"教育"两个字，定当有其用意。可以猜想，立法者认为适用补充责任条款的校外人员侵权时，学校对其只有"管理"职责，而没有"教育"职责。但是对于在校学生既有"管理"职责，也有"教育"职责。因校外人员过错侵害学生人身权益，自然由第三人承担责任。但当校内的学生之间发生人身侵害时，由于学校对所有学生负有教育、管理义务，学校同样应为致害学生的过错承担未尽教育、管理职责的责任。其二，《人身损害赔偿司法解释》第 7 条将"未成年人遭受人身损害"与"未成年人致他人人身损害"作为第 1 款，而将"第三人侵权致未成年人遭受人身损害"作为第 2 款（补充责任条款），即将"未成年人致学生人身损害"与"第三人致学生人身损害"分开，说明立法者是不认同将校内侵权学生作为"第三人"的。《中华人民共和国民法典》将《人身损害赔偿司法解释》第 1款拆分为第 1199 条、第 1200 条两条，未区分"未成年人遭受人身损害"与"未成年人致他人人身损害"，但也没有将"未成年人致他人人身损害"列入第 1201 条（补充责任条款），说明该法对《人身损害赔偿司法解释》对第三人不包括学生的处理是认同的。其三，从学者们提出的《中华人民共和国民法典》第 1201 条补充责任与第 1172 条按份责任逻辑上的冲突来看，

---

　　① 《祝某某与咸宁市第二小学、游某某教育机构责任纠纷一审民事判决书》。案例来源：北大法宝案例库。

　　② 《中学生砍伤同班同学，法院判决砍人者赔偿》。案例来源：北大法宝案例库。

也不宜将学生纳入第三人范围。校内学生之间的人身伤害，学校有过错的，依《中华人民共和国民法典》第1199条、第1200条规定承担责任，且依第1172条按份责任的规定确定责任大小。

_____

参考文献

陈钊，2014.安全保障义务补充责任研究：兼析《侵权责任法》第37条第2款之适用 [J]. 法制与社会（9）：15-16.

程啸，2015.侵权责任法 [M].2版. 北京：法律出版社.

郭明瑞，2011.补充责任、相应的补充责任与责任人的追偿权 [J].烟台大学学报（哲学社会科学版）（1）：12-16，35.

国务院法制办公室，2012.中华人民共和国教育法典：注释法典 [M].北京：中国法制出版社.

韩晓磊，2009.学校侵权补充责任之反思 [J].湖南社会科学（1）：211-213.

黄薇，2020.中华人民共和国民法典释义：下 [M].北京：法律出版社.

李中原，2014.论违反安全保障义务的补充责任制度 [J].中外法学（3）：676-693.

马雷军，刘晓巍，2015.中小学依法治校实务（上）[M]. 北京：中国民主法制出版社.

满洪杰，陶盈，熊静文，2020.《中华人民共和国民法典·侵权责任编》释义 [M]. 北京：人民出版社.

孙维飞，2014.论安全保障义务人相应的补充责任：以《侵权责任法》第12条和第37条第2款的关系为中心 [J].东方法学（3）：34-45.

王利明，2005. 中国民法典学者建议稿及立法理由：条文、立法理由、参考立法例：侵权行为编 [M]. 北京：法律出版社.

王利明，2010.中华人民共和国侵权责任法释义 [M].北京：中国法制出版社.

王竹，2018.侵权责任法疑难问题专题研究 [M].2版. 北京：中国人民大学出版社.

杨立新，2010.侵权责任法 [M].北京：法律出版社.

杨立新，2012.多数人侵权行为及责任理论的新发展 [J].法学（7）：41-49.

张新宝，唐青林，2003.经营者对服务场所的安全保障义务 [J]. 法学研究（3）：79-92.

张新宝，2010.我国侵权责任法中的补充责任 [J].法学杂志（6）：1-5.

张新宝，2016.侵权责任法 [M].4版.北京：中国人民大学出版社.

周友军，2008.交往安全义务理论研究 [M].北京：中国人民大学出版社.

The Supplementary Responsibilities of the School:
Analysis on the Application of Article 1201st of Civil Code of the People's Republic of China

Shi Zhengyi

Abstract: Article 1198th, paragraph 2nd, and 1201st of Civil Code of the People's Republic of China establishes the supplementary liability system. Because the supplementary responsibility is first proposed by our country, the academic discussion is fierce and the controversy is great. Taking the school supplementary responsibility as the topic, this paper probes into the controversial issues from the explanatory theory and the case, and puts forward the following points: the safety and security obligation of the school is the legal obligation, and the omission of the failure to do the safety guarantee is the tort; the liability for compensation should be defined in the case of intentional school negligence of the third party, when the school and the third person are negligent, they should be treated according to the responsibilities; the corresponding supplementary liability = the liability corresponding to their own fault + the liability for the third party; the liability for compensation on behalf of the third party may be recovered from the third person; the school student is not a third person, the student in the school shall be responsible for the person.

Key words: school   supplementary responsibility   safety and security obligations   right of recourse   third person

作者简介

石正义，湖北科技学院教育学院教授、继续教育学院院长，湖北省教育法律与政策研究会副理事长，研究方向为教育法学。

□佘杰新

未成年人严重不良行为矫治措施的反思和重构

——从湖南 12 岁男孩弑母案谈起 ①

【摘 要】面对未成年人严重不良行为时有发生的状况，与其在是否应该降低刑事责任年龄起点的问题上争论不休、难下定论，不如转而探究构建一个具有系统性、层次性和衔接性的严重不良行为矫治机制。目前，我国不同法律法规中规定了工读教育、治安处罚、收容教育和收容教养等 10 余种难以界分的矫治措施，其衔接上未成系统性，内容上惩罚性质大于教育性质，适用过程中未能充分整合矫治资源。我国应以注重形成系统性矫治机制、弱化惩罚未成年人的标签效应、整合国家和社会矫治资源为基本方向，实现矫治效果最佳化、未成年人利益最大化和资源利用最优化。可在现有法律框架、矫治机构和矫治资源的基础上重构现有矫治措施，形成以训诫→社区感化→工读教育→收容教养四种矫治措施为主的多层级矫治机制，同时明确各矫治措施的适用对象和衔接机制。此外，还需完善法律法规，回应执法权合法性的诘难；优化矫治内容，消减惩罚意味过重的批判；建设配套机构，形成矫治

---

① 本文系国家法治与法学理论研究项目"宗族文化两面性与乡村犯罪治理机制研究"（18SFB3014）、重庆市教育委员会高校人文社科项目"新中国成立 70 年来农村犯罪态势及治理现代化研究"（20SKGH230）、重庆市教育规划项目"中小学生校园严重不良行为矫治体系构建"（2017-GX-046）、西南政法大学校级项目"新中国成立 70 年来农村犯罪态势及治理现代化研究"(2019XZQN-25) 研究成果。

工作开展的客观基础，最终保障矫治机制的良好运行。

【关键词】未成年人严重不良行为　矫治措施　重构　矫治机制　系统性

一、问题之缘起

近年来，我国未成年人严重不良行为[①]时有发生。2012 年的统计数据表明，我国有"闲散青少年约 2820 万，不良行为人或严重不良行为青少年约 115 万"（中央社会管理综合治理委员会办公室，2013）[14]。湖南 12 岁男孩弑母，因未达到刑事责任年龄而被释放，父亲送男孩回校遭到其他家长的反对，引发了公众关于刑事责任年龄起点是否需要降低的激烈争论（王昆鹏 等，2018）。学界关于是否应该降低刑事责任年龄起点这一问题已经形成了诸多成果。支持者普遍认为我国未成年人生理和心理成熟提前，一些国家刑事责任年龄起点也在下调，国家对待未成年人的态度是保护而非纵容，因而需要降低刑事责任年龄起点，更好地预防犯罪和保护受害者的权益（杨理浩，2018）。反对者则认为，我国未成年人心理和生理状况并没有实质性变化，14 周岁符合国际公约要求，多数国家的刑事责任年龄起点为 14 周岁，刑罚并不是最好的矫治手段，监禁会造成未成年人不良行为互相影响（余敏 等，2018）。双方难以达成一致意见，一些学者提倡引入国外的恶意补足年龄规则，试图以折中方式调和双方的争论。"如若可以判定 12 周岁到 14 周岁的未成年人具有认识因素和意志因素，即未成年人明知其行为的可责性及可能导致的恶劣后果而仍然实施犯罪行为时，谴责与惩罚也应占有一席之地。"（郭大磊，2016）但这并没有得到学者的普遍认同，反对者认为我国的司法制度并不适用此规则，盲目引入会导致水土不服、法官随意裁判、同案不同判和违反罪刑法定原则等恶果。还有学者直接否认我国降低刑事责任年龄起点的必要性，使该规则失去了讨论的空间（司伟攀，2017）。

不可否认，是否应当降低刑事责任年龄起点的探讨具有现实价值。然而，

[①] 《中华人民共和国预防未成年人犯罪法》第 34 条罗列了严重不良行为的常见类型："（一）纠集他人结伙滋事，扰乱治安；（二）携带管制刀具，屡教不改；（三）多次拦截殴打他人或者强行索要他人财物；（四）传播淫秽的读物或者音像制品等；（五）进行淫乱或者色情、卖淫活动；（六）多次偷窃；（七）参与赌博，屡教不改；（八）吸食、注射毒品；（九）其他严重危害社会的行为。"

各方观点缺乏充分的实证数据和医学研究结论的有力支撑，仍然更多地停留于思辨层面。未成年人违法犯罪具有深刻的社会原因，每个国家制定的刑事责任年龄起点都有自己的历史渊源，当务之急并非停留于思辨是否应该降低刑事责任年龄起点上，而应从两大路径开展学术研究。第一是通过实证研究探索目前我国未成年人严重不良行为的发展态势和未成年人的生理、心理变化规律，以得出关于是否降低刑事责任年龄起点的科学结论；第二是积极寻求矫治未成年人严重不良行为的有效措施，阻止其逐步走向犯罪深渊。

回到男孩弑母案中，网友们最为担心的是具有高度人身危险性的未成年人不加矫正回到学校，会对其他未成年人造成安全威胁。实际上，如若国家构建起完善的矫治机制，有效应对各种严重不良行为，那么公众担心的"刑罚的方法无法处罚行为人而带来的不安感"（蔡奇轩，2018）将会随之降低，同时也会更加理智地看待刑事责任年龄起点设置的问题。问题的关键是，我国未成年人罪错行为矫治一体化理念尚未真正形成。目前既没有专门的严重不良行为矫治法，也没有一个衔接严密、层次分明的矫治机制，多种矫治措施分散在各种法律法规中，分工不明确，衔接不系统，矫治部门无法准确判定不同性质的不良行为应使用何种矫治措施。实践中，公安司法部门未能针对实施不同性质和类型的严重不良行为的未成年人选择相应的矫治措施进行实质性的惩罚，以致在现实层面出现未成年人保护过度的现象。为此，亟须厘清我国未成年人严重不良行为矫治措施存在的问题，结合本土资源，借鉴其他国家或地区的经验，确立必要的矫治措施，重构和优化现有矫治措施，最终形成一个具有层次性、衔接性和系统性的矫治机制。

二、我国未成年人严重不良行为矫治措施之反思

我国现有的未成年人严重不良行为矫治措施在内容规定、具体适用和措施间的衔接上均存在诸多问题，严重影响了矫治效果。

（一）措施间衔接未成系统性

《中华人民共和国预防未成年人犯罪法》第 35 条至第 39 条，已是未成

年人严重不良行为矫治最为详细的五条概括性条款。此外,《中华人民共和国刑法》第 17 条、《中华人民共和国治安管理处罚法》第 2 章处罚的种类和适用、《中华人民共和国禁毒法》第 39 条、《关于对不满十四岁的少年犯罪人员收容教养问题的通知》等法律规范,分散规定了工读教育、收容教养、治安处罚、强制戒毒等矫治措施。据此,具有严重不良行为的未成年人面临的处遇多种多样,包括责令具结悔过、赔礼道歉、赔偿损失、训诫、社区矫正①、工读教育、警告、行政拘留、罚款、收容教养、强制戒毒和社会帮教等10 余种,这些矫治措施之间的关系较为混乱。各种矫治措施分布在不同的法律法规之中,其矫治对象、矫治主体、矫治程序、矫治内容等实体和程序上的问题未被厘清,导致矫治部门常常面临适法正当性、合法性的诘难。而且,一些被收容教养的未成年人的去处就是工读学校,如此,收容教养制度和工读教育制度之间的关系又是什么? 警告和训诫是否为同一性质的处遇方式? 如若同一,是适用《中华人民共和国治安管理处罚法》还是《中华人民共和国预防未成年人犯罪法》? 诸如此类问题,令人困惑。

(二)内容上惩罚性质大于教育性质

各种矫治措施不能偏离矫治目的,否则只是起到短时机械阻断未成年人再次违法犯罪的作用,而不能去除未成年人的陋习,达到再社会化的效果。从我国未成年人矫治措施的内容来看,各种矫治措施存在惩罚意味过重的弊端。收容教育、收容教养因存在矫治目的偏重社会防卫、矫治内容惩罚意味重、矫治措施封闭单一、批准机关权力过大无须司法同意和矫治期限过长等问题,受到了学界严重批评。劳教废除后,振兴工读教育制度,通过工读教育矫治未成年人严重不良行为的呼声很高。然而,工读教育封闭式、军事化的管理方式同样面临限制人身自由的诘难。

---

① 根据我国现行法律法规,社区矫正的适用范围是矫治对象,其包括被判处管制的罪犯、被宣告缓刑的罪犯、被暂予监外执行的罪犯、被裁定假释的罪犯、被剥夺政治权利并在社会上服刑的罪犯,并不包括违法人员,所以对具有严重不良行为的未成年人进行社区矫正存在法律依据不足的问题。

（三）适用过程中未能充分整合矫治资源

各种矫治措施在适用过程中普遍存在矫治资源整合不足的问题。一方面表现为国家矫治部门职能分工不明确、配合不密切。在一些地区，预防青少年违法犯罪专项领导小组没能发挥统筹、整合、协调和分工的职能，尚未形成合理的分工模式、有效的信息资源共享平台和科学的工作衔接机制。另一方面表现为国家正式矫治力量对社会矫治资源利用不充分。依靠国家正式力量的单向度矫治措施已无法满足未成年人严重不良行为矫治的现实需要。可惜的是，如何善用高校法律资源、社会志愿者、服务组织及社区资源等开展未成年人严重不良行为矫治活动仍然处于初步探索阶段。

三、其他国家或地区未成年人严重不良行为矫治措施之经验

虽然其他国家或地区并没有与我国未成年人严重不良行为完全吻合的概念，但它们对于未成年人实施的非刑罚措施，仍然可以为我国构建未成年人严重不良行为矫治机制提供较为明确的思路。

（一）形成系统性和针对性的矫治机制

许多国家和地区通过专门的未成年人法律，构建了一个轻重有序、互相衔接的矫治机制。日本建立了保护处分制度，有关部门根据被保护观察的未成年人的表现，要么解除观察，要么移送教养院或少年院。由地方更生保护委员会执行少年院对未成年人的假释，如若未成年人表现良好，可以不再执行少年院矫正教育这一最严厉的保护处分，但是"如有行为不轨者，则提出撤销假释决定，并申请将其重新收容于少年院"（郝银钟，2005）[23]。韩国对于未成年人的保护处分总共分为 10 大类，法官根据未成年人的行为性质和个人情况选择一种或多种保护处分，而且对不同种类的保护处分设置了不同的年龄下限和处分期限，以免对未成年人科以不符合其心理和生理状况的处分（刘伟，2005）。德国对违法少年适用教育处分和拘束处分两种轻重不同的非刑罚性质处罚措施，前者优先适用。拘束处分又规定轻重不同的类型，具体

包括警告、规定义务和少年禁闭三种（刘立杰，2013）[168]。不仅如此，一些国家和地区考虑到刚成年的人的特殊性，考虑到他们同样可能需要适用福利性的未成年人矫治措施，因此也会把未成年人的福利处遇拓展运用到刚成年的人。司法及矫治纵向拓展到刚成年的人可以收到良好的矫正和改善效果，这一点得到许多国家的官方报告和实证研究的证实（熊谋林，2012）。如德国、英国等国家规定，对刚成年的人的智力、生理以及作案的方式、手段等进行综合判断，如果与未成年人情况一样，则可以适用未成年人矫治措施。

其他国家或地区的矫治机制除了具有系统性外，还贯彻了《儿童权利公约》第 3 条[①]矫治措施应具有针对性的基本要求。"成功的预防项目不仅必须尽早开始，而且必须尽可能熟练地直接针对原因和负面影响因素。"（柯特·R.巴托尔 等，2017）[168]日本在案件审理前，家庭裁判所的观护官或者少年鉴别所的专业人员本着保护未成年人利益的原则，调查并制作出符合未成年人个人情况的调查报告，提供给家庭裁判所，以便做出更具合理性和针对性的裁决。韩国专门设置了青少年分类审查院，针对罪错少年的具体行为性质及个人情况进行调查，并提出具有针对性的矫治方案，供审理机关做裁决和矫治机关选择矫治措施时参考。美国缓刑官的重要职责之一就是根据调查结果，为法院提供适合未成年人的矫治措施建议。我国台湾地区有关少年事件处理的规定也明确，少年调查官调查少年与事件有关之必要事项，提出调查报告，出具处理建议。

（二）儿童利益最大化原则贯穿整个矫治机制

21 世纪以来，日本、法国及美国部分州由于未成年人严重违法犯罪行为的激增，加大了对未成年人的惩罚力度，但是总体而言未成年人矫治仍然呈现出保护为主、惩罚为辅的基本特点。美国芝加哥是少年司法制度的发源地。基于信奉国家亲权理论、贯彻福利主义和避免标签效应的三大理由，百余年来美国联邦政府和各州为未成年人创造了多种多样的福利性处遇。在日本，根据新《少年法》，通常情况下，非行行为性质特别轻微的少年被移送

---

① 公约规定各国应采用多种处理办法，以确保处理儿童的方式符合其福利并与其情况和违法行为相称。

到儿童福利机构或者不对其给予保护处分，非行行为性质较轻的则被交付保护观察所由保护观察官进行监督，或者被移送到教养所进行教养，非行行为性质严重的少年被移送到少年院进行矫治。只有犯有相当于死刑、徒刑或监禁罪行的已满十六岁的少年，才可能被移送到检察厅。出于对儿童利益最大化的考虑，日本每年移送到检察厅起诉以及移送到少年院矫治的未成年人占比少，对大量的未成年人采取了保护观察的方式。被移送到少年院矫治的未成年人，如若表现良好，可以提前不予矫治（张志泉，2009）。而且，检察官对于警察移送来的少年犯罪案件，应全部移送家庭裁判所，即家庭裁判所在检察官之前有决定权（郝银钟，2005）[24]。德国通过《少年法院法》《青少年福利法》等法律详细规定了未成年人在司法处遇上享有的与成年人不同的福利，且强调了教育处分是优选措施，刑罚是最后手段。我国台湾地区有关少年事件处理的规定开宗明义地提出，"保障少年健全之自我成长"，表明了该规定优先保护未成年人的价值取向。这些做法，无不彰显了儿童利益最大化原则。

（三）社会力量是进行矫治的重要主体

国家力量介入未成年人生活，会带来较为严重的标签化效应、机构化人格等弊端。反之，社会组织、社会志愿者、私立特殊学校等社会力量则可营造较为信任、宽松的氛围，往往未成年人更能认同其灌输的理念。日本存在大量的民间矫治组织，如更生保护会、更生妇女会等，国家通过与其进行合作加强对未成年人的矫治。以保护观察种类之一的委托辅导实验观察为例，"其机构是由国家认可的各种如'更生保护会'、'儿童福利会'、'教护院'等养护设施，以及宗教团体、社会事业团体和个人志愿者等承担，其中个人志愿者即是普通的民间家庭，主要由一些民间慈善家来主动担当"（吴海航，2005）。德国社会保障和帮扶制度十分完善，社会资源得到了充分利用。《社会法典》《青少年福利法》《儿童与青少年救助法》等法规中规定的对罪错未成年人进行帮扶的教养机构和福利机构，无不体现了立法对社会资源的重视。在我国台湾地区，未成年人被责付于相应机构和个人、收容于少年观护所、转介到儿童或少年福利或教养机构等矫治措施，都是正式力量和社会力量有效结合的方式。

四、我国未成年人严重不良行为矫治措施的重构

目前，对我国各种未成年人严重不良行为矫治措施质疑的重点在于矫治措施的内容，即矫治措施过于限制人身自由，惩罚意味过重，偏离制度设计的初衷和目的，侵害未成年人的权益。但仅仅因为矫治措施的内容存在弊病，就持一种去收容教养、治安处罚甚至工读教育的态度并不理智。合理的做法是借鉴其他国家或地区的经验，确定重构现有矫治措施的基本方向，在现有的法律框架、矫治机构、矫治资源的基础上，分析各种矫治措施的利弊，确定矫治措施的基本类型及分工、衔接机制，最终形成一个具有层次性、系统性、衔接性的本土矫治机制。

（一）矫治措施重构和优化的基本方向

根据其他国家或地区的经验，儿童利益最大化原则贯穿整个矫治机制，不同矫治措施层次分明、互相衔接，民间资源和力量在矫治机制中作用凸显，这值得我们借鉴。重构和优化我国未成年人严重不良行为矫治措施，我们需要：（1）注重形成系统性矫治机制，实现矫治效果最佳化。首先应在立法上明确矫治措施之间的分工及衔接，从而建立一个轻重有序、分工合理、衔接严密的严重不良行为矫治机制。其次，重视刚成年的人严重不良行为矫治。如果从行为性质，违法动机，社区环境，行为人自身状况，包括智力、生理、学习、平常表现等综合判断，适用未成年人矫治措施更有利于矫治目的的实现，那么18周岁到25周岁的刚成年的人同样可以适用未成年人矫治措施[①]。最后，重视对未成年人矫治效果的追踪跟进。部分未成年人因未达到刑事责任年龄或者司法分流而未纳入违法行为的治理范围，但其客观危害性已经达到犯罪的程度，主观恶性较大，再次越轨的可能性较高，各地预防青少年犯罪专项机构要成立相应的未成年人重归社会帮扶小组，对矫正后的未成年人进行追踪和帮扶。（2）淡化未成年人惩罚标签效应，实现未成年人利

---

① 如不排除存在成绩差的留级生，18岁、19岁的人仍然处于高中学习阶段，他们实施了严重不良行为时，就可能有将其送往工读学校的需求。

益最大化。"社会共同体对未成年人的误入歧途负有责任，社会不能苛责于未成年人，他们也是不良环境的受害者。"（张利兆，2006）[1]我国应继续坚持贯彻教育、感化、挽救的方针，淡化未成年人惩罚标签效应。一方面，准确框定各类矫治措施的适用对象。不同性质的严重不良行为应区别适用限制人身自由程度和惩罚力度不同的矫治措施。立法通过明确各种矫治措施的矫治对象的年龄范围、主观恶性、行为性质等，避免对未成年人适用不符合比例性原则的矫治措施。另一方面，优先选择适用相对较轻的矫治措施。立法应明确规定适法机关在选择矫治措施时，秉持就低不就高的原则，在同样可以达到相应的矫治效果时，应优先选择适用相对较轻的矫治措施，谨慎选择明显限制人身自由的矫治措施。同时，每种矫治措施都应为表现良好的未成年人提供提前解除或者更换矫治措施的空间。（3）整合国家和社会矫治资源，实现资源利用最优化。平等、协商、关爱的社会矫治措施更能润物细无声，其他国家或地区的未成年人矫治特别注重对社会矫治资源的利用。我国正式矫治资源缺乏，国家需要通过加强社会组织立法，明确社会矫治力量参与矫治的条件、范围、程序以及地位和职权，通过设立统筹社会支持体系建设的政府部门或专门机构、探索多元化制度化的资金支持途径，实现社会支持体系可持续发展以及社会力量常态参与（宋志军，2016），降低社会矫正的负面效果。各地要加大购买社会服务的投入，尽快出台政府向社会力量购买服务管理办法、实施意见、指导性目录，使得购买服务有章可循（邵世志等，2013）[1]。各地还应加大专业司法社工的培育，通过从心理咨询协会、志愿者协会、高校师生中招募具有心理学、社会学、法学等知识背景的人员，建立司法社工数据库，实现社工帮教制度的长效化、制度化和专业化。

（二）确定矫治措施的基本类型

治安处罚种类中的警告、刑法规定的责令具结悔过以及《中华人民共和

---

① 一些地区在未成年人矫治工作中，探索出了许多可供借鉴的创新模式。如上海市闵行区引导企业成立司法社会工作促进会，促进会由多家具有社会责任感的企业组成，企业共同出资成立帮教基金会，建立观护帮教基地，并吸引社会团体、企业、志愿者等社会力量参与帮扶工作。参见：邵世志，黄小力，王瑞鸿，等，2013.不良行为或严重不良行为青少年群体服务管理和预防犯罪工作模式研究：以上海市闵行区为例［J］.中国青年研究（6）：52-56.

国预防未成年人犯罪法》中的训诫，三者的实质内容是一样的。从文字表述来看，训诫更能直观体现国家对未成年人家长式的教育和矫治理念，因此，训诫可以作为矫治机制最底层、最轻微的矫治措施。

从有关社区矫正的法律规定来看，社区矫正只适用于构成犯罪之人。我国村民自治组织和居民自治组织等社会力量较强，社区矫正实行十余年来积累了大量的经验，加之社区矫正系一种非机构性矫治措施，不仅有利于未成年人权益的保障，而且能节省机构化矫正的后续跟进资源投入。这种类似于社区矫正的矫治措施应加以推广，应用到具有严重不良行为的未成年人身上，作为矫治机制的第二层级。考虑到针对违法行为和犯罪行为进行社区矫正的内容不尽相同，可以将把具有严重不良行为的未成年人置放于社区进行教育的模式称为社区感化，以区别于适用罪犯的社区矫正。

工读教育制度已经实施 60 年有余，作为一种特殊的教育方式，其对于教育和改造特殊未成年人发挥了重要的作用。由于工读学校不过于强调成绩的教育方式和有别于普通学校的教育环境，大部分学生能在工读学校找到归属感，以至于他们愿意继续在工读学校学习。通过规范工读教育的内容和方式，弱化标签效应，使其作为矫治机制的第三层级，衔接机构性矫治措施的收容教养和非机构性矫治措施的社区感化，发挥其固有的特殊矫治功能，具有合理性和必要性。

当前，收容教养由于存在收容条件模糊、收容程序随意、教养方式单一、收容地点混乱等问题而饱受质疑。现实中未成年人做出客观危害程度达到犯罪程度的行为越来越多，且呈现低龄化的现象，如不对其加以强制教育，不仅难以抚慰被害人的情感，而且可能再次引起恶性事件。相较于采取刑罚手段，通过完善收容教养制度，使未成年人免于犯罪标签，顺利回归社会，更加合理和人道。收容教养的对象是行为极其严重的触法未成年人，客观危害性和主观恶性大，合比例限制人身自由具有必要性，可以通过对收容教养的内容、条件和程序等加以规范，降低惩罚性，增强矫治性，使其作为矫治体系最顶层不得已而为之的一种矫治措施。

行政拘留带有浓厚的惩罚性质，且无法起到真正的矫治效果，而工读教育、收容教养、强制戒毒已具有强制性、限制性的惩罚性质，且具有矫治功能，以降低行政拘留的年龄回应实践中出现的未成年人做出违法犯罪行为低龄化的趋势并非最佳选择。作为一种短期自由罚，拘留可以为其他处置措施所替代，拘留时间短，一般情况下难以起到教育少年的作用，容易带来标签效应，不利于对少年的教育、挽救及其成长；实践中，在拘留期间难以做到分押分管，容易使少年受到影响（姚建龙，2006）。因而对于未成年人的行政拘留应该用社区劳动和社区教育予以代替，对行为严重程度较高的，则用工读教育代替，对于严重程度高的、确实需要用收容教养的适用收容教养，逐步废除短期的行政拘留。

在劳教被废除之后，废除收容教育制度的呼声越来越高。实际上，已满14周岁的未成年人实施卖淫嫖娼的行为，与传播淫秽的读物或者音像制品等其他严重不良行为一样，通过社区感化、工读教育、收容教养可以达到矫治目的。与其对卖淫嫖娼的未成年人采取与成年人一样无区别的收容教育，不如通过其他矫治措施予以矫正。因此，十三届全国人大常委会第十五次会议正式废止收容教育制度具有必要性。

综上所述，我国应构建起以训诫→社区感化（12周岁以上）→工读教育（12周岁以上）→收容教养（12周岁以上）四个层级的矫治措施为主的矫治机制①。除了主矫治措施外，可以设置副矫治措施，以增强矫治的效果，如对于案件中有被害人的，可以附加赔礼道歉；监护人存在失职行为的，可以附加罚款；而所有矫治措施都可以附加以教育为内容、帮扶为目的的社会帮教、社会福利。而且，未成年人家庭教育责任的落实显得尤为重要。"尽管儿童是家庭关系恶化的第一个受害者，但社会也继而成了受害者。"（卡塞尔 等，2015）[51]家庭教育对于未成年人偏差行为矫治极其重要，是一种需要贯穿始终的教育手段，在采取各种矫治措施时，需要加强与未成年人家长和亲属的配合，强化父母的家庭教育责任。适法机关根据行为的性质、危害程度、行为人的年龄、是否有违法犯罪前科、生活环境、性格特点、家庭环境、成长经历、受教育情况或工作情况、居住地的矫治环境等因素，选择合适的矫治措施。

---

① 四种矫治措施还要求矫治对象精神正常，否则，未成年人要么由家属或监护人严加看管，要么由政府强制其接受治疗。吸毒行为的矫治具有特殊性，对未成年人吸毒行为予以矫治应该在《中华人民共和国禁毒法》规定的基础上予以细化，形成一套符合未成年人吸毒行为矫治特点的矫治措施，本文就不加以详细剖析。

（三）明确矫治措施的适用对象

严重不良行为意指社会危害性较大的行为，这是相对于不良行为和犯罪行为所做的界定。为了实现对严重不良行为本身的区分，从而适用适当的矫治措施，还需要对严重不良行为自身按严重程度进行划分。四个层级的矫治措施的适用对象如下。

第一层：训诫。训诫是指以口头、公开的方式对具有严重不良行为，但情节特别轻微，社会危害性小，主观恶性小，悔改态度好，一贯表现好，再犯可能性小的未成年人进行说理、批评和教育的矫治措施。训诫因不具有惩罚性，可不限制年龄下限，由适法机关根据个案未成年人的心智予以把握。训诫在内容设计上，除了口头教育外，可以责令未成年人书写悔改书等形式使其真正认识到自身的错误。

第二层：社区感化。社区感化是社区志愿者、社工、社区感化部门通过开展社区法治教育、责令未成年人从事社区服务等方式，使未成年人在正常的社会环境下得到矫治的方式。其矫治对象是具有严重不良行为，情节较轻，社会危害性较小，主观恶性较小，悔改态度较好，一贯表现较好，再犯可能性较小，所在社区具有矫正条件，置放于社区不至于危害社会的未成年人。心理学和医学研究表明，已满12周岁的未成年人开始具备独立意识和判断是非的能力，而且社区感化过程，国家介入性质明显，可能需要履行报告行踪、社区服务等义务，年龄下限限制为12周岁为宜。

第三层：工读教育。工读教育的矫治对象是12周岁以上具有严重不良行为，情节较重，社会危害性较大，主观恶性较大，有再犯可能性，不适合留在普通学校或职业学校就读，或者置放于社区有危害社会可能性的未成年人。目前的工读教育制度遵循自愿原则，未来可通过自愿和强制结合的方式，使其成为一种介于社区感化和收容教养之间的衔接制度。工读教育的年龄下限限制为12周岁，除了上述关于社区感化年龄下限设置的理由外，也考虑到12—14周岁未成年人实施较为恶劣的不良行为，刑罚无法加以规制，且置放于社区危害性较大，工读教育适用于12—14周岁的问题未成年人，可以有效填补矫治措施空缺。由于工读教育具有较为明显的限制性和封闭性特征，在适用于12—14周岁的未成年人时，需要以谨慎的态度和严格的标准加以把握。

第四层：收容教养。收容教养的矫治对象是 12 周岁以上具有严重不良行为，情节十分恶劣，行为性质极其严重，主观恶性特别恶劣，再犯可能性大，却不符合刑事处罚条件、不适合置放于工读学校的未成年人。为了增强收容教养存在的正当性，应对目前的收容教养制度加以完善，而不能使其成为一种隐性的刑罚。适用收容教养的矫治措施，是不得已而择之，其中，针对 12—14 周岁的未成年人适用收容教养应慎之又慎，除非未成年人实施的行为造成他人重伤、死亡的结果，且系主观故意，否则不具有适用的可能性。收容教养的期限不得超过 6 个月，在矫治期间再做出需要收容教养的严重不良行为的，矫治期限也不得超过一年。

（四）设置矫治措施的衔接机制

设置矫治措施之间的双向衔接机制，能有效减少限制人身自由矫治措施的适用，降低国家事后追踪帮扶的成本。工读教育方面，根据《贵阳市工读教育管理办法》，贵阳市建立了送往工读学校的预备生机制和表现良好返回普通学校的返回机制，即在送往工读学校前给未成年人设置考察期，而在工读学校表现良好的将被及时送回普通学校继续接受教育。这一制度设计可以大大减少工读教育的适用，以降低工读学校所带来的限制未成年人人身自由、阻断未成年人正常社会化进程、具有天然标签效应的负面影响。收容教养方面，可以让未成年人暂时接受工读教育或社区感化，如若其在预备期内不思悔改，则工读学校或社区可以联系相关部门，及时将未成年人送往教养所加以矫治。而如果被收容教养的未成年人悔过自新，也应该提前让其回归社会或更换较轻的矫治措施。如此等等双向衔接机制的设置，可实现矫治措施之间分工明确、衔接严密，同时也减少标签效应的影响。

五、余　论

为保证未成年人严重不良行为矫治机制运行顺畅，我们还需要做到以下几点。（1）完善矫治措施相关法律法规，回应执法权合法性和正当性诘难。有关部门应结合未成年人严重不良行为的现状，明确训诫、社区感化、工读教育和收容教养等矫治措施的性质、分工和衔接，以期实现未成年人严重不良行为矫治的法律化、制度化和规范化。[①]各种矫治措施的法律法规要特别注重操作性、合理性、规范性和实效性，内容应涵盖矫治措施的性质、目的、任务、原则、矫治主体、矫治对象、矫治内容、矫治程序[②]、矫治场所和矫治后果等等。（2）优化矫治措施的矫治内容，消减惩罚意味，提升矫治效果。工读教育、收容教养、社区感化均要注重针对未成年人违法原因及心理特点因人施教、有的放矢；矫治内容也要注重情感养成、法治教育、思想引导、文化熏陶、心理辅导、行为干预、职业培训和就业帮助等多个方面。矫治过程要有熟悉未成年人年龄特点的专门人员参与其中，并吸收多元的社会力量以解决正式力量不足的问题。（3）设置矫治措施的配套机构，让矫治对象有处可矫，有处可治。工读教育制度实施至今，全国只有80余所工读学校。因此，各地财政要加大工读学校建设的预算和投入。劳教制度废除后，有些地方把未成年人劳教所改为未成年人戒毒所，劳教所原有的人力物力转移到强制戒毒上，不失为一种资源合理转化的好办法。问题在于，劳教所改革为戒毒所以后，以往需要被收容教养的未成年人将送往何地矫治呢？应当说，对于做出吸毒以外的其他严重不良行为的未成年人，也需要成立专门的未成年人教养所，对未成年人进行集中却有区别的管理。

参考文献

蔡奇轩，2018. 我国未成年人刑事责任年龄最低线之设置［J］. 法学杂志（11）：56-63.

郭大磊，2016. 未成年人犯罪低龄化问题之应对：以"恶意补足年龄"规则为借鉴［J］. 青年研究（6）：51-59，92-93.

郝银钟，2005. 中国青少年法律与司法特别保护制度研究［M］. 北京：群众出版社.

卡塞尔，伯恩斯坦，2015. 犯罪行为与心理（第二版）［M］. 马皑，户雅琦，李婕，等译. 北京：中

---

① 而且可以通过相应的解释性规范细化收容教养、工读教育、社区感化等措施规定。而对于强制戒毒，可以在《中华人民共和国禁毒法》的基础上予以细化、完善，突出未成年人强制戒毒过程、内容、程序的特殊性。

② 本文也认为把未成年人违法行为矫治纳入司法程序，是最有利于制约权力滥用，保护未成年人权益的。然而，由于目前法院面临人力物力不足的现实困境，把数量较大的具有严重不良行为的未成年人纳入司法程序，是一个较为复杂的工程，需要结合现实情况加以本土化构建。因此，在我国未全面建立少年司法制度之前，更为合理的方式是加大对权力滥用的制约。

国政法大学出版社.

柯特·R. 巴托尔，安妮·M. 巴托尔，2017. 犯罪心理学（第 11 版）[M]. 李玫瑾，等译. 北京：
　　中国轻工业出版社.

刘立杰，2013. 少年刑法基本问题研究 [M]. 北京：法律出版社.

刘伟，2005. 韩国少年法的立法演进：模式转向与少年主体的确立 [J]. 湖北警官学院学报（9）：
　　85-88.

邵世志，黄小力，王瑞鸿，等，2013. 不良行为或严重不良行为青少年群体服务管理和预防犯罪工作
　　模式研究：以上海市闵行区为例 [J]. 中国青年研究（6）：52-56.

司伟攀，2017. 对降低刑事责任年龄争论的再思考 [J]. 预防青少年犯罪研究（6）：60-67.

宋志军，2016. 论未成年人刑事司法的社会支持体系 [J]. 法律科学（西北政法大学学报）（5）：99-109.

王昆鹏，张彤，2018. 湖南弑母案家属：男孩被送往长沙管束教育 3 年 [EB/OL]. （2018-12-20）
　　[2019-03-01]. http://www.bjnews.com.cn/news/2018/12/13/530250.html.

吴海航，2005. 中日未成年人违法犯罪司法保护制度比较 [J]. 北京师范大学学报（社会科学版）
　　（4）：126-130.

熊谋林，2012. 比较视角：未成年人违法与矫正措施略考 [J]. 青少年犯罪问题（2）：76-89.

姚建龙，2006. 犯罪后的第三种法律后果：保护处分 [J]. 法学论坛（1）：32-42.

杨理浩，2018. 降低刑事责任年龄的情节化思考：以校园欺凌为切入 [J]. 青少年学刊（4）：61-64.

余敏，何缓，2018. 对降低刑事责任年龄起点的商榷 [J]. 中国检察官（8）：15-19.

张利兆，2006. 未成年人犯罪刑事政策研究 [M]. 北京：中国检察出版社.

张志泉，2009. 日本非行少年的法律保护及启示 [J]. 法学论坛（2）：113-119.

中央社会管理综合治理委员会办公室，2013. 中国社会管理综合治理年鉴 2012 [M]. 北京：中国
　　长安出版社.

Reflection and Reconstruction of Corrective Measures for Severe Juvenile Delinquency: Talking about the Case of Killing Mother by a 12-year-old Boy in Hunan

She Jiexin

Abstract: Instead of arguing over whether the age of criminal responsibility should be lowered or not, it is better to explore and construct a systematic, hierarchical and cohesive correction mechanism to deal with severe juvenile delinquency. At present, there are more than ten kinds of corrective measures that are hard to be distinguished in different laws and regulations, such as reformatory education, public security punishment, detaining education and rehabilitation.

The connection of those measures is not systematic, the punishing nature of them is greater than that of education, and corrective resources are not fully integrated. When reconstructing and optimizing corrective measures in China, we need to focus on the formation of a systematic corrective mechanism, reduce the labeling effect of juvenile punishment, and integrate national and social corrective resources, so as to achieve the best corrective effect, maximize the interests of juveniles and optimize the utilization of resources. We can reconstruct and optimize existing corrective measures based on existing legal framework, corrective institutions and corrective resources, then build a correction system, which contains reprimand, community influence, reformatory education and rehabilitation, at the same time, clear the application of the correctional model object and the cohesion mechanism, can also make correctional system with clear division of responsibilities and tight cohesion. In addition, we need to improve laws and regulations, in response to doubts about the lack of legitimacy; optimize correction content, reduce criticism of heavy punishment; construct a complete set of institutions, form an objective basis of correcting work; eventually provide good support and assurance to correction system of severe juvenile delinquency.

Key words: severe juvenile delinquency　corrective measure　reconstruction corrective system　systematization

作者简介

佘杰新，西南政法大学刑事侦查学院讲师，西南政法大学特殊群体权利保护与犯罪预防研究中心研究员，研究方向为犯罪学。

□张　冉　欧阳添艺

澳大利亚防治校园性骚扰的法律制度分析

——《1984年性别歧视条例》在高等教育领域的适用①

【摘　要】本文结合具体案例分析澳大利亚《1984年性别歧视条例》对高等教育领域中性骚扰行为的适用，并进一步分析教育机构对校园性骚扰纠纷的法律责任基础。澳大利亚《1984年性别歧视条例》在明确性骚扰定义的基础上，规制教育领域的四种性骚扰情形，覆盖了师生性骚扰、同伴性骚扰、跨机构性骚扰以及对报考阶段学生的性骚扰等多种形态。如果机构未能"采取一切合理措施"来避免其雇员或者代理人在履行职务的过程中实施性骚扰行为，则需要承担替代责任。此外，教育机构还可能作为间接参与者或者因为违反普通法上的注意义务而承担法律责任，性骚扰纠纷也可能同时涉及性别歧视或者对投诉人、证人的迫害责任问题。本文建议，我国以法律形式明确性骚扰行为的定义，以法律或者部门规章的形式明确教育机构预防和应对性骚扰的义务及相关法律责任。

【关键词】性骚扰定义　性别平等　师生性骚扰　同伴性骚扰　替代责任

校园性骚扰侵犯受害者的健康权、性自主权、性别平

---

①　本文系2017—2018年度北京大学教育研究中心课题"北京大学性骚扰应对机制研究"（2017YB02）研究成果。

等权和受教育权，对受害者造成深远、负面的影响，同时校园性骚扰危害校园安全、侵蚀校园文化，需要政策制定者和高校管理者予以重视。近些年，国内相继出现多起高校性骚扰案件，暴露出我国高校管理体制存在漏洞。然而，我国法律法规中仅有零星的对性骚扰行为的禁止性规定，尚未建立起反性骚扰的法律制度体系。2018 年 1 月以来，教育部和部分高校提出要建立高校反性骚扰的长效机制。建立高校反性骚扰的长效机制亟须回答一系列重要的理论问题。例如，如何界定性骚扰？高校性骚扰的范畴如何确定？是限于师生性骚扰，还是同时包括同伴性骚扰，甚至包括对某些校外人员的性骚扰？除了骚扰者承担法律责任，高校是否在某些情况下也要承担法律责任？承担责任的基础是什么？高校可以有哪些抗辩？在建立反校园性骚扰制度的过程中，如何处理法律、行政法规、部门规章以及校规之间的关系？

　　澳大利亚制定了《1984 年性别歧视条例》（Sex Discrimination Act 1984，以下简称《条例》），明确了性骚扰的定义、法律的调整范围以及相关机构的法律责任。虽然该法律在出台过程中也遭到传统保守势力的反对（Burrow，2004），但是《条例》建立起澳大利亚国家层面上的反性骚扰机制，有助于社会各层面更好地理解性骚扰行为的性质以及各方的权利义务，为社会整体风气的转变奠定基础。值得注意的是，澳大利亚是判例法国家，其首例性骚扰人权案件发生在《条例》出台之前，《条例》通过由立法机关给出性骚扰行为的法定定义并建立实施机制，开启了一个新的趋势，在澳大利亚反性骚扰的历程中起到了至关重要的作用（Tahmindjis，2005）。

　　高校中的性骚扰是各国高等教育普遍面临的问题（Paludi et al.，2006；Fitzgerald，2017；Anitha et al.，2018）。按照世界经济论坛的全球性别指数，澳大利亚女性的受教育水平处于全球首位（World Economic Forum，2018），而且近年来澳大利亚高等教育界掀起了大规模的自下而上和自上而下的反性骚扰运动（Tahmindjis，2005）。本文以澳大利亚联邦层面的反性骚扰法律为出发点，结合澳大利亚高等教育领域的相关案件，深入剖析澳大利亚高等教育反性骚扰制度，力图回答本文开篇提出的一系列问题，以期对我国的制度建构有所贡献。

一、澳大利亚法律对性骚扰的定义

1984 年，澳大利亚联邦议会通过《条例》，为全国范围内各领域的性骚扰防治提供了基础性的法律依据。《条例》以禁止性别歧视为立法目的，而性骚扰是性别歧视的一种表现形式。为了更好地适应社会变化和多元文化，《条例》经历了多次修订，现行有效①的版本系 2018 年 10 月修订。

按照《条例》第 28A 条的规定，一方对另一方做出不受欢迎（unwelcome）的性要求（sexual advance or request for sexual favors）或者带有性色彩的行为（conduct of a sexual nature），可以令理性第三人（a reasonable person）认为在此情形下另外一方会感觉到被冒犯、被侮辱或者受到恐吓（offended, humiliated or intimidated），则该行为可以被认定为性骚扰。带有性色彩的行为包括直接向他人表达或在他人在场的情况下表达性方面的信息，这种表达可以是口头形式，也可以是书面形式。从理性第三人视角判断某行为是否构成性骚扰时，可以综合考虑如下因素：（1）被骚扰者的性别、年龄、性取向（sexual orientation）、性别身份（gender identity）、婚姻或者关系状况（marital or relationship status）、宗教信仰、种族、肤色、国籍、民族等；（2）骚扰者与被骚扰者的关系；（3）被骚扰者是否存在任何残疾问题；（4）其他相关情况。

根据以上定义，性骚扰包含了三个关键要素：行为是带有性色彩的，与性相关的；行为是不受欢迎的，这主要反映的是受害者的主观视角；理性第三人认同该行为会令受害者感到被冒犯、被侮辱或者受到恐吓，这体现的是客观视角（Australian Human Rights Commission，2008）。若行为符合以上三要素，即能认定其为性骚扰行为。

需要注意的是，澳大利亚是联邦制国家，各州和地区也有自己的反性别歧视的法律。这些法律的适用范围虽然有所不同，但其对性骚扰的界定尤其是在前两个关键要素上有很强的一致性，而且都禁止教育领域中的性骚扰（Tahmindjis，2005；Judd，2016）。本文主要关注《条例》对教育领域性骚扰的界定及其在高等教育领域的适用。

---

① 时间截至 2018 年 11 月。

二、澳大利亚对教育领域中性骚扰行为的分类及其特点

《条例》第 28F 条列举了四种在教育机构中明确禁止的性骚扰情形，分别为：

（1）教育机构职员不得骚扰同一教育机构的学生或者正在申请入读该教育机构的学生（准学生）；

（2）教育机构的成年学生不得骚扰同一机构内的其他学生或者职员；

（3）教育机构的职员不得在履行职务期间骚扰其他教育机构的学生；

（4）教育机构的成年学生不得在作为该教育机构学生进行各类活动时，骚扰其他学校的学生或者职员。

《条例》第 4 条明确了教育机构是指提供教育或者培训的机构，包括学校、学院、大学等。对于第 2、第 4 种情况，如果学生年满 16 周岁，则可以被认为是成年学生（第 28F 条）。

该法律制度紧密围绕当事人在教育领域中的特定身份而展开。笔者按照施害者与受害者之间的关系对这四种情形进行了进一步的整理和分析（见表1）。

表 1 《条例》教育领域覆盖情形分析

受害者	施害者来自同一教育机构		施害者来自不同教育机构	
	教职员工	成年学生	教职员工	成年学生
教职员工	—	√	—	√
学生	√	√	√	√
准学生	√	—	—	—

注：限于施害者承担相应角色时实施的性骚扰。

表 1 显示，澳大利亚对教育领域性骚扰的规制具有如下特点。

第一，教育领域的性骚扰与职场性骚扰的适用法律不同。

在教育领域的四种情形中并未涉及教育机构教职员工对其他教职员工可能的性骚扰行为，其原因在于教育机构内部教职员工之间的性骚扰场景并不属于性骚扰中的教育场景，而属于职场性骚扰，适用《条例》第 28B 条。

第二，16 岁以下的学生不被认为是教育场景中性骚扰行为的主体。

《条例》主要明确了教职员工和 16 岁及以上的成年学生 [①] 在对应情形下的行为是违法的，即侧重规范成年人的行为。当 16 岁以下的未成年人性骚扰教职员工或者其他学生时，并不属于《条例》所规定的教育领域中的性骚扰，这里体现的可能是一种保护未成年人的责任年龄的理念。值得注意的是，在此种情况下，教育机构仍然可能需要承担责任，因为教育机构具有保护其成员免受性别歧视的义务（Australian Human Rights Commission，2002）。

另外，澳大利亚联邦《刑法》（Criminal Code）规定了强奸、性奴役、性暴力、传播淫秽材料等行为违反《刑法》，由此规范了情形程度严重于性骚扰的其他性暴力活动，16 岁以下的儿童有可能由于触犯《刑法》规定的相应性暴力规定而承担相应责任。但与世界上其他国家一样，澳大利亚法律为低龄儿童提供保护，设置刑事责任年龄，认为一定年龄以下的人无法分辨自身行为的是非，其行为并不构成犯罪。在澳大利亚很多地区，10 岁以下儿童的任何行为都不构成违法犯罪，除非有非常强有力的证据证明该儿童具备理解其行为后果的能力，否则满 10 岁但是未满 14 岁儿童的行为也不构成犯罪（Australian Institute of Criminology，2005）。

第三，重在防范身份角色带来的权力不平衡。

教育领域的四种情形指明了动作发出者的身份，尤其在跨教育机构性骚扰的场景下，《条例》特别规定了动作发出者在扮演教育机构职员或者学生的角色时不得进行性骚扰。由此可以分析出，《条例》关注的是在教育机构中因获得扮演特定角色的权威、优势或者便利而引发的性骚扰，重点避免权力不平衡型性骚扰，例如教师对本校或者他学校学生的性骚扰。

在同伴性骚扰中也不排除存在事实上的权力不平衡。当成年学生与未成年学生交往时，成年学生可能会利用双方认知水平的不平衡。第 28F 条中的第 2 种和第 4 种禁止情形均涵盖了这种情况。严格说来，未成年的学生并不具备同意能力，因此成年人与其发生性行为是违法的，即使是在未成年人同

---

① 《条例》以 16 岁划分了成年人与未成年人，采用的是"性同意"的年龄界限，较法定成年年龄略低。

意的情况下。① 但是考虑到青少年发展的特点，对于同伴之间的性行为，如果成年学生与未成年学生之间的年龄差距在两岁或者三岁之内，一些州的法律予以特殊对待（El-Murr et al., 2017）。

教育领域的第 1 种禁止情形涉及对教育机构准学生的保护，同样体现了防范权力不平衡的理念。准学生在申请学校时可能与该校教职员工存在权力不平衡关系，《条例》在第 1 种情形中列入准学生，避免教职员工滥用职权性骚扰本校准学生。

第四，涵盖了跨机构的性骚扰行为。

《条例》的第 3、第 4 种情形涵盖了跨机构的性骚扰，特别规定了当事双方来自不同机构时，性骚扰动作发出者在性骚扰时需扮演教育领域的相关角色，如教职员工或学生。可能的情形例如，A 校的老师到 B 校参加论文答辩，或者 A 校学生和 B 校学生一起参加校际交流活动。这些活动属于教育范畴，且与加害者的角色紧密联系，因此也有管辖的必要。

三、澳大利亚高校性骚扰案例分析

截至 2018 年 5 月，笔者使用 Westlaw 澳大利亚法律信息平台对澳大利亚高等教育中的性骚扰案例进行了搜索。在限定案例适用《条例》中的性骚扰规定后，共搜索到 139 件案例。接下来，笔者在自由文本搜索框中添加与高等教育领域相关的"大学"（university）、"校园"（campus）、"教育"（education）等常见关键词，分别筛选出 53 个、6 个、46 个案例。笔者剔除了重合案例以及虽然援引《条例》条款但其实和高等教育不相关的案例后，一共筛选出 8 个与大学相关的性骚扰案件（见表 2）。为帮助我国读者理解高校内性骚扰的法律规制的全貌，笔者保留了发生在高等教育机构内的职场性骚扰案件。

---

① 与我国类似，澳大利亚也禁止对学生负有特殊职责的人（例如教师）与未成年学生发生性关系。此种情况下，适用的不是性同意年龄，而是一般的成年年龄，以强化对学生的保护。也就是说，即使 18 岁以下的未成年人同意教师与其发生性关系，教师的行为也是严重的违法行为。

表 2　澳大利亚高等教育领域性骚扰诉讼案件

案例名	年份	性骚扰争议类型	原告诉讼请求	案件结果
Worsley-Pine v Kathleen Lumley College Inc①	2001	学生对学生性骚扰	宿舍承担替代责任	宿舍替代责任不成立
Huang v University of New South Wales②	2005	学生对学生性骚扰	个人性骚扰责任、学校承担性骚扰替代责任	性骚扰不成立，学校替代责任不成立
Gauci v Kennedy③	2005	高校职员间性骚扰	个人性骚扰责任、学校承担性骚扰替代责任，学校性别歧视	性骚扰不成立，性别歧视不成立
Grah v RMIT University and Ors④	2011	教师对学生性骚扰	个人性骚扰责任、迫害，学校承担替代责任	性骚扰与迫害均不成立
Shammas v Canberra Institute of Technology⑤	2014	学生对学生性骚扰；教师对学生性骚扰	学校承担替代责任	性骚扰不成立，学校替代责任不成立
A'Vard v Deakin University⑥	2015	教师对学生性骚扰	学校承担迫害的法律责任	迫害不成立
Chen v Monash University⑦	2015	教师对教师性骚扰	个人性骚扰与性别歧视、学校承担性骚扰替代责任以及性别歧视的法律责任	个人的性骚扰与性别歧视不成立，学校替代责任与性别歧视不成立
Ago v Monash University⑧	2016	学校聘用的心理专家对学生性骚扰	个人性骚扰责任、学校残疾歧视的法律责任	性骚扰不成立，残疾歧视不成立

---

① Worsley-Pine v Kathleen Lumley College Inc［2001］FCA 818.

② Huang v University of New South Wales［2005］FMCA 463. 在后续关于诉讼费用的争议中，黄（Huang）亦败诉（Huang v University of New South Wales［2014］FCA 1337）。

③ Gauci v Kennedy［2005］FMCA 1505. 在后续上诉中，法院从程序角度判决，要求原审法院以一般程序重审该案（Gauci v Kennedy［2007］FCA 1051）。

④ Grah v RMIT University and Ors（Anti-Discrimination）［2011］VCAT 1229.

⑤ Shammas v Canberra Institute of Technology［2014］FCA 71.

⑥ A'Vard v Deakin University（Human Rights）［2015］VCAT 1245.

⑦ Chen v Monash University［2015］FCA 130.

⑧ Ago v Monash University（Human Rights）［2016］VCAT 886.

　　总体而言，澳大利亚高等教育性骚扰案件数量较少。其原因可能有四个：第一，性骚扰案件的报告率普遍很低（Charlesworth et al.，2011；Toohey，2013）。诉诸法律途径的性骚扰纠纷仅是全部纠纷中的"冰山一角"，绝大多数受害者选择沉默（McDonald et al.，2011；Australian Human Rights Commission，2018）。2017年的澳大利亚全国高校调查显示，94%的性骚扰受害者选择不进行正式报告或者投诉（Australian Human Rights Commission，2017）。第二，经历严重性骚扰的受害者可能同时被性侵害，会适用《刑法》。虽然其使用的术语和界定略有差异，但是澳大利亚所有的州和地区都将强奸以及强制猥亵作为刑事犯罪行为（Australian Human Rights Commission，2018）。第三，性骚扰案件处理旷日持久，绝大多数已报告的性骚扰案件通过保密的调解机制解决（McDonald et al.，2013；Tahmindjis，2005），还有一部分通过反歧视的行政程序解决（Tahmindjis，2005），诉诸法院的案件是极少数。第四，不同法律检索平台收录资源不同。

　　在性骚扰案件的判决中，法官一般首先分析被控告的性骚扰行为是否符合《条例》的性骚扰定义。例如，在"Gauci v Kennedy"案中，高西（Gauci）是昆士兰大学的一名男性教职员工，控告以肯尼迪（Kennedy）为首的8名员工对他进行性骚扰。在原告证词中，肯尼迪对其身体进行涉及性的评论——"你有一双美丽的眼睛"，并时常邀请他聊天或者外出，而其他被告也曾过分关注高西的生活和身体，或者协助肯尼迪的性骚扰行为。在最终判决中，法官驳回原告的起诉，认为原告所描述的交往并不包含不受欢迎的性请求或者涉及性的行为，不符合《条例》对于性骚扰的定义。比较而言，澳大利亚法官对性骚扰定义的解读比较严格，在表2所列的绝大多数案件中，法官均认定性骚扰行为不成立。

　　如性骚扰行为成立，法官会进一步分析案件发生情形是否在《条例》的调整范围之内。在"Worsley-Pine v Kathleen Lumley College Inc"案中，原告沃斯利派因（Worsley-Pine）要求凯瑟琳·兰利学院（Kathleen Lumley College）宿舍为自己被迈克尔·罗宾（Michael Robins）性骚扰一事负替代责任。沃斯利派因与罗宾二人曾同住在一栋宿舍楼里。沃斯利派因描述自己在宿舍楼里多次被罗宾强搂强抱，罗宾也曾向她的胸部洒啤酒，企图亲自己等。在听取沃斯利派因以及人证的证词后，法院裁决罗宾的行为构成了性骚扰。但由于凯瑟琳·兰利学院宿舍是商业学生宿舍，与阿德莱德大学是合作关系而非附属关系，法官认为凯瑟琳·兰利学院并不是教育机构，因此不适用《条例》对教育领域的约束。在住宅领域，最接近沃斯利派因一案的法条是"住宿的提供者或者联系住宿的中介不得性骚扰居住者"。由于性骚扰施害者并不是宿舍提供者，该案同样无法适用于住宅领域的性骚扰。在高等教育领域，澳大利亚《条例》能够基本覆盖校园内场所，但对大量发生在校外的校园活动（宿舍生活、田野实践、校外聚会等）的规范能力有限。

　　与骚扰者对被骚扰者的个人责任不同，《条例》的重要意义在于，明确了高校在性骚扰案件中的机构责任。由于机构责任的存在，高校更有动力从事性骚扰的预防与教育工作，也更有动力及时化解性骚扰纠纷。本文接下来将尝试对教育机构责任的法律基础进行进一步分析。

四、教育机构在性骚扰案件中的法律责任

　　依据《条例》、澳大利亚人权委员会的相关出版物以及表 2 中列举的有关判决，笔者将澳大利亚高校在性骚扰争议中可能承担法律责任的责任基础梳理为如下五类。

（一）间接参与者责任

　　《条例》规定了间接参与者责任（Accessory Liability），间接参与者包括导致、教导、诱导、协助、允许施害者实施《条例》中所禁止行为的人。间接参与者被视作违反了《条例》（第 105 条）。如果高校明知或者明显无视其内部的性骚扰行为，则可能根据此条款承担机构责任（Australian Human Rights and Equal Opportunity Commission，1996）。这一责任对于原告的举证责任要求较高，现实之中，使用更多的是雇主的替代责任。

（二）雇主的替代责任

　　替代责任适用于雇主或者代理关系中的本人（以下合并简称机构），这些机构未能"采取一切合理措施来避免"（take all reasonable steps to prevent）其

雇员或者代理人在履行职务过程中实施性骚扰行为（《条例》第 106 条）。在这种情形下，机构虽然不是性骚扰的直接行为人，但是其消极应对成为性骚扰行为发生的潜在条件。在具体的性骚扰案件中，一般先由投诉人证明雇佣或者代理关系存在，且性骚扰行为与履行职务的活动有关（in connection with employment），然后转由机构提出证据进行抗辩，证明其已经采取了一切合理措施（Easteal et al.，2008）。

何为与履行职务的活动有关？澳大利亚法院采取了较为宽泛的标准（Easteal et al.，2008）。按照澳大利亚人权委员会的解释，替代责任的适用不仅限于在工作场所中发生的性骚扰，也涵盖与履行职务相关的社会活动和在外出差；不仅限于全职的雇佣关系，也可涵盖基于合同而为机构服务的人员（Australian Human Rights Commission，2014），例如表 2 所列举的最后一个案件中被学校外聘为该校学生提供服务的心理专家。

在高等教育领域，当性骚扰嫌疑人为在职教师时，学校与嫌疑人的雇佣关系相对明确，但当性骚扰嫌疑人为学生时，适用替代责任则有一定难度。在"Huang v University of New South Wales"一案中，法官认为，博士生接受奖学金并不意味着博士生肖（Xiao）与学校签订了雇佣合同，奖学金不能作为学校对肖支付工资的证明，学校不会为肖作为博士生的性骚扰行为承担替代责任。另外，尽管肖曾在学校图书馆进行有偿工作，在短期可以视作部分学校事务的代理人员，但原告所提出的性骚扰事件均不在肖履行图书馆管理员职责时期，学校不会为肖的行为承担替代责任。

何为"采取一切合理措施"？如何避免承担机构替代责任？在澳大利亚，机构不论规模大小，都具有防范性骚扰的义务（Easteal et al.，2008；Tahmindjis，2005）。澳大利亚人权委员会给出了一些建议，包括制定反性骚扰政策，建立公正、及时、有效的内部投诉机制，进行雇员培训确保其了解机构反性骚扰政策及投诉机制，严肃对待所有投诉并及时处理等。澳大利亚人权委员会也同时强调，对"采取一切合理措施"的判断也与机构的大小、结构和资源有关，关键是机构根据自身情况采取主动措施来尽可能减少性骚扰发生的风险（Australian Human Rights Commission，2008；Australian Human Rights and Equal Opportunity Commission，1996；Australian Human Rights Commission，2014）。然而，有研究发现，在现实生活中，机构可能会针对法律规定制定貌似完善的措施，但主要是出于合规和规避法律风险的考虑，这些措施对于受害职员的支持有限（Dobbin et al.，2007）。

判断学校在性骚扰发生后是否采取了"一切合理措施"的一个相关因素是，受害人是否向学校报告，或者学校是否通过其他途径知晓了性骚扰行为的存在。表 2 中的"Huang v University of New South Wales"案即是一例。黄（Huang）在被性骚扰后并未向学校报告，而是向所在州的人权与平等机会委员会报告。在法官裁判学校的替代责任时，法官认为由于黄并未向学校报告，学校无从得知性骚扰事件，也无法启动学校的性骚扰案件处理程序，学校不为黄受到性骚扰一事承担替代责任。

制定机构替代责任的原因在于，工作场所与工作环境的各项条件可能催发性骚扰，而机构需要对该工作场所与工作环境负责。对于非工作场所、非工作时间的性骚扰，替代责任判定相对复杂，法官会更多地关注该性骚扰案件是否存在与就业场景相关的诱因（Hely，2008）。

（三）违反普通法上注意义务的法律责任

在反歧视法律之外，教育机构同时负有普通法（common law）上的注意义务（duty of care），防范和应对"可预见"的风险，保护其学生和雇员的权益（Australian Human Rights and Equal Opportunity Commission，1996）。普通法上的注意义务涵盖的范围最为宽泛，甚至可以包括外来第三人对校内师生进行的性骚扰，但是在举证责任和法律标准上存在困难。同时，如果雇主未能为雇员提供安全的工作环境，按照澳大利亚劳动法律的相关规定，雇员可以要求解除合同（Tahmindjis，2005）。

（四）性别歧视的法律责任

澳大利亚高校还有可能因为《条例》中的性别歧视条款而承担责任。《条例》第 21 条禁止教育机构的管理者或者管理部门在录取、开除或处理学生以及向学生提供教育的过程中，基于申请者或者学生的性别而对其有所歧视；第 14 条禁止职场中的性别歧视。如果高校在处理性骚扰投诉或者进行性骚扰预防教育的过程中，基于学生或者雇员的性别对其进行歧视性对待，则可能同时构成性别歧视行为。

表 2 中的"Chen v Monash University"一案系职场性骚扰案件，原告同时提出了性别歧视的主张。表 2 中的"Gauci v Kennedy"一案也包括了性别歧视的诉讼主张。在该案中，男性职员高西控告来自女性职员肯尼迪及其他人的性骚扰，高西认为学校处理不当的原因是双方性别差异，由此高西事实上控告学校双重责任，包括为女性职员性骚扰承担替代责任以及性别歧视的责任。法院未支持原告主张。

（五）迫害的法律责任

《条例》规定个人和机构不得因为另一方的投诉、作证等行为对该人进行迫害（victimisation）。迫害是独立于性骚扰的违法行为，在判决中不因性骚扰投诉的成功与失败而影响对迫害的裁决。也就是说，即使投诉的性骚扰行为最后被认定不成立，如果对当事人进行解聘或者退学之类的迫害，有关个人或机构也要就迫害行为承担责任。此项制度在于保护投诉人和证人免受打击报复。

按照《条例》第 94 条的规定，机构与个人不应该因为他人基于《条例》或者《澳大利亚人权委员会法案 1986》进行的以下行为，给予他人或者威胁给予他人不利对待：投诉或尝试投诉案件；提起诉讼或者尝试提起诉讼；提供或者打算向有关部门提供信息或者提交与案件有关的文件；参加或提议参与和投诉案件相关的会议；作为证人参加或者打算参加诉讼审判；合理主张或者准备主张自身的权利；对他人违反《条例》的行为进行指控。此规定对于机构的惩罚力度远高于个人。

作为利益相关方，学校在处理性骚扰案件投诉者或者证人毕业、升职、考试等事务时，应注意不能由于其投诉或者作证行为给予其不公平的对待。否则，学校可能被怀疑通过不公平待遇迫害与报复该校园成员。在表 2 中的"A'Vard v Deakin University"一案中，瓦尔德（A'Vard）是迪肯大学（Deakin University）的一名学生，曾告发其授课教师性骚扰，之后瓦尔德由于学术成绩过差被学校开除，而她再次申请迪肯大学时被拒绝。瓦尔德认为学校拒绝她入学是对她告发教师性骚扰的迫害。法院认定，原告被性骚扰的事实不成立，学校不承担相应替代责任。而法官对于迫害的审理独立于对性骚扰的审理，法官的判定依据来源于学校做法是否符合规范。在此案中，法官认为，学校拒绝瓦尔德入学的原因完全符合学校申请规定，与瓦尔德的投诉行为之间不具有因果关系，因此认定迫害不成立。

通过如上分析可见，高校可能因为纵容或者导致性骚扰而作为间接参与者承担责任，也可能在未采取一切合理措施的情况下为雇员在履行职务过程中的性骚扰行为承担责任，还可能因为违反普通法中的注意义务而承担责任。在高校承担责任的这前三种法律基础中，对受害人保护力度最强的还是反歧视法中的机构替代责任。事实上，在澳大利亚，性骚扰纠纷主要依据联邦的《条例》以及类似的州层面上的反歧视法律来解决（Tahmindjis，2005）。除此之外，如果高校的行为同时涉及性别歧视或者迫害，也需要承担相应的法律责任。

五、结论与建议

（一）结论

国家需要表明反性骚扰的立场，并对性骚扰行为进行界定。澳大利亚在1984年通过《条例》，将性骚扰作为一种性别歧视行为予以禁止，明确了性骚扰的定义，为社会各部门了解性骚扰并建立相应的防范机制提供了基础。在一般性定义的基础上，《条例》进一步列举了就业、职业认证机构、教育、商品/服务/设施提供者、住宿提供者等多领域内性骚扰的表现。

教育是反性骚扰的重要领域，有必要进行专门规范。《条例》以专门条款明确禁止教育领域中的四种性骚扰情形，覆盖师生性骚扰、生生性骚扰、对准学生的性骚扰等多种情形。《条例》的局限性在于对复杂多样的校园性骚扰形态的适用能力有限，加之举证困难，事实上在本文检索到的高校性骚扰案例中，投诉人鲜有胜诉。在校外宿舍、餐厅等场所及学校的校外活动中发生的性骚扰目前难以通过《条例》获得有效的法律支持。

教育机构需要承担起反性骚扰的重要职责，其责任基础具有多重性。性骚扰不仅仅是当事人之间的"私事"，学校作为教育提供者、教职员工的雇佣者、学生利益保护者，对校园性骚扰的应对和预防也肩负着重要职责。在澳大利亚，高校如未采取一切合理措施防范教职员工实施性骚扰，需承担机构替代责任。《条例》中的间接参与者责任以及普通法上的注意义务也为当事人提供了一定的保护。高校的应对不当行为还可能同时引发性别歧视争议和迫害的问题。

（二）建议

我国近年来媒体曝光的多起高校性骚扰案件凸显出，我国亟待建立教育领域反性骚扰的相关制度。借鉴澳大利亚的经验，结合我国具体情况，笔者提出如下建议。

1. 以法律形式明确性骚扰行为定义

在国家法律的层面，我国之前仅在《中华人民共和国妇女权益保障法》中规定了禁止对妇女实施性骚扰，但并未给出性骚扰的定义。2020年5月新颁布的《中华人民共和国民法典》第1010条规定："违背他人意愿，以言语、文字、图像、肢体行为等方式对他人实施性骚扰的，受害人有权依法请求行为人承担民事责任。"该规定列举了性骚扰的表现形式和基本特征，可以成为后续相关立法的起点。

在制定相关法律时，应首先明确性骚扰行为的定义，包括性骚扰的行为本质、行为特征，以及判定性骚扰的标准，帮助社会有效识别性骚扰行为。

定义可以借鉴西方国家对性骚扰是性别歧视的理解，结合中国国情中的两性交往尺度，确立适合中国本土社会的性骚扰行为定义。纵观海外国家和地区对性骚扰的定义，"不受欢迎"或违背受害人意愿是性骚扰行为的基本特征，以区别于传统强奸罪中的"同意"要素。同时，我国的定义应为性骚扰的当事人之间的关系、当事人的性别及身份等要素保留充分的空间，以应对社会快速变化中各种新型的性骚扰形式。性骚扰的受害者不仅限于女性，性骚扰还可以包括女对男和同性之间的性骚扰。从法律施行的角度，政府可以在宣传材料中加入一些典型案例，以帮助公众理解性骚扰行为的构成要件及行为表现。

2. 教育行政部门制定教育领域反性骚扰的部门规章

在法律给出性骚扰的一般定义并具有普遍适用性的基础上，政策制定者还需对教育领域内性骚扰行为的特殊性予以充分关注。教育领域中的性骚扰不仅给被骚扰者带来身体上和精神上的伤害，也会影响被骚扰者受教育权的实现，同时侵蚀校园文化、威胁校园安全。考虑到我国既有法律体系的结构与立法可行性，如难以出台全国性的反性骚扰法律，也可由教育部制定教育领域内或者高等教育领域内反性骚扰的部门规章，对师生性骚扰、同伴性骚扰、跨机构性骚扰等性骚扰的具体形态、教育机构预防与应对的义务、法律责任等进行规定。

与仅由高校自身制定反性骚扰规定相比，由教育部出台总体性规定具有更强的合法性和更广泛的覆盖性。师生性骚扰经常涉及教师权力滥用的问题，教育部有对其进行规制的必要，也只有教育行政部门有对涉事教师取消教师资格或者进行执业限制的权力。从数量上来讲，同伴性骚扰是校园性骚扰最主要的形态，直接影响广大学生对性骚扰的文化认知。跨机构性骚扰涉及复杂的管辖问题，也只有在教育行政部门的协调下，才能建立起相应的调查和处理规则。

3. 明确教育机构具有主动预防和积极应对性骚扰的义务

从理论的角度来讲，教育机构为何需要对校园性骚扰行为负责？本文结合澳大利亚的法律制度，尝试进行一些梳理和分析。我国学界也需要进一步研究教育机构对校园性骚扰承担责任的理论基础，为立法和司法实践提供有效的指导。

从立法的角度来讲，我国法律法规和部门规章需要明确教育机构具有主动预防和积极应对性骚扰的义务，并规定相关的法律责任。就我国现行法律规定而言，《中华人民共和国妇女权益保障法》第58条仅规定了骚扰者个人责任。《中华人民共和国侵权责任法》第38至第40条宽泛地规定了教育机构的教育管理职责，但是这些条款仅适用于未成年人教育机构。值得欣慰的是，《中华人民共和国民法典》第1010条第2款规定："学校……采取合理的预防、受理投诉、调查处置等措施，防止和制止利用职权、从属关系等实施性骚扰。"但《中华人民共和国民法典》并未直接规定学校违反这一义务的法律责任。澳大利亚《条例》中规定的机构替代责任采取了雇主责任制，《中华人民共和国侵权责任法》中也存在雇主责任的原则性规定，教师利用职务便利进行性骚扰，是否可以被认定为《中华人民共和国侵权责任法》第34条规定的"因执行工作任务造成他人损害"？这一点值得讨论。而且，另一个相关的法律问题是，教育机构承担责任是否以其具有一定过错为前提？美国与澳大利亚的法律和相关判决似乎都强调，在教育机构已经建立有效的性骚扰预防和报告机制的情况下，如果当事人不向教育机构投诉，教育机构无从干预，也就不承担责任。虽然美国是从合同的角度对《1972 年联邦教育法修正案第 9 条》（Title Ⅸ of the Education Amendments of 1972）进行解读，澳大利亚是将"采取一切合理措施"作为替代责任的除外条件，教育机构对性骚扰受害者的赔偿责任都带有一定的过错责任的特点。过错可以体现在教育机构知晓性骚扰行为的存在但是并未进行干预，也可以体现在教育机构未建立性骚扰的报告和应对机制，从而使得受害者无从告知教育机构。①

　　从法律施行的角度来讲，我国建立教育领域的性骚扰防治体系几乎是从零开始，教育行政部门需要为教育机构提供支持和指南。可能的方式包括为教育机构相关工作人员提供培训并建立沟通平台，进行政策解读，明确教育机构的责任边界，拟定学校性骚扰政策和程序参考范本，确立试点学校并及时总结经验，设计反校园性骚扰的宣传材料并广为散发，等等。

参考文献

ANITHA S, LEWIS R, 2018. Gender based violence in university communities: policy, prevention and educational interventions[A]. Bristol: The Polity Press.

AUSTRALIAN HUMAN RIGHTS AND EQUAL OPPORTUNITY COMMISSION, 1996. Harassment and educational institutions: a guide to the Federal Sex Discrimination Act[EB/OL].[2018-11-03]. https://www.humanrights.gov.au/sites/default/files/document/publication/HREOC_Sexual%20Harassment%20Education%201996.pdf.

AUSTRALIAN HUMAN RIGHTS COMMISSION, 2002. Getting to know the Sex Discrimination Act: a guide for young women (2002)[EB/OL].[2018-08-27]. https://www.humanrights.gov.au/our-work/sex-discrimination/publications/getting-know-sex-discrimination-act-guide-young-women-2002.

AUSTRALIAN HUMAN RIGHTS COMMISSION, 2008. Effectively preventing and responding to sexual harassment: a quick guide (2008)[EB/OL].[2018-08-27]. https://www.humanrights.gov.au/our-work/sex-discrimination/publications/effectively-preventing-and-responding-sexual-harassment-0.

AUSTRALIAN HUMAN RIGHTS COMMISSION, 2014. Vicarious liability[EB/OL].[2018-08-27]. https://www.humanrights.gov.au/sites/default/files/GPGB_vicarious_liability.pdf.

AUSTRALIAN HUMAN RIGHTS COMMISSION, 2017. Change the course: national report on

① 关于"采取一切合理措施"的举证责任由机构承担，从这个意义上讲，更类似于过错推定责任；过错推定责任本质上也是有过错才承担责任，只是当事人需要"自证清白"。

sexual assault and sexual harassment at Australian universities (2017)［EB/OL］.［2018-01-
01］. https://www.humanrights.gov.au/our-work/sex-discrimination/publications/change-course-
national-report-sexual-assault-and-sexual.

AUSTRALIAN HUMAN RIGHTS COMMISSION, 2018. Everyone's business: fourth national survey on
sexual harassment in Australian workplaces［EB/OL］.［2019-01-08］. https://www.humanrights.gov.
au/sites/default/files/document/publication/AHRC_WORKPLACE_SH_2018.pdf.

AUSTRALIAN INSTITUTE OF CRIMINOLOGY, 2005. The age of criminal responsibility［EB/OL］.
［2018-08-27］. https://aic.gov.au/publications/cfi/cfi106.

BURROW S, 2004. An unequal world［J］. The University of New South Wales Law Journal (3): 884-891.

CHARLESWORTH S, MCDONALD P, CERISE S, 2011. Naming and claiming workplace sexual
harassment in Australia［J］. Australian Journal of Social Issues (2): 141-161.

DOBBIN F, KELLY E L, 2007. How to stop harassment:professional construction of legal compliance in
organizations［J］. American Journal of Sociology (4): 1203-1243.

EASTEAL P, SAUNDERS S, 2008. Interpreting vicarious liability with a broad brush in sexual harassment
cases［J］. Alternative Law Journal (2): 75-80.

EL-MURR A, DEAN A, SCOTT D, et al., 2017. Age of consent laws. Australian institute of family
studies［EB/OL］.［2018-08-27］. https://aifs.gov.au/cfca/publications/age-consent-laws.

FITZGERALD L F, 2017. Still the last great open secret: sexual harassment as systemic trauma［J］.
Journal of Trauma & Dissociation (4): 483-489.

HELY B, 2008. Open all hours: the reach of vicarious liability in "off-duty" sexual harassment complaints
［J］. Federal Law Review (2): 173-208.

JUDD K, 2016. Sexual harassment law in Australia［J］. Legaldate (3): 11-15.

MCDONALD P, CHARLESWORTH S, 2013. Settlement outcomes in sexual harassment complaints［J］.
Australasian Dispute Resolution Journal (4): 259-269.

MCDONALD P, CHARLESWORTH S, CERISE S, 2011.Below the "tip of the Iceberg": extra-legal
responses to workplace sexual harassment［J］. Women's Studies International Forum (4): 278-289.

PALUDI M, NYDEGGER R, DESOUZA E, et al., 2006. International perspectives on sexual
harassment of college students［J］. Annals of the New York Academy of Sciences (1): 103-120.

TAHMINDJIS P, 2005. Sexual harassment and Australian anti-discrimination law［J］. International Journal
of Discrimination and the Law (1-4): 87-126.

TOOHEY K, 2013. Addressing sexual harassment in the workplace［J］. Law Institute Journal (9): 32-35.

WORLD ECONOMIC FORUM, 2018. The global gender gap report 2018［EB/OL］.［2019-01-
18］.http://www3.weforum.org/docs/WEF_GGGR_2018.pdf.

Addressing Sexual Harassment in Australian Higher Education: Sex Discrimination Act 1984 and Relevant Cases

Zhang Ran　Ouyang Tianyi

Abstract: This paper analyzes the application of Sex Discrimination Act 1984 to sexual harassment disputes in Australian higher education and delineates the legal responsibilities for educational institutions to properly address sexual harassment. Sex Discrimination Act 1984 defines sexual harassment and explicitly bans four types of sexual harassment in educational institutions, which cover teacher-student sexual harassment, peer sexual harassment, inter-institutional sexual harassment, and sexual harassment against quasi-students. Sex Discrimination Act 1984 also imposes vicarious liability on institutions if they fail to take all reasonable steps to prevent sexual harassment. Besides vicarious liabilities, accessory liability and common law also applies to educational institutions, and gender discrimination and victimization may also be involved in sexual harassment disputes. In light of the Australian legal structures against sexual harassment, the paper argues that the current efforts of Chinese higher education institutions are insufficient for addressing sexual harassment on campus. The definition of sexual harassment, the delineation of institutional responsibilities to prevent and address sexual harassment, and the coordination between educational institutions and educational agencies all go beyond the legitimacy and capacity of specific colleges or universities. Therefore, the national legislature and the Ministry of Education shall take concrete actions in rule making against sexual harassment.

Key words: definition of sexual harassment　gender equity　teacher-student sexual harassment　peer sexual harassment　vicarious liability

作者简介

张冉，教育学博士，北京大学教育经济研究所副教授，研究方向为教育法学和比较教育法学。

欧阳添艺，管理学硕士，北京大学教育学院毕业生，研究方向为教育法学与教育政策学。

□ 王祈然　张宇恒

师源性侵：案件特征及治理对策

——基于 2016—2018 年全国裁判文书的实证分析①

【摘　要】我国师源性侵案件呈逐年增长趋势。通过对 2016—2018 年全国裁判文书的实证分析发现，当前，我国师源性侵案件在中西部地区、村镇地区多发，受害者多为中小学生。教师多次性侵一人或多人的特征明显。同时，年龄偏高、学历较低的教师性侵后果更为严重。通过引入"生活方式/常规活动理论"，建立学校内部师源性侵防治体系，从"学校、教师、学生、课程"四大学校要素入手，明确学校公权的防范性保护责任，为学生提供强有力的学校保护；规范教师职业行为，完善职业道德考核体系，降低教师犯罪动机；制定国家性教育标准意见，提升学生自我保护意识，切实保障学生健康与安全。

【关键词】师源性侵　案件特征　内部防治

近年来，师源性侵案件频发，引起了社会的广泛关注。2017 年 12 月，一篇题为"优秀教师性侵 8 名女学生，案发时女儿刚考上大学"的报道，引发社会激烈讨论。关于师源性侵，媒体报道的相关案件集中于高等教育领域，尤其是 2018 年北京某大学教授性侵多名女学生被告上法庭的案件，将师源性侵推向了舆论的高潮。2018 年 11 月，

①　本文系北京市教育科学规划项目"北京市中小学生欺凌与暴力防治机制研究"（AACA17015）的阶段性成果。

教育部印发《新时代高校教师职业行为十项准则》，规定教师"不得与学生发生任何不正当关系，严禁任何形式的猥亵、性骚扰行为"。2018年10月，最高检向教育部发出《中华人民共和国最高人民检察院检察建议书》，建议进一步健全完善预防性侵害幼儿园儿童和中小学学生的制度机制。该检察建议是最高检2018年度对教育部的唯一指导建议，得到了教育部高度重视（新华网，2018）。从近年来被媒体曝光的师源性侵犯罪案件来看，相对于普通性侵案件，此类案件有着受害者人数多、性侵行为隐蔽性强、性质恶劣等显著特征。鉴于当前预防师源性侵的紧迫形势，本研究主要从师源性侵案件中涉及的主客体有哪些显著特征、案件有怎样的过程特征和结果特征、怎样完善预防师源性侵的政策法律规制等方面进行探讨。

一、概念界定与研究综述

师源性侵，又称教师性侵。关于师源性侵的定义，有研究者认为师源性侵犯罪是指教师或其他教育工作者在教育教学过程中，利用自己的特定身份对女性学生进行强奸、猥亵或对男性未成年学生进行猥亵的犯罪行为（马雷军，2005）；也有学者认为，师源性侵是发生在权力、地位不平等行为主体的教师与学生之间，教师对未成年女性的非法性活动。男教师对女学生的性侵害，往往通过权威、暴力、金钱或诱惑、胁迫等手段（谭晓玉，2007）。因此可以看出，师源性侵的犯罪主体是具有教师身份的自然人，受害主体是学生，所有犯罪行为均为主观故意。本文所说的师源性侵犯罪主要指的是以教师或教育工作者为犯罪主体，学生为受害主体，触犯《中华人民共和国刑法》第236条和第237条规定的强奸罪，强制猥亵、侮辱罪，猥亵儿童罪的犯罪案件。

对于师源性侵的认识，国外研究者已经有了一定的积累。有研究者发现，很多儿童并不能分清普通接触动作和性骚扰动作的区别，一些教师恰巧利用了他们的无知，对其进行反复骚扰（Michael et al.，2018）。有研究者通过对美国学校性侵案件的调查分析发现，性侵学生的教师往往在所就职学校任教多年，拥有较为良好的同事关系，这对于他们隐藏犯罪行径有帮助（Burrow et al.，2017）。还有研究者发现，相对于男性教师，女性教师更容易有性侵和虐待男学生的行为倾向（Morgan et al., 2018）。那些被教师性侵犯的学生，更容易做出暴饮暴食、自残的行为（Charak et al., 2015）。同时，单亲家庭、父母常年不在身边的女生更容易被男教师性侵（Kaltiala-Heino et al., 2018）。还有学者通过对中国台湾幼儿园教师对性侵学生事件态度的研究发现，有 11% 的教师表示自己曾经发现同事类似性侵学生的行为，但都没有选择上报（Feng et al., 2010）。目前国内对于师源性侵的相关研究十分匮乏，以"师源性侵害"和"教师性侵害"为关键词在中国知网搜索，只有 36 条搜索结果。然而，教师性侵的案件却呈每年增加的趋势，以"教师""猥亵""强奸"为关键词，在中国裁判文书网搜索，剔除不相关的判决书可以发现，2014 年 39 件，2015 年 52 件，2016 年 59 件，2017 年 89 件，2018 年 108 件。在这样的形势下，师源性侵问题值得学术界给予更大的关注力度。

二、理论基础与研究设计

英国犯罪学专家卡特（D. Canter）和扬斯（D. Youngs）曾提出了犯罪案件特征的五项因素模型，包括人际关系特征、时间地点特征、案件过程特征、犯罪人特征、法律知识等五个维度（Canter et al., 2008）。本研究基于相关文本材料，结合卡特和扬斯关于犯罪案件特征的理论，通过四个大方面分析当前中小学师源性侵案件的相关特征，分别为：师源性侵案件的地域特征分析，包括师源性侵案件发生的地域、省份分布以及城乡类别；师源性案件的主体、客体特征分析，包括实施性侵者的年龄分布、学历、职位、是否为正式教职人员、所在学校类别等信息，被性侵者的性别、年龄、年级、所在学校类别等方面；师源性侵案件的过程特征分析，主要包括性侵发生时间、性侵发生地点、性侵方式、性侵手段等信息；师源性侵案件的结果特征分析，主要包括侵害罪名、量刑结果、量刑时长以及是否附带民事诉讼等信息。本文样本选取自中国裁判文书网，时间跨度为 2016 年至 2018 年，共检索出 316份裁判文书和相关通知文书，其中判决书 183 份、裁定书 120 份、调解书 1 份、决定书 8 份、通知书 4 份。经过筛选剔除重复案例文书，获得 206 项有效样本。通过仔细分析裁判文书文本内容，最终选取 116 份有效全特征样本。

三、师源性侵案件特征分析

（一）师源性侵案件的地域特征分析

所选取的 116 份师源性侵案件有效样本涉及全国 23 个省、4 个直辖市、5 个自治区，涵盖面较为广泛。从区域分布来看，中西部地区的师源性侵案件数量要高于东部地区，中部地区最高，占到了总样本数的 39.7%（46 例）。从分省别统计情况看，其中案发数量最多的为四川，共有 24 例，占总样本数的 20.7%。其次为陕西（22 例）、安徽（21 例）、湖南（19 例）、贵州（15 例）。案发数量较少的省份分别为北京（2 例）、上海（1 例）、新疆（1 例）、青海（1 例）。从城乡分布来看，县城和农村的案件数量要远高于城市，发生在县城和农村的师源性侵案件占总样本数的 81.9%（见表 1）。

表 1　师源性侵案件的区域、城乡地域特征

发生区域	案件数量（个）	比例（%）	发生地域	案件数量（个）	比例（%）
西部	43	37.1	城市	21	18.1
中部	46	39.7	县城	50	43.1
东部	27	23.3	农村	45	38.8

注：由于四舍五入，个别项目百分比之和不等于 100%，后同。

（二）师源性侵案件的主体、客体特征分析

通过对所选师源性侵案例主体、客体特征信息的统计（见表 2）可以发现，实施性侵的教师均为男性，遭受性侵的案例当事人中只有 1 名是男生，其余均为女生。该案件较为特殊，具体为被告人某县幼儿园教师魏某趁该幼儿园学生午休时，将被害人陈某某（男，5 岁）带到男厕所内实施猥亵。同时，实施性侵教师的年龄在 45—59 岁的最多（占总样本数的 55.2%），说明中年男教师群体中最容易出现师源性侵行为。而被性侵学生的年龄主要集中在 6—14 岁，其中 11—14 岁的女生在师源性侵受害群体中占很大比重（60.3%）。从被侵害学生所处学段来看，与媒体重点关注和曝光的领域不同，

小学和初中是师源性侵的高发阶段，而高等教育领域涉及的案件较少。同时，通过对实施性侵教师的学历统计来看，具有大专及以下学历的性侵者占比最大（占总样本数的80.2%），而没有任何行政职位的普通教师是实施性侵教师的主要群体（占总样本数的82.8%），需要说明的是，在116例有效样本中，只有2起案件为小学校长所为，1起案件为教导主任所为。同时，有19起案件（占总样本数的16.4%）为代课教师或者学校非正式员工所办；有34起案件（占总样本数的29.3%）发生在民办学校或培训机构，其余均发生在公立学校。

表2　师源性侵案件的主体、客体特征

实施性侵教师相关特征				被性侵学生相关特征			
变量	组别	频次	比例（%）	变量	组别	频次	比例（%）
性别	男	116	100	性别	男	1	0.9
	女	0	0		女	115	99.1
年龄	29 岁以下	2	1.7	年龄	6 岁以下	4	3.4
	29—44 岁	28	24.1		6—10 岁	36	31.0
	45—59 岁	64	55.2		11—14 岁	70	60.3
	60 岁及以上	22	19.0		15—18 岁	5	4.3
学历	高中及中专	50	43.1		19 岁及以上	1	0.9
	大专	43	37.1		幼儿园	4	3.4
	本科	18	15.5		小学	75	64.7
	硕士及以上	5	4.3	学段	初中	26	22.4
职位	普通教师	96	82.8		高中	8	6.9
	班主任	17	14.7		中专	1	0.9
	教导主任或校长	3	2.6		大专或大学	2	1.7

（三）师源性侵案件的过程特征分析

从被统计师源性侵案件的过程特征来看，"教室"（占38.8%）和"办公室"（占 41.8%）为师源性侵的高发地点 ①，值得注意的是，很多性侵案件都是教师以辅导作业为由，对学生实施不同程度的猥亵。而在侵害时间上，在校时间（8:30—17:30）为师源性侵的高发时段，占比高达 88.8%。通过对师源性侵侵害方式的统计可以发现，"多次性侵一人"（占 25.9%）和"多次性侵多人"（占 34.5%）为主要侵害方式。有多起案件的教师长期对某一名或者某几名学生进行侵害。在侵害手段上，有近一半的案件主体都采取了多重手段（见表 3），较为典型的是陕西省教师黄某通过给学生购买手机，多次赠送现金、文具、衣物等礼物获取某女生好感，多次强制该女生与其在办公室内发生性关系。

表 3　师源性侵案件的过程特征

变量	组别	频次	比例（%）
侵害地点	教室	52	38.8
	办公室	56	41.8
	校内其他场所	3	2.2
	学生宿舍	4	3.0
	校内职工宿舍或教师住所	19	14.2
侵害时间段	8:30—17:30	103	88.8
	17:30 以后至次日 8:30	13	11.2
侵害方式	一次性侵一人	24	20.7
	多次性侵一人	30	25.9
	一次性侵多人	22	19.0
	多次性侵多人	40	34.5
侵害手段	引诱、欺骗	15	12.9
	恐吓威胁	13	11.2
	暴力或强制手段	38	32.8
	多重手段累积	50	43.1

---

① 由于多起案件的事发地点不止一处，所以在此均予以统计。

（四）师源性侵案件的结果特征分析

师源性侵是对被侵害学生身体、人格、尊严等人身权利的严重侵害，触犯《中华人民共和国刑法》第 236 条和第 237 条的具体规定。根据师源性侵案件结果的特征统计可以发现，大部分实施性侵的教师被判猥亵妇女、儿童罪（占 82.8%），其余情节较为严重的被判强奸罪。从量刑结果来看，大部分实施性侵的教师被判有期徒刑（占 89.7%），只有 1 起案件实施性侵的教师被判死刑：甘肃省乡村教师刘某多次以检查作业为由，分别在办公室对 8 名女生实施不同程度的猥亵与强奸，对学生造成严重的身体和精神损伤，造成了极其恶劣的社会影响，被判处死刑。在被统计的 20 个构成强奸罪的样本中，实施性侵的教师均同时被判猥亵妇女、儿童罪。《中华人民共和国刑法》第 237 条中规定"以暴力、胁迫或者其他方法强制猥亵他人或者侮辱妇女的，处五年以下有期徒刑或者拘役"。但从量刑时长来看，样本中被判 5 年以上 8 年以下刑期的案件最多（占 33.6%），可见，很多师源性侵案件中实施性侵教师的犯罪情节较为恶劣，对其的惩处在量刑时长上得到了体现。值得注意的是，所有样本中附带民事诉讼的案件只占到了总样本数的 16.4%（见表 4）。

表 4　师源性侵案件的结果特征

变量	组别	频次	比例（%）
侵害罪名	猥亵妇女、儿童罪	96	82.8
	强奸罪及猥亵妇女、儿童罪	20	17.2
量刑结果	拘役	10	8.6
	有期徒刑	104	89.7
	无期徒刑	1	0.9
	死刑	1	0.9

续　表

变量	组别	频次	比例（%）
量刑时长	不满 1 年	13	11.2
	1 年以上 3 年以下	27	23.3
	3 年以上 5 年以下	24	20.7
	5 年以上 8 年以下	39	33.6
	8 年以上 10 年以下	11	9.5
	10 年以上	2	1.7
是否附带民事诉讼	是	19	16.4
	否	97	83.6

　　为进一步对师源性侵案件的相关特征进行深入分析，本研究分别以"发生地域"和"发生区域"为因变量，"性侵人数""侵害罪名""量刑时长"为自变量建立回归方程。本研究将师源性侵"发生地域"分为"城市""县城""农村"，城市赋值为 0，县城和农村赋值为 1；发生区域方面，"东部地区"赋值为 0，"中西部地区"赋值为 1。自变量赋值情况为：性侵人数 1 人赋值为 0，性侵人数 2—5 人赋值为 1，6—10 人赋值为 2，11—15 人赋值为 3，15 人以上赋值为 4；侵害罪名为猥亵妇女、儿童罪赋值为 0，强奸罪赋值为 1；量刑时长不满 1 年赋值为 0，1 年以上 3 年以下赋值为 1，3 年以上 5 年以下赋值为 2，5 年以上 8 年以下赋值为 3，8 年以上 10 年以下赋值为 4，10 年以上赋值为 5。本研究把"被性侵者年龄"和"被性侵者学段"设为控制变量。基于因变量的数据特征，本文用 Ologit 模型回归分析，通过迭代运算后可以发现，两个模型整体预测的正确率分别为 67.1% 和 91.3%（见表 5），均大于 50% 的标准，说明方程拟合成立。在方程解释变量表中，$Exp(B)$ 是对回归系数值 B 进行指数运算的结果，Sig 为对应的概率 p 值，B 为最终模型的回归参数预计值（见表 6）。

表5 分类分析表

观测值		预测值		
		发生地域（是否为农村）		正确百分比（%）
		否	是	
发生地域（是否为农村）	否	28	21	57.1
	是	17	50	74.6
整体百分比（%）		67.1		

观测值		预测值		
		发生区域（是否为中西部地区）		正确百分比（%）
		否	是	
发生区域（是否为中西部地区）	否	19	15	55.8
	是	0	82	100.0
整体百分比（%）		91.3		

根据表6分析结果，在因变量为"发生地域（是否为农村）"的回归方程中，"性侵人数""侵害罪名"两项自变量均通过了0.05水平的显著性检验，回归系数为正值，说明相对于城市地区，发生于农村地区的师源性侵案件在性侵人数上显著为多。同时，发生在农村地区的师源性侵案件被告人被判处强奸罪的也显著多于城市地区。而在因变量为"发生区域（是否为中西部地区）"的回归方程中，"性侵人数""量刑时长"两项自变量均通过了0.05水平的显著性检验，回归系数为正值，说明相对于东部沿海地区，经济相对落后的中西部地区的师源性侵案中会有更多的受害者，同时犯罪的严重程度也相对较高。针对这样的分析结果，从判决书的文本中不难找出相关典型案例，如2016年，河南滇池某乡村教师兰某因性侵11名女学生而犯强奸、猥亵儿童罪，被判处有期徒刑18年；2017年，甘肃省秦民乡村教师在三年间多次对该校不满14周岁的刘某某等4名女学生实施猥亵，并且对每位受害者均实施5次以上的性侵，最终被判处有期徒刑8年3个月……。这些影响恶劣的案件也说明经济发展水平较为落后、教育发展水平相对较低的

农村地区和中西部地区，师源性侵案件的后果往往更为严重。

表 6　方程解释变量分析表

因变量：发生地域（是否为农村）						
自变量	B	S.E.	Wald	df	Sig	Exp (B)
性侵人数	0.090	0.068	1.767	1	0.023	0.784
侵害罪名	0.710	0.637	1.242	1	0.034	0.965
量刑时长	−0.047	0.211	0.049	1	0.825	0.954
常数	−0.199	0.394	0.254	1	0.614	0.820
因变量：发生区域（是否为中西部地区）						
自变量	B	S.E.	Wald	df	Sig	Exp (B)
性侵人数	0.112	0.077	0.023	1	0.012	0.312
侵害罪名	−0.954	0.682	1.959	1	0.162	0.155
量刑时长	0.451	0.241	3.495	1	0.042	0.057
常数	0.414	0.427	0.939	1	0.333	0.513

　　为进一步进行师源性侵案中性侵方的相关分析，本研究从案件结果角度入手，以"性侵人数"和"量刑时长"为因变量，以"性侵者年龄""性侵者学历""是否为正式教职工""是否为班主任""就职学校是否为民办学校"为自变量，以"被性侵者年龄""被性侵者所处学段"作为控制变量进行分析。由于所测量的因变量均为连续变量，故采用 OLS 回归方法建立方程。在自变量方面，性侵者年龄中，29 岁以下赋值为 0，29—44 岁赋值为 1，45—59 岁赋值为 2，60 岁及以上赋值为 3；性侵者学历方面，高中或中专学历赋值为 0，大专学历赋值为 1，本科学历赋值为 2，硕士及以上学历赋值为 3；学校正式聘用教师赋值为 0，代课教师、临时工作人员、其他教辅人员赋值为 1；普通教师赋值为 0，班主任赋值为 1；公立学校教师赋值为 0，民办学校及培训机构教师赋值为 1。

　　通过表 7 分析可以发现，在因变量为"性侵人数"的回归方程中，"性侵者年龄""性侵者学历""是否为正式教职工""就职学校是否为民办学校"四项自变量均通过了 0.05 水平的显著性检验，其中"性侵者学历"和"是否为正式教职工"两项回归系数最高，回归系数分别为 -10.776 和 10.127，影响最为显著。统计结果说明在被统计的师源性侵案例中，性侵者年龄越大，性侵的人数越多，性侵者学历越低，性侵的人数越多。从判决书相关文本中可以看出，性侵人数达 10 人以上的几起案件中性侵教师的学历均为"中专"，且年龄均在 50 岁以上。这些年龄偏大、学历较低的性侵教师也更容易产生较为严重的性侵后果，面临着年限更长的刑罚。同时，性侵者为代课教师或返聘教师时，被害学生的数量也相对较多，如：2016 年四川省盐源县代课教师鉴于学前班女学生年幼无知，在其所教学的教室中、学生宿舍内和其在该校的职工寝室里，多次对 7 名女生进行猥亵与奸淫；2017 年，河南商丘某代课教师蒋某利用上课期间和课间先后对 6 名女生进行猥亵。另外，性侵教师供职于民办学校时，受害人数量要显著高于性侵教师供职于公立学校时。

表 7　性侵者相关特征分析表

性侵人数特征回归分析表					
变量信息	非标准化系数		标准化系数	T	Sig
	B	S.E.	Beta		
常数	1.873	1.264		1.481	0.042
性侵者年龄	1.185	0.429	0.263	2.759	0.007
性侵者学历	−10.776	3.693	−1.153	−2.918	0.004
是否为正式教职工	10.127	3.766	1.065	2.689	0.008
是否为班主任	1.290	0.936	0.128	1.378	0.171
就职学校是否为民办学校	1.837	0.778	0.236	2.359	0.020
量刑时长特征回归分析表					
变量信息	非标准化系数		标准化系数	T	Sig
	B	S.E.	Beta		
常数	1.168	0.420		2.778	0.006
性侵者年龄	0.268	0.143	0.186	1.876	0.043
性侵者学历	−1.577	0.228	0.527	1.284	0.022
是否为正式教职工	−1.168	1.252	−0.384	−0.933	0.353
是否为班主任	−0.192	0.311	−0.060	−0.618	0.538
就职学校是否为民办学校	−0.016	0.259	−0.007	−0.063	0.950

四、结论与建议

（一）研究结论

本研究通过对 2016—2018 年我国师源性侵典型案例的相关特征进行分析，得出以下主要结论。

（1）通过对师源性侵案件的发生区域、地域特征的描述分析发现，当前我国师源性侵案件在中西部地区、村镇地区发生的概率相对较高。通过对师源性侵案件主客体特征的描述分析发现，当前我国师源性侵案件中异性性侵占绝大多数，性侵者以中年男教师为主，年龄集中于 45—59 岁。师源性侵案件中的主要受害者学段集中分布于小学和初中。通过对师源性侵案件的过程特征进行分析发现，师源性侵案件主要发生于学生在校期间，上课期间、课间和午休时间均可能发生，而教室、办公室是性侵发生的主要地点，性侵者主要采取引诱、欺骗、恐吓威胁、暴力或强制等手段对学生进行性侵。通过对师源性侵案件的结果特征进行分析发现，大部分师源性侵案件实施主体被判猥亵妇女、儿童罪，其余被判强奸罪。在量刑结果方面，性侵教师被判 3—8 年有期徒刑的占大多数。

（2）通过对师源性侵案件的发生区域、地域特征进行回归分析发现，相对于东部地区发生的性侵案件，中西部地区的相关案件存在受害者较多、性侵后果更为严重的情况。同样，相对于城市地区发生的性侵案件，乡村地区的相关案件的受害者较多、性侵后果更为严重。通过对师源性侵案件侵害主体的特征进行回归分析发现，年龄偏大、学历较低的犯罪教师性侵人数较多，性侵后果更为严重，量刑年限也更长。同时，性侵者为代课教师或返聘教师的案例中，受害学生的数量也相对较多。相对于发生在公立学校的性侵案件，发生在民办学校的性侵案件往往有更多的受害者。

（二）政策建议

师源性侵作为一种犯罪行为，对受害学生具有不可逆的身心伤害，对于此类案件的防治，应当坚持"预防为主"的原则。同时，师源性侵作为一种主要发生在学校场域，由教师这一身份主体对学生实施的性侵行为，相比其他性侵案件具有特殊性。除了传统意义上所强调的让学校、家庭、社会、司法等主体形成一个综合防治体外，还应该从学校内部出发，通过学校、教师、学生、课程四大学校内部要素，建立起相互协调的学校性侵防治体系。

本研究基于"生活方式 / 常规活动理论"（lifestyles/routine activities theory, LRAT）来构建学校内部的师源性侵防治体系。常规活动理论（RAT）是犯罪机会理论的一个子理论，被较多用于理解与预防发生在熟识群体间的犯罪行为。它是费尔森（M. Felson）和科汉（L. E. Cohen）在对 1947—1974 年美国犯罪率变化的解释中首次提出的（Cohen et al., 1979）。常规活动理论认为，当犯罪的三个基本要素在空间和时间上汇合时，犯罪很可能发生：一个有动力的罪犯，一个有吸引力的目标，以及不完善的监护（Cohen et al., 1979）。费尔森和科汉认为，上述三个要素中缺乏任何一个，都足以阻止犯罪的发生。监护因素是三要素中最重要的因素，因为它是唯一的变量，在减少的情况下会增加某一特定领域犯罪的可能性（Cohen et al., 1979）。常规活动理论主要是犯罪和受害的宏观理论。1981 年科汉等人将常规活动理论扩展到了微观层面，将之发展成"生活方式 / 常规活动理论"。在原来的基础上，增加了机会模型，用以解释个人的生活方式和日常活动如何创造和促进导致更高程度危害的机会（Cohen et al., 1981）。通过以上分析可知，在师源性侵行为中，教师是作为一个有动力的罪犯存在，学生是可能遭受侵犯的目标，学校并不能很好地履行管理和保护义务，而性教育课程的相对缺位则在微观层面进一步增加了学生受害机会。因此，学校内部师源性侵防治体系也应从这四个方面进行构建，具体实施路径如下（见图 1）。

1. 明确学校公权的防范性保护责任

学校作为教育教学的主体是在代表国家行使公权力，对学生肩负着教育、管理和保护的法律责任。学生遭受师源性侵伤害的风险在很大程度上取决于学校保护缺失，让潜在犯罪者有机可乘。因此，学校应该将师源性侵风险纳入学校安全防控范围，切实履行保护职责。例如，通过实行校长（园长）直接负责制，落实管理主体责任；加强学校安保和监控建设，完善技术防范系统。科汉等人在常规活动理论中就曾提到，"技术可用于防范潜在的犯罪目标"（Cohen et al., 1981）。这可以解释为何教育发展水平相对较低的农村和中西部地区师源性侵问题更为严重。同时，尝试探索建设学校与班主任、科任教师"共同–直接监管"学生的制度。教师一般是作为学校的代表，直接行使权利和履行义务，但在师源性侵案中，他们很多时候却是作为犯罪主体，这就需要学校公权力的直接介入，为学生免遭教师侵害提供预防性保护。

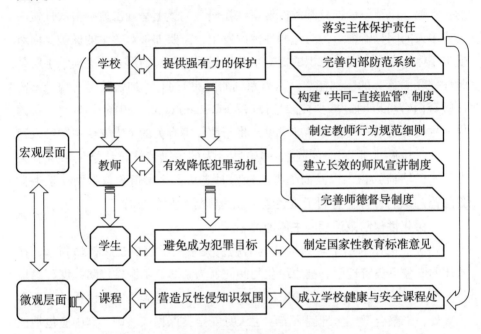

图 1　学校内部师源性侵防治体系

2. 规范教师职业行为和职业道德考核体系

教育部为加强师德师风建设，于 2018 年 11 月颁布了《新时代高校教师职业行为十项准则》《新时代中小学教师职业行为十项准则》《新时代幼儿园教师职业行为十项准则》，规定严禁任何形式的猥亵、性骚扰行为。对于准则的出台，教师应该有清晰明确的认识。首先，全国地方各级各类教育系统应该以此为契机，在准则的基础上开展分级分类的实施细则编制工作，进而形成"层次分明、形式完整、互相联系、规范协调、体例统一"的职业行为和职业道德规范体系。其次，通过开展一系列长效性、固定化的师德师风宣讲活动，帮助教师开展自评、自查、自省等活动，引导教师将准则要求转化为自身真正的理想信念和实际行动。最后，要建立起具体的师德督导制度，对规范进行精细化执行，将规范要求落实在教师管理的每一处，使教师在"入职审查、课堂教学、职业发展、业绩考核"等方面切实体会到规范的存在，有效降低相关教师犯罪动机。

3. 提升学生反性侵伤害的能力

从前文分析来看，学生对性侵行为缺乏清晰的认知，助长了犯罪教师的嚣张气焰，以至于大部分师源性侵案件在侵害方式上呈现出教师多次性侵一人或多人的明显特征。预防师源性侵的发生，需要加强对学生的保护，而对受害主体（学生）保护意识的提升主要依托课程教育的形式，提高学生对师源性侵相关行为的识别能力。国外系列研究也表明，"加强教育干预，丰富性教育内容可以明显减少校园性侵害"（Gilliam et al., 2016）。对此，我国应该尽快制定国家性教育标准意见，将与性侵害有关的个人安全主题纳入其中，向学生展示猥亵、性骚扰、强迫性行为的关键特征，让学生了解有关性侵害的法律知识，以及面临师源性侵时应从什么渠道获取帮助。学生自我防范意识的提升将有利于避免学生成为师源性侵的目标。

4. 强化性侵防范课程的主体地位

师源性侵作为一个较为敏感的话题，关系到学校声誉和教师利益，在具体的学校事务管理中有被边缘化的倾向。为了凸显师源性侵防范课程的地位，中小学校可以学习欧美国家的经验，通过成立健康与安全课程处，挂靠教导处，来整合学生生理健康与学生人身安全类课程或培训，其中应包括性侵防范课程。成立健康与安全课程处有如下重要意义：一是将学生安全工作与事务性工作相对分开，集中力量关注学生安全问题的症结；二是学生监管重心上移，学校中层与班主任、科任教师实行"交叉管理"；三是课程与管理合并，以机构变革提升课程地位。这有利于形成反侵害的学校氛围，切实保障学生健康与人身安全。

参考文献

马雷军, 2005. 教师性侵害犯罪及其预防［J］. 中国教育学刊（1）：45-48.

谭晓玉, 2007. 师源性侵害研究：现状调查与成因分析［J］. 青少年犯罪问题（4）：4-9.

新华网, 2018. 最高检发布指导性案例 剑指侵害未成年人权益犯罪［EB/OL］.［2019-12-06］. https://
　　baijiahao.baidu.com/s?id=1617458943007312942&wfr=spider&for=pc.

BURROW K S, BEARMAN M, DION J, et al., 2017. Children's use of sexual body part terms in witness interviews about sexual abuse [J]. Child Abuse & Neglect, 65: 226-235.

CANTER D, YOUNGS D, 2008. Applications of geographical offender profiling [M]. Burlington, VT: Ashgate Pub.

CHARAK R, KOOT H M, DVORAK R D, et al., 2015. Unique versus cumulative effects of physical and sexual assault on patterns of adolescent substance use [J]. Psychiatry Research (3): 763-769.

COHEN L E, FELSON M, 1979. Social change and crime rate trends: a routine activity approach [J]. American Sociological Review, 44(4): 588-608.

COHEN L E, KLUEGEL J R, LAND K C, 1981. Social inequality and predatory criminal victimization: an exposition and test of a formal theory [J]. American Sociological Review, 46(5): 505-524.

FENG J Y, HUANG T Y, WANG C J, 2010. Kindergarten teachers' experience with reporting child abuse in Taiwan [J]. Child Abuse & Neglect, 34 (2): 124-128.

GILLIAM M, JAGODA P, JAWORSKI E, et al., 2016. "Because if we don't talk about it, how are we going to prevent it?" : lucidity, a narrative-based digital game about sexual violence [J]. Sex Education: Sexuality, Society and Learning (4): 391-404.

KALTIALA-HEINO R, SAVIOJA H, FRÖJD S, et al., 2018. Experiences of sexual harassment are associated with the sexual behavior of 14- to 18-year-old adolescents [J]. Child Abuse & Neglect, 77: 46-57.

MICHAEL S, JELLINEK M D, 2018. When teachers are discovered to have sexually abused students: the role of child psychiatric consultation [J]. Journal of the American Academy of Child & Adolescent Psychiatry (4): 227-228.

MORGAN L, LONG L, 2018. Female perpetrated sexual offences reported to a London sexual assault referral centre [J]. Journal of Forensic and Legal Medicine, 54: 130-135.

Teacher Sexual Abuse：Case Characteristics and Countermeasures: An Empirical Analysis Based on the National Verdicts Through 2016–2018

Wang Qiran　Zhang Yuheng

Abstract: Cases of sexual abuse by teachers are increasing in recent years. Analysis based on the National Verdicts through 2016–2018 found that teachers' sexual abuse is frequent in the central and western regions and rural areas. Most of the victims were primary and secondary school students. The characteristics of multiple sexual abuse on one person and many students are obvious. Besides, teachers with higher age and lower educational background are prone to sexual abuse students. Based on the "LRAT" theory, we establish an internal prevention and control system in schools. Starting from the four elements of "school, teacher, student and curriculum", this research clarifies the responsibility of school subject protection, standardizes teachers' behavior, promotes students' awareness of self-protection, and guarantees students' personal safety.

Key words: teacher sexual abuse　case characteristics　internal control

作者简介

王祈然，北京师范大学教育学部博士研究生，研究方向为教育政策与法律。

张宇恒，北京师范大学教育学部硕士研究生，研究方向为教育政策与法律。

□陈园园　　陈恩伦

我国教育立法研究的进路与展望

——中国教育学会教育政策与法律研究分会第十一届年会暨教育立法研究热点与前沿问题综述

【摘　要】观察和把握当前我国教育立法领域的研究热点和前沿问题是切入和推进教育立法研究的重要视角。本文以中国教育学会教育政策与法律研究分会第十一届学术年会相关成果为蓝本，结合近年来 CSSCI 部分优秀论文，聚焦新时代教育立法研究的新理念、新思路、新动向、新方法，梳理归纳当前我国教育立法的总结性、前瞻性和应对性研究，提出未来教育立法应更加注重基础理论研究，以权利保障为中心，加强前沿问题研究，高质量推进教育立法体系的健全和完善。

【关键词】教育立法　热点　前沿　展望

"百年大计，教育为本。"党的十九大报告明确提出："建设教育强国是中华民族伟大复兴的基础工程，必须把教育事业放在优先位置，深化教育改革，加快教育现代化，办好人民满意的教育。"法律是治国之重器，良法是善治之前提。教育立法通过法律落实教育优先发展战略，引领、保障、促进和规范教育改革与发展，推进依法治教、依法治校，促进教育现代化建设，是推动教育事业进步的重要途径。全面建成内容科学、配套完备、程序严密、运行有效的教育立法体系，已经成为教育法治发展的主要问题和重点任务（湛中乐 等，2019）。观察和把握当前我国教育立法领域的研究热点和前沿问题则是切入和推进教育立法研究的重要视角。

一、教育立法演进与发展的总结性研究

新中国成立以来，我国教育立法经历了从无到有、从局部到整体、从零散到系统的发展历程，截至 2019 年 12 月，我国已制定教育法律 8 部，教育行政法规多部。[①]同时，为细化教育基本法律具体内容，100 余部地方性教育法规、200 多部教育部门规章和地方政府规章也相应出台（叶齐炼，2019），初步形成涵盖完整、内容全面、结构完备、层次分明、功能明确的教育法规范体系。回顾新中国成立 70 年教育立法的发展历程与变迁轨迹，总结教育立法的实践经验与主要不足，进而探索提出具有针对性和现实性的改进建议，是当下教育法学界的研究热点。

（一）教育立法的阶段变迁

以新中国成立 70 年来教育法制构建中具有重大意义和影响的标志性事件为刻度，有学者将我国教育立法分为 "三个阶段"：一是教育立法的初创阶段（1949—1966 年），二是教育立法的停滞阶段（1966—1976 年），三是教育立法的恢复和繁荣阶段（1977 年至今）（湛中乐 等，2019）。

（二）教育立法的实践经验

新中国成立以来，我国教育立法从点到线、从线到面、从面到体，积累了宝贵经验。有学者认为，我国教育立法的主要经验是注重立法的政治性、科学性、合理性、合法性和民主性（侯健，2018）。一是以党和国家的路线

---

① 　教育法规范体系中的 8 部基本法律分别是：《中华人民共和国学位条例》《中华人民共和国义务教育法》《中华人民共和国教师法》《中华人民共和国教育法》《中华人民共和国职业教育法》《中华人民共和国高等教育法》《中华人民共和国国家通用语言文字法》《中华人民共和国民办教育促进法》。

方针政策为纲领，以引领、保障、促进和规范教育改革和发展为宗旨，以保障公民的受教育权为原则。二是反映教育活动内在规律的同时，注意把握社会经济和教育事业的发展趋势和未来需要，适度超前。[①] 三是在符合立法宗旨和原则的条件下立足全局，统筹兼顾，合理安排。[②] 注意对教育权力的限制和对教师和学生权利的保护。四是依法立法，注意教育法律规范的体系性和统一性。五是民主立法，注意吸收相关机关、组织和人员的意见和建议。

（三）教育立法的主要不足

一是部分教育领域法律规范缺位，集中表现在学校立法、教育考试、教育投入、学前教育、家庭教育、托育、互联网教育等方面。二是教育立法质量尚待提高，教育立法质量不足主要包括：立法条款内容含糊笼统；可执行性乃至可诉性较差；民主立法推进不到位；规定之间"冲突打架不一致""交叉重复不协调""权责脱节不衔接"；立法评估缺失；等等。三是教育政策与教育立法的协调与转化失范，并非所有的教育政策都能上升为法律，但当前我国教育立法实践中弥漫着法律万能主义。四是争议解决与权利救济制度不健全。现行教育立法重视实体法规则而轻视程序法制度，尤其是许多单行法规范未能建立相应的、行之有效的争议解决机制，没有充分保障公民和法人的合法权益（湛中乐 等，2019）。

（四）教育立法的完善路径

新中国成立以来我国教育立法总体呈现政策法律化、法律体系化、权利

---

① 如，1961年《教育部直属高等学校暂行工作条例（草案）》（简称"高教六十条"）规定，高等学校必须以教学为主。1998年《中华人民共和国高等教育法》则将其修改为以培养人才为中心。2002年《中华人民共和国民办教育促进法》禁止设立营利性民办学校，仅含糊地规定"出资人可以从办学结余中取得合理回报"，不适应市场经济的发展，也不符合教育多样化需求。2016年修订《中华人民共和国民办教育促进法》时，改为对民办学校实施分类管理，并规定"营利性民办学校的收费标准，实行市场调节，由学校自主决定"。

② 以学校与学生的关系为例，《普通高等学校学生管理规定》2016年修订时充实了学生的若干实体性和程序性权利，特别是补充了有关学生申诉权利的规定，也增加了学校的法定职责，总体上实现了学校与学生关系的平衡，做到了学校管理职权与职责相一致，学生权利与义务相一致。

中心化的趋向（湛中乐 等，2019），取得了巨大成就。党的十八大以来，教育改革发展取得显著成就，"依法治教开辟新的局面"，但毋庸置疑的是我国教育立法还存在诸多不足之处。学界提出未来我国教育立法，一是要完善教育法律的制度建设。在横向上确保教育法律覆盖教育的各个方面；在纵向上确保教育法律自上而下有效落实（马怀德，2018）。在立法布局上建立健全教育法规范体系（湛中乐 等，2019）。同时，应坚持"立改废释"并举。二是要提高教育立法质量。把握好教育发展与受教育权的关系，加强受教育权保障（侯健，2018）。厘清教育政策与法律的关系，增强可操作性、可执行性、有效性和针对性（湛中乐 等，2019）。不适宜立法的领域让社会、家庭和市场发挥作用。应注意倾听多方面特别是普通民众的意见建议。应对教育立法过程和结果进行评估（侯健，2018）。三是完善教育权利救济保障机制。在立法内容上强化程序性规定尤其是权利救济制度，体现权益保护的目的（湛中乐 等，2019）。研究扩大教育行政诉讼受案范围；完善教育行政复议案件处理机制；健全教师和学生的申诉制度；建立健全学生伤害事故调解制度；在招生、职务评聘、学术评价、学术不端行为认定等领域，探索试行专业裁量或者仲裁机制等（马怀德，2018）。

二、教育立法完善与提升的前瞻性研究

（一）教师法律地位的重新定位

教师始终是教育立法最应关切的核心群体，从法律层面厘清教师身份、职业性质关乎教育法治的实现。教师身份是教师存在的本体论设定，它不仅是教师存在之寓所，也是教师存在的依据与归属（何菊玲，2013）。我国当前对教师身份的研究集中于关注教师地位和声望、教师的存在依据和教师身份认同（马永全，2015）。基于法学视角论证教师身份定位的研究相对较少。历史上，我国对教师身份有多种表述，如国家干部、知识分子、国家公务人员等，但在立法上缺少相应依据。劳凯声教授认为，教师职业具有公务性质和专业性质，教师法律身份有公务员、公务雇员、学校雇员三种基本类型，教师法律地位经历了"专业人员""教育公务员""普通劳动者""公职人员"的

历史变迁。当前，学界对教师法律地位的界定大致从两个维度划分。一是权利与义务维度。即教师的法律地位是以教师的权利和义务为核心的。通过法律明确一个人的权利和义务，能体现出这个人所处的社会地位或社会阶层（刘冬梅，2000）。二是职业性质维度。该观点基于《中华人民共和国教师法》第 3 条之规定，认为教师是履行教育教学职责的专业人员（劳凯声 等，2009）。但教师是专业人员的观点是否属于对教师法律身份的定位仍然存在争议。

2018 年中共中央、国务院发布的《关于全面深化新时代教师队伍建设改革的意见》明确提出，要"突显教师职业的公共属性，强化教师承担的国家使命和公共教育服务的职责"。因而，陈鹏教授指出，将教师定位于特殊的公职人员，教师与政府的行政法律关系才得以成立，政府合理配置教师的行政行为才有充分的法律依据。应以教师法律地位的重新定位为前提进行法律重构。同时，教师与政府、学生、学校等的法律关系均需重新设定，教师资格制度、职务制度和聘任制度也需进一步调整。应在《中华人民共和国教育法》《中华人民共和国教师法》中将教师的法律身份定位为特殊的国家公职人员，重新设定教师的权利与义务；在《中华人民共和国公务员法》中将义务教育阶段教师纳入"专业技术类"公务员序列或专门增设义务教育教师公务员类别。

劳凯声教授指出，未来教师法律身份的改革动向主要包括三类。一是临聘教师，包括代课教师、退休返聘教师、外籍教师等。临聘教师聘用合同是学校与教师签订的合同，适用《中华人民共和国劳动法》《中华人民共和国劳动合同法》调整。二是事业编教师，指编制内聘用人员。事业编教师聘用合同是一种具有行政性质的人事合同，聘任条件中的工作时间、工作条件、纪律措施、解聘方式等应有格式条款加以规定。三是非在编教师，即不纳入编制管理的学校教师。非事业编教师聘用合同是以合同的形式确定事业单位与职工基本人事关系的一种用人制度，一般适用于招聘有技术业务专长的特定劳动者。

（二）教师惩戒权的立法思考

近年来，教师惩戒权一直受到学界和教育实践工作者的关注和讨论，研究内容主要集中在四个方面。一是教师惩戒权的属性，即"权利"与"权力"之辨。有学者认为，教师惩戒权是一种对学生进行惩戒的权力，也是教师的一种权利（劳凯声，2003）[387]。有学者认为教师惩戒权是一种复合性权利（蔡海龙，2006）[196-207]。也有学者认为，无论是从法理上看，还是从我国教育法律实践看，教师惩戒权均宜被视为一种"权力"，而不是"权利"（刘晓巍，2019）。二是教师惩戒权的限度。余雅风教授认为，教育惩戒是学校为维护正常的教育教学秩序，通过必要的"惩罚"手段，为"戒除"学生的失范行为所采取的一种教育手段。惩戒是教育应有之义，重心、中心在于"戒"。学校不可以进行除处分之外的惩戒。在日益重视儿童人权的今天，废除体罚已是大势所趋。教师惩戒权中体罚成分的减少甚至消失，已经不是理论问题，而只是时间问题了。三是教师惩戒权的规制路径。赞成通过法律手段规制的学者认为，首先，从我国教育走向良法之治的角度看，建立教育惩戒制度是必然选择。其次，教师惩戒权在很大程度上是一种强制性的权力，其行使不能不受到法律的约束。这既是人权保护和社会法治的需要，也是切实发挥教育育人功能的要求（王辉，2001）。胡劲松教授赞成通过非法律手段予以规制，认为，教师惩戒不同于学校惩戒[①]；教师惩戒与学校惩戒遵循不同规制原则。惩戒是一种教育行为，但教育惩戒不一定是行政行为。教师惩戒规制应遵循"低密度"原则，应尊重教师的专业判断。学校惩戒规制则必须遵循"法律保留"和"法律优位"原则，其任何一项惩戒措施都应当具备法律的明确授权。再次，教师惩戒与学校惩戒可循不同规制路径。教师惩戒行为以教育学生为目的，具有鲜明的个人特征和明确的专业性，而法律具有规范性、一般性和强制性，教师惩戒行为规范入法则势必造成特征冲突。通过行政指导或者行政命令抑或直接授权学校制定教师惩戒规则不失为一种可能的规制选择。[②] 四是教师惩戒权的法律规制。管华教授从宪法教义学视角

---

① 德国教育法学家福瑟尔（Hans-Peter Fuessel）在《学校法》（Schulrecht）一书中区分了教育惩戒的两层含义：（1）教育措施（Erziehungsmassnahmen）：由教师在教育教学过程中针对学生个体当下的轻微违纪行为即时采取的干预措施，通常被称作"教师惩戒"；（2）纪律措施（Ordnungsmassnahmen）：学校经由正式程序针对学生违纪行为事后实施的干预措施，通常被称作"学校惩戒"。

② 如，美国州立法机关把维持学校纪律和秩序的权力委托给了地方学校董事会。中国台湾地区明确规定了教师具有辅导与管教学生的义务，并通过《学校订定教师辅导与管教学生办法注意事项》（规范效力层级为职权命令），以此指导学校通过校务会议制定《教师辅导管教学生办法》的内部行政规则。

分析认为，教育惩戒权是《中华人民共和国宪法》第46条规定的受教育权这一基本权利的派生权利。教育惩戒实施细则的起草应在这一理论背景下展开。有学者提出，要在制度上明确教师惩戒权的性质、相关法律程序和监督机构，实践中严格区分惩戒与体罚和变相体罚，原则上维持教师惩戒权与学生权利的制约与平衡（刘晓巍，2019）。余雅风教授进一步提出，应实施国家、地方、学校三级制度约束，即教育部出台相关教育惩戒规定、省级政府制定实施细则、学校明确具体规程。教育惩戒适用范围应限定为中小学校，明确是学校和教师等主体的教育权，是权力而非权利。应明确权力边界，内容上要与学籍管理等相关权力区分、层级上要与教育行政部门等其他主体的权力区分、在与相对人的关系上要强调权利保障。惩戒制度的确立涉及惩戒的范围、形式、程序以及救济。惩戒决定可由教师、学校及学校与相关主体联合做出。

（三）学生伤害事故处理立法

学生伤害事故处理是我国基础教育领域备受关注的法律问题。申素平教授、周航博士认为，学生伤害事故立法具有两大特点。一是立法的多元参与。社会各界广泛参与，舆论影响大，打破法学与教育学之间的学科壁垒。二是立法的利益平衡。立法者的价值取向或立法意图是实现学校与学生之间的利益平衡。展望学生伤害事故立法应把握两个契机：一是《中华人民共和国民法典》侵权责任编的特别规定。将其作为裁判规范，规定归责原则与法律关系性质，明确学校与学生关系的实质，厘清二者的权利义务关系。二是行政法规"校园安全条例"的制定。针对《学生伤害事故处理办法》的不足，以及校园欺凌、性侵害、数据安全等新型校园伤害事故"规制真空"，制定一部层级较高的具有整合性质的"校园安全条例"。

（四）学前教育的规制标准

学前教育近年来出现了相当程度的市场化倾向，其治理难度与日俱增。冯子轩副教授基于行政规制理论，提出从规范与激励两方面入手，寻求学前教育的多元标准治理路径（冯子轩，2019）。一是以"约束性、协调性、参与性"为核心的公共标准治理路径，包括强化公共标准约束性，聚焦国家标准、地方标准与行业标准的协调性，关注学前教育公共标准制定过程中的公共参与程度。二是以"多元化、合规性、激励性"为主导的私人标准治理路径，包括：肯定私人标准的积极作用，并适应公共标准与私人标准并存的治理局面；注重私人规制标准的正当性与有效性审查，及时公开合规性审查结果；适度支持私人规制标准的发展。

（五）校园欺凌的权益救济

校园欺凌既是社会问题也是法律问题，司法应对是校园欺凌不可或缺的治理路径。有研究者提出解决"惩戒难"，一是加强立法，细化措施，赋予学校教育惩戒权。二是引入强制亲职教育制度，强化监护人公法责任。如，在《中华人民共和国未成年人保护法》和《中华人民共和国预防未成年人犯罪法》修订中增设强制亲职教育的相关法律条款，规范家庭教育管理。三是构建中国特色未成年人保护处分体系。建立责令家长严加管教、确立"工读预备制度"①、实行收容教养等多层次的分级干预体系（文慧，2019）。还有研究者指出，校园欺凌对受害者表现为人身权和受教育权两个层面的侵害。应以民事途径与行政途径并轨制解决校园欺凌问题（秦涛　等，2019）。一是根据过错责任原则构建民事救济路径。二是构建包括申诉、仲裁、诉讼在内的行政救济路径。还可探讨以行政不作为为由提起行政诉讼以及国家赔偿之诉获取救济。

三、教育立法难点与痛点的应对性研究

（一）虐童行为的法律介入

近年来，幼儿园虐童恶性事件频发并被广泛传播，引发社会各界高度关

---

① 工读预备制度，即对于本应进入工读学校学习的学生，根据自身情况仍让其在原普通学校学习，经过一定预备期，根据学生偏差行为情况，决定是否撤销预备档案或进入工读学校进行教育和改造。

注。① 有研究者基于扎根理论，通过对法院虐童案件卷宗资料的挖掘和提炼，认为法律介入幼儿园虐童问题，首先要提高幼儿教师专业化水平（李祥 等，2019）。在法律上明确幼儿教师的地位，并培训幼儿教师的权利意识、师德师风、专门知识和能力。其次要推动幼儿园安全管理的民主化和公开化。一方面采取强制报告制度，利用"全民参与""怀疑即报告"将被动曝光转换为主动预防，提升法律介入的主动性。另一方面实施专业监管，专设幼儿园虐童监管防治职能部门，进行不定时巡查监管。此外，还应成立应对虐童事件的心理疏导、维权保障等的专业机构。最后要强化幼儿园虐童行为的法律制裁力度。如，对主观恶性较大的虐童行为加大刑事处罚力度，增设虐待儿童罪，等等。

（二）导生纠纷的解决路径

导师与研究生的纠纷问题，学界研究较少且多从导师指导风格与学校内部管理制度出发。有研究者从依法治校视角研究提出，应依托"学校－导生－社会"三类主体，建构"预防－规制－救济"解决机制（齐建立 等，2019）。一是科学界定导师与研究生的法律关系。承认导生之间存在直接的契约法律关系。二是建构导生解纷体系的联动机制，包括：师德师风防控、研究生准入等预防机制；出台教育政策、强化对导师学术权力的约束等规则机制；构建多元主体参与的多元化纠纷解决救济机制。三是明确导生解决纠纷体系主体职责。学校细化对导生双方的监督评价考核机制；导生以协议形式细化双方的权利职责；社会细化多元化纠纷解决机制，包括社会力量参与"协商和解""调解""仲裁"等。

（三）学位纠纷的法律规制

近年来，进入司法程序的学位纠纷案件不断增多，主要包括学位授予与

---

① 如，北京市朝阳区管庄红黄蓝幼儿园（新天地分院）虐童事件（2017 年）、上海市携程亲子园虐童事件（2017 年）、吉林省四平市红黄蓝幼儿园虐童事件（2015 年）、陕西省西安市枫韵幼儿园"病毒灵"事件（2014 年）和浙江温岭幼师虐童事件（2012 年）等。

撤销争议。① 有研究者认为学位授予行为在法律属性上兼具行政权属性和学术权属性,《中华人民共和国学位条例》应当确定授予学位的最低标准,具体实施细则由高校根据具体情况酌情确定(康韩笑,2019)。要在保障高校自主的基础上,让学生申诉有门、救济有道。有研究者提出,学位撤销属于行政自我纠错(林玲,2019)。我国多部法律、部门规章和规范性文件② 确立了学位撤销的正当性。学位撤销的学术标准取决于两点:一是学位获得者是否以欺诈的形式获得学位;二是学位获得者学术行为是否与"学位荣誉"相当。学位撤销的非学术标准主要是违法、违纪和不道德行为。学位撤销要尽可能保护所有利益并且维持这些利益之间的某种平衡的限制。基于信赖原则,学位撤销要受到时间、程序等因素限制。

四、启示与展望

2019 年,教育法学界系统梳理了新中国成立以来教育立法的历史变迁、实践经验、主要不足及未来进路,概括归纳了教育立法"政策法律化、法律体系化、权利中心化"的总体趋向,总结提炼了注重"政治性、科学性、合理性、合法性和民主性"的立法经验,并对教育立法不足进行了反思,为教育立法改进和完善提供了方向和指引。同时,学界对教师法律地位、教育惩戒权、学生伤害事故处理、校园欺凌、学位纠纷等社会关切度高、影响面广的教育法制和教育法治命题进行了深入思考,推动了前沿问题的研究和热点问题的解决。面向全面依法治国和教育现代化,今后教育立法研究应坚持党对教育事业的全面领导,全面落实依法治教、依法治校,以权利保障为中

---

① 如,因学术问题引发的刘燕文诉北京大学不授予博士学位案、何小强诉华中科技大学拒绝授予学位案、陈劲诉重庆师范大学不颁发学士学位证书案,因违规违纪引发的田永诉北京科技大学不颁发毕业证学位证案、武华玉诉华中农业大学教育行政行为纠纷案、杨永智诉济南大学不授予学士学位纠纷案,因学位撤销引发的陈颖诉中山大学案、于艳茹诉北京大学案、李涛诉华南理工大学案。

② 我国关于学位撤销的规定可见于《中华人民共和国教育法》第 82 条、《中华人民共和国学位条例》第 17 条、《中华人民共和国学位条例暂行实施办法》第 18 条、《高等学校预防与处理学术不端行为办法》第 29 条、《学位论文作假行为处理办法》第 7 条、《学士学位授权与授予管理办法》第 20 条、《学位证书和学位授予信息管理办法》第 12 条、《普通高等学校学生管理规定》第 20 条和第 37 条、《国务院学位委员会关于在学位授予工作中加强学术道德和学术规范建设的意见》第 5 条等。

心，健全教育法律规范体系，实现"良法善治"。

（一）加强教育法学基础理论研究

当前，我国教育法律体系已基本形成，但作为新兴的法学研究领域，教育法学基础理论研究还尚显薄弱。学界主要围绕教育权、受教育权、学生与教师的权益保障、教育司法审查等开展研究，对教育法律体系中的法理性概念，以及教育法学的独立地位、研究方法和理论体系等基本问题的研究和探索还不能适应教育法制实践的需要。如，教育法律关系、学校的举办权、学校的法人权力、教材的编写和审定权、学位授予权的属性、教师的法律地位、教育权归属问题、学生学习权、教育惩戒权、教育行政执法等在教育法律体系中的定位与体现还不清晰，在理论研究和裁判实务中依然存在争论。

（二）健全教育法律规范体系

尽管我国教育法律体系已初步形成，但与依法治教的要求和教育现代化的目标相比，现有教育法律规范体系仍需完善。一是要加快重点领域修法进程，根据《国家中长期教育改革和发展规划纲要（2010—2020年）》设置的"六修五立"教育立法计划，加快推进《中华人民共和国职业教育法》《中华人民共和国学位条例》《中华人民共和国教师法》的修订工作。二是要及时启动规范缺位领域的制定工作，尤其是学前教育、家庭教育、终身教育、国家教育考试条例与学校安全条例等五个方面教育法律法规的制定工作。三是要积极回应教育领域的新问题和热点问题，如网络教育立法、人工智能教育立法、虐童法律介入、教育惩戒权实施、民办教育分类管理等，确保教育领域各方面均"有法可依"。

（三）提高教育法律规范立法质量

立法质量是教育法治建设的关键环节。基于现有教育法律规范立法质量不高的反思，教育立法应更加注重以下几点。一是处理好政策与法律的关系。党和国家的教育政策为教育立法提供重要依据，但教育立法不宜简单照搬政策文件，应特别注意政策法律化的限度。二是注重立法条款的周延性。

法律具有严密的逻辑结构，而当前我国教育法律规范中含有大量原则性、宣示性、政策性的语言，降低了教育法的权威性和可操作性。三是加强教育立法的系统性，同位法之间要合理分工、互相协调，上位法与下位法之间应配套衔接。四是要引入公众参与机制并增强教育立法前后评估。五是要完善教育立法的执行机制和可操作性研究。

（四）以权利为中心推进教育立法

新时代教育立法的价值取向要从规范管理转变为注重制度正义、整体利益平衡、教育主体权利保护（王大泉，2019）。教育立法不断地向更为重视权利和法益的方向转变，蕴含着教育行政法从"管理法"向"控权法"甚或"平衡法"转型的深刻法治精神（湛中乐，2017）。2019年教育法学界针对教育立法领域的热点和前沿问题，探索提出的明确教育惩戒权力边界，实施国家、地方、学校三级制度约束，系统建构导生纠纷"预防－规制－救济"解决机制，建立教师申诉委员会，学位撤销程序应遵循"正当程序"，基于儿童权益保护视角进行校园欺凌的权益救济、学生伤害事故立法意图应当是实现学校与学生之间的利益平衡等观点均是权利保障本位的实践应用，突显了保护与规范并行的理念。

（五）加强教育立法前沿问题研究

"育才造士，为国之本"。教育是民族振兴、社会进步的重要基石。教育领域的热点和前沿问题社会关切度高、影响面广，而教育立法的生命力就在于推动教育发展，满足人民日益增长和更高层次的教育需求。新时代教育活动不断丰富、教育方式快速变化、教育生态日新月异，而教育立法的关键就是要理解教育活动的价值诉求，准确体现教育规律并有效解决教育中的复杂问题。因此，教育立法研究不仅要回应重大现实关切，还要具有一定的前瞻性，要主动适应教育事业迅猛发展的趋势和时代特点，要确保各项教育制度依法有效运行，特别是教育法律关系涉及的利益相关方的权利得到充分保障和及时救济。如，关注0—3岁婴幼儿托育。党的十九大报告将"幼有所育、学有所教"作为保障和改善民生工作的重要内容。但近年来，托育机构教师虐待幼童的案件频频被曝光，如何适用法律、如何划定责任主体、如何实施政府监管等有关问题却缺乏法律依据或具有强制性的规范性制度（陈园园 等，2019）。托育机构的基本属性，托育行业的行为规范、标准体系、救济制度以及政府监管等亟须加强理论研究和制度构建（陈园园，2019）[96-97]。

参考文献

蔡海龙，2006. 作为复合性权利的教师惩戒权：中小学教师惩戒权的权利性质研究 [M]// 劳凯声. 中国教育法制评论：第4辑. 北京：教育科学出版社.

陈园园，2019. 托育市场的无序与治理 [M]// 劳凯声，余雅风，陈鹏. 中国教育法制评论：第17辑. 北京：教育科学出版社.

陈园园，陈恩伦，2019. 托儿所的法律性质及政府监管 [J]. 法学教育研究（1）：113-127.

冯子轩，2019. 教育规制标准释义及其展开：以学前教育为中心的考察 [C]// 中国教育学会教育政策与法律研究分会. 教育政策与法律研究第十一届学术年会论文集. 重庆.

何菊玲，2013. 教师是谁？：关于教师身份的本体性追问 [J]. 陕西师范大学学报（哲学社会科学版）（2）：98-103.

侯健，2018. 改革开放四十年教育立法的经验和问题 [J]. 国家教育行政学院学报（12）：10-16.

康韩笑，2019. 高校学位授予行为司法审查广度的研究：兼论《学位条例》修订 [C]// 中国教育学会教育政策与法律研究分会. 教育政策与法律研究第十一届学术年会论文集. 重庆.

劳凯声，2003. 变革社会中的教育权与受教育权：教育法学基本问题研究 [M]. 北京：教育科学出版社.

劳凯声，蔡金花，2009. 教师法律地位的历史沿革及改革走向 [J]. 中国教育学刊（9）：21-27.

李祥，刘莉，2019. 幼儿园虐童行为特征与法律介入研究：基于判决文书的扎根理论分析 [C]// 中国教育学会教育政策与法律研究分会. 教育政策与法律研究第十一届学术年会论文集. 重庆.

林玲，2019. 学位撤销的标准及限制 [C]// 中国教育学会教育政策与法律研究分会. 教育政策与法律研究第十一届学术年会论文集. 重庆.

刘冬梅，2000. 教师的法律地位问题探讨 [J]. 教育评论（1）：25-27.

刘晓巍，2019. 论教师惩戒权是一种权力及其实现 [J]. 中国教育学刊（3）：22-27.

马怀德，2018. 教育法治四十年：成就、问题与展望 [J]. 国家教育行政学院学报（10）：10-15，58.

马永全，2015. 我国"教师身份"研究述评 [J]. 上海教育科研（4）：40-43，26.

齐建立，王祈然，2019. 依法治校视角下导师研究生纠纷：类型、特点及解决路径建构 [C]// 中国教育学会教育政策与法律研究分会. 教育政策与法律研究第十一届学术年会论文集. 重庆.

秦涛，张旭东，2019. 受教育权视野下的校园欺凌救济：法理逻辑与实现路径 [C]// 中国教育学会教育政策与法律研究分会. 教育政策与法律研究第十一届学术年会论文集. 重庆.

王大泉，2019. 新时代教育立法理念与任务的变化 [J]. 中国高教研究（3）：31-32.

王辉，2001. 论教师的惩戒权 [J]. 教育研究与实验（2）：35-39，73.

文慧，2019. 校园欺凌行为的法律惩戒与权益保护 [C]// 中国教育学会教育政策与法律研究分会.
教育政策与法律研究第十一届学术年会论文集. 重庆.

叶齐炼，2019. 完善我国教育法律体系的思考 [J]. 中国高教研究（2）：16-20.

湛中乐，2017. 保障学生正当权利　规范高校管理行为 [J]. 中国高等教育（9）：14-16.

湛中乐，靳澜涛，2019. 新中国教育立法 70 年的回顾与展望 [J]. 首都师范大学学报（社会科学版）
（5）：1-9.

Current Status and Prospect of Educational Legislation Research in China: Summary of the 11th Annual Conference of Educational Policy and Law Research Branch of the Chinese Society of Education and Hotspot and Frontier Issues in Educational Legislation Research

Chen Yuanyuan　Chen Enlun

Abstract: It is an important perspective to observe and grasp the current research hotspot and frontier issues in the field of educational legislation in China.Based on the achievements of the 11th Annual Conference of Educational Policy and Law research in 2019, combined with some excellent papers of CSSCI journals in recent years, this paper focuses on the new ideas, new trends and new methods of educational legislation research in the new era, summarizes the summative, prospective and responsive research of current educational legislation in China, and proposes that the future educational legislation should pay more attention to the foundational theoretical research, focus on the protection of rights, strengthen the research on frontier issues, and promote the improvement of the educational legislation system with high quality.

Keywords: educational legislation　hotspot　frontier　prospect

作者简介

陈园园，西南大学教育学部 2019 级博士研究生，西南民族教育与心理研究中心 / 体育学院讲师，研究方向为教育法学。

陈恩伦，通讯作者，西南大学教育学部、西南民族教育与心理研究中心教授，博士生导师，研究方向为教育法学。

后　记

经过半年多的组稿、审稿、定稿工作，以及与相关方面的联络、协调，《中国教育法制评论（第18辑）》终于完成。本辑由劳凯声负责，陈正华、蔡海龙、罗爽、何颖等参与组稿、审稿，还有一些研究生也参与了部分工作，在此一并致谢。

《中国教育法制评论》从第1辑出版至今已有18年了。18岁是成人的起点、成熟的标志，意味着肩上多了一份责任。我们愿以18岁的今天为起点，不辜负各位同好的期望，把这本书编得更好，更好地反映教育法学的学科面貌。为此我们会继续努力，尽责尽力，同时也期待大家一如既往，支持我们的工作，多为本书投稿。

劳凯声

2020年1月22日

《中国教育法制评论》

中国教育法制研究系列
教育科学出版社，北京

编辑宗旨

《中国教育法制评论》以当代中国教育法制建设的理论与实践为主要研究内容。本书将始终致力于关注中国教育法制建设的理论与实践问题，汇聚中国教育法学研究领域的共同智慧和最新成果，展示教育法学领域研究者对我国教育法制建设的思考和探索。本书也致力于为中国教育法学研究提供一个开放性的学术研究和学术推广平台，通过学术交流和学术争鸣，推进中国教育法学研究事业健康发展。本书将积极为中国教育法制建设的实践服务，努力促进教育决策文化与学术文化的交流，致力于通过教育法学理论研究为中国教育立法和教育政策制定的实践活动提供建设性的学术支持。

本书的读者对象主要包括：（1）中国教育研究特别是教育法学与教育政策研究领域的专家学者、研究人员和教学人员；（2）各级各类教育行政部门的教育决策人员、政策研究人员、行政管理人员和中小学校及其他教育机构的管理人员；（3）各级各类学校及其他教育机构的教师；（4）国家机关和社会各界关注与从事教育领域法律问题和政策问题研究的专业人员；（5）从事教育法学学习和研究的各级各类学校及其他教育机构的学习者；等等。